高等职业教育"互联网+"新形态一体化系列教材

高职高专院校汽车类专业技术技能型人才培养教材

汽车底盘构造与检修

主 编 ◎ 马 勇　吴志强
副主编 ◎ 闫寒乙　贾辰飞　付 宽
参 编 ◎ 杨 锐　宁 磊　周 克　汪 杰　马亚杰

华中科技大学出版社
http://press.hust.edu.cn
中国·武汉

内 容 简 介

本书基于项目式设计,重点介绍了汽车底盘常见的故障现象和维修方法,以及维修过程中所需要的相关理论知识。本书内容涵盖了汽车底盘四大系统,共设计了汽车底盘概述、离合器的构造与检修、手动变速器的构造与检修、万向传动装置的构造与检修、驱动桥的构造与检修、车桥与车架的构造与检修、车轮与轮胎的构造与检修、悬架系统的构造与检修、转向系统的构造与检修、制动系统的构造与检修10个项目,每个项目包含1～4个任务,有利于组织"任务驱动、项目实施"式教学。

本书紧密结合当前汽车维修行业的实际需要,可供职业院校汽车相关专业教学以及汽车维修技术培训使用。

图书在版编目(CIP)数据

汽车底盘构造与检修/马勇,吴志强主编.—武汉:华中科技大学出版社,2024.8
ISBN 978-7-5680-9867-0

Ⅰ.①汽… Ⅱ.①马… ②吴… Ⅲ.①汽车-底盘-构造 ②汽车-底盘-车辆修理 Ⅳ.①U472.41

中国国家版本馆 CIP 数据核字(2023)第 143658 号

汽车底盘构造与检修　　　　　　　　　　　　　　　　　马　勇　吴志强　主编
Qiche Dipan Gouzao yu Jianxiu

策划编辑:张　毅
责任编辑:张　毅
封面设计:孢　子
责任监印:朱　玢

出版发行:华中科技大学出版社(中国·武汉)　　电话:(027)81321913
　　　　　武汉市东湖新技术开发区华工科技园　　邮编:430223

录　　排:武汉正风天下文化发展有限公司
印　　刷:武汉市洪林印务有限公司
开　　本:787mm×1092mm　1/16
印　　张:15.75
字　　数:393千字
版　　次:2024年8月第1版第1次印刷
定　　价:59.00元

本书若有印装质量问题,请向出版社营销中心调换
全国免费服务热线:400-6679-118　竭诚为您服务
版权所有　侵权必究

前言

本书根据职业院校的教学特点,以提高学习者的职业能力和职业素养为宗旨,倡导以学生为本的教育理念,在进行广泛的企业、行业调研的基础上编写而成。其核心是以工作过程为导向开发课程,并根据行业能力要求组织教学内容,在教学资源、实践条件等保障条件方面进行规范和标准化,从而解决职业教育中"教学做一体化"方面存在的突出问题,提高教学质量。

本书在内容的选取上,遵循"必需、适度、够用"原则,由浅入深,循序渐进。通过任务工单形成"工作任务导入,任务目标驱动,项目知识准备,理论实践结合,过程评价考核,学习总结提升"的行动导向教学模式,以实现学生能力系统、递进、分级培养。

本书的主要特点如下:

(1)本书采用项目化编写模式,围绕汽车底盘传动系统检修、汽车底盘行驶系统检修、汽车底盘制动系统检修与汽车底盘转向系统检修等内容进行介绍,共10个项目。每个项目分若干任务,每个任务包括任务导入、任务目标、知识准备、任务实施、思政案例等模块。

(2)本书参考汽车专业领域职业技能等级证书汽车运用与维修职业技能考核(初级、中级)培训方案准则进行编写,是"课证融通"教材的新尝试。

(3)本书坚持理论与实践、知识学习与技能训练一体化,贯彻"做中学、学中做"的职教理念,强调实践与理论的有机统一。技能上力求满足企业用工需要,理论上做到适度、够用。

(4)本书坚持过程评价和成果评价相结合,即对学生在学习每个项目过程中的表现和最后的实训成果进行评价。评价要求明确、直观、实用、可操作性强,可以很好地调动学生的学习积极性。

本书既可以作为高职、中职汽车类专业的教材,也可以作为技师院校相关专业的培训用书。

本书由马勇、吴志强担任主编,闫寒乙、贾辰飞、付宽担任副主编,杨锐、宁磊、周克、汪杰、马亚杰参编。其中:项目1、项目2、项目9及实训工单由马勇编写,项目3由吴志强编写,项目4由周克编写,项目5由杨锐编写,项目6由闫寒乙编写,项目7由贾辰飞编写,项目8由宁磊编写,项目10由付宽编写,全书由马勇统稿。

由于编者水平有限,书中难免有错漏和不妥之处,敬请读者批评指正。

编 者

目录

项目 1　汽车底盘概述 ………………………………………………………………… 1
　任务 1.1　汽车底盘的认知 ……………………………………………………………… 1

项目 2　离合器的构造与检修 ………………………………………………………… 12
　任务 2.1　离合器的认知 ………………………………………………………………… 12
　任务 2.2　离合器操纵机构的检查与维护 ……………………………………………… 23
　任务 2.3　离合器综合故障检修 ………………………………………………………… 32

项目 3　手动变速器的构造与检修 …………………………………………………… 40
　任务 3.1　手动变速器传动机构的认知 ………………………………………………… 40
　任务 3.2　手动变速器操纵机构的认知 ………………………………………………… 52
　任务 3.3　手动变速器的拆装与检修 …………………………………………………… 57

项目 4　万向传动装置的构造与检修 ………………………………………………… 69
　任务 4.1　万向传动装置的认知 ………………………………………………………… 69
　任务 4.2　万向节的检修 ………………………………………………………………… 72
　任务 4.3　万向传动装置综合故障检修 ………………………………………………… 79

项目 5　驱动桥的构造与检修 ………………………………………………………… 84
　任务 5.1　驱动桥的认知 ………………………………………………………………… 84
　任务 5.2　主减速器的检修 ……………………………………………………………… 88
　任务 5.3　差速器的检修 ………………………………………………………………… 94
　任务 5.4　驱动桥综合故障检修 ………………………………………………………… 99

项目 6　车桥与车架的构造与检修 …………………………………………………… 103
　任务 6.1　车桥的检修 …………………………………………………………………… 103
　任务 6.2　车架的检修 …………………………………………………………………… 109

项目 7　车轮与轮胎的构造与检修 …………………………………………………… 116
　任务 7.1　车轮的认知 …………………………………………………………………… 116
　任务 7.2　轮胎的检修 …………………………………………………………………… 125

项目 8　悬架系统的构造与检修 ·············· 138
任务 8.1　悬架的认知 ·············· 138
任务 8.2　典型悬架系统 ·············· 152
任务 8.3　悬架系统的故障诊断与检修 ·············· 173

项目 9　转向系统的构造与检修 ·············· 182
任务 9.1　汽车转向系统的认知 ·············· 182
任务 9.2　动力转向系统的检修 ·············· 194

项目 10　制动系统的构造与检修 ·············· 209
任务 10.1　制动系统的认知 ·············· 209
任务 10.2　车轮制动器的维护与检修 ·············· 214
任务 10.3　制动传动装置的维护与检修 ·············· 236

参考文献 ·············· 246

项目 1 汽车底盘概述

项目导读

汽车一般由发动机、底盘、车身和电气设备组成。汽车底盘由传动系统、行驶系统、转向系统和制动系统组成,其功用为接受发动机的动力,使汽车运动并保证汽车能按照驾驶员的操纵正常行驶。我们需要了解汽车底盘的基本组成和功用,以及汽车底盘的总体布置形式,理解汽车行驶的基本原理。

◀ 任务1.1 汽车底盘的认知 ▶

【任务导入】

王先生要开车出远门,为了行车安全可靠便开车入厂进行检查。技术经理要求先对该车底盘系统进行了解认知,并找出底盘各系统总成的安装位置,初步观察其外观是否良好。

【任务目标】

(1)了解汽车底盘的基本组成及功用。
(2)了解汽车底盘的各种布置形式。
(3)了解汽车行驶的基本原理。

【知识准备】

一、汽车底盘的组成和功用

汽车底盘由传动系统、行驶系统、转向系统和制动系统四大系统组成,其功用是安装汽车发动机及其各部件、总成,使汽车的整体造型成形,并接受发动机传来的动力,使汽车运动并保证汽车能按照驾驶员的操纵正常行驶。

图 1-1 所示为汽车底盘的四大系统结构示意图。

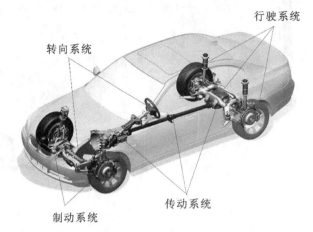

图 1-1　汽车底盘的四大系统结构示意图

1. 传动系统

汽车传动系统是指从发动机到驱动轮之间所有的传递装置总称,其功用是将发动机的动力传给驱动轮。汽车传动系统一般由离合器、变速器、万向传动装置、主减速器、差速器和半轴等构成,如图 1-2 所示。

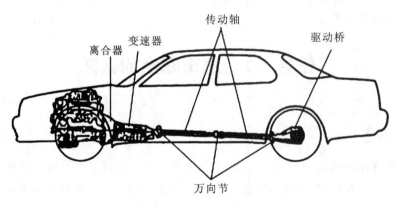

图 1-2　汽车传动系统组成

对于使用四轮驱动系统的汽车,传动系统还包括分动器、前差速器等。对于使用自动变速器的汽车,则以液力变矩器取代离合器。对于发动机前置前驱的汽车,其传动系统更加紧凑,其变速器、主减速器和差速器安装在一起成为变速驱动桥。

传动系统各组成部分的功用如下。

(1) 离合器:保证换挡平顺,必要时中断动力传输。

(2) 变速器:变速、变矩、变向、中断动力传动。

(3) 万向传动装置:实现有夹角和相对位置经常发生变化的两轴之间的动力传动。

(4) 主减速器:将动力传给差速器,并实现降速增矩,改变传动方向。

(5) 差速器:将动力传给半轴,并允许左右半轴以不同的转速旋转。

(6) 半轴:将差速器的动力传给驱动车轮。

2. 行驶系统

汽车行驶系统一般由车架、悬架、车桥和车轮等组成,如图1-3所示。车轮通过轴承安装在车桥两边,车桥通过悬架与车架(或车身)连接,车架(或车身)是整车的装配基体。

汽车行驶系统的功用为:①支承汽车的重量并承受、传递路面作用在车轮上的各种力;②接受传动系统传来的转矩并转化为汽车行驶的牵引力;③缓和冲击,减少振动,保证汽车平顺行驶。

3. 转向系统

汽车转向系统主要由转向操纵机构、转向器、转向传动机构组成,如图1-4所示。其功用是保证汽车能够按照驾驶员选定的方向行驶。现在的汽车普遍采用动力转向装置。

图1-3 汽车行驶系统组成

图1-4 汽车转向系统组成

4. 制动系统

汽车制动系统的功用是使汽车减速、停车并能保证可靠地驻停。汽车制动系统一般包括行车制动系统和驻车制动系统两套相互独立的制动系统,每套制动系统都包括制动器和制动传动机构。现在的汽车行车制动系统一般都装配有防抱死制动系统(ABS)。图1-5所示为汽车制动系统组成。

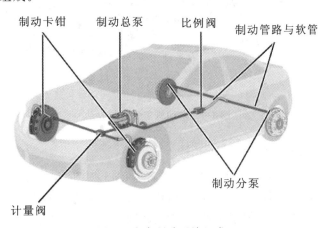

图1-5 汽车制动系统组成

汽车转向系统和制动系统都由驾驶员来操控,一般可以合称为控制系统。

现代汽车中电控技术的应用越来越广泛,如在底盘中普遍采用了电控自动变速器、电控防滑差速器、电控防抱死制动系统、电控制动力分配系统、电控悬架系统、电控动力转向系统等。

二、汽车底盘的布置形式

汽车底盘的总体布置形式与发动机的位置及汽车的驱动方式有关,一般有发动机前置后轮驱动、发动机前置前轮驱动、发动机后置后轮驱动、发动机前置全轮驱动、发动机中置后轮驱动等。

1. 发动机前置后轮驱动

发动机前置后轮驱动简称前置后驱,英文简称 FR。如图 1-6 所示,发动机布置在汽车前部,动力经过离合器、变速器、万向传动装置、后驱动桥,最后传到后驱动车轮,使汽车行驶。这是一种传统的布置形式,应用广泛,车辆在良好的路面上启动、加速或爬坡时,驱动轮的负荷增大(即驱动轮的附着压力增大),因此牵引性能比发动机前置前驱的优越;轴荷分配比较均匀,因而具有良好的操纵稳定性和行驶平顺性,并有利于延长轮胎的使用寿命;发动机、离合器和变速器等总成临近驾驶室,简化了操纵机构的布置;转向轮是从动轮,转向结构简单,便于维修。但是,由于采用传动轴装置,不仅车重增加,而且动力传动系统的传动效率降低,影响了燃油经济性;纵置发动机、变速箱和传动轴等总成的布置,使驾驶室空间减小,影响乘坐舒适性;车厢后排地板中央有突起;车辆在雪地或易滑路面上启动加速时,后轮推动车身,易发生甩尾现象。

图 1-6 发动机前置后轮驱动

2. 发动机前置前轮驱动

发动机前置前轮驱动简称前置前驱,英文简称 FF。如图 1-7 所示,发动机布置在汽车前部,动力经过离合器、变速器、前驱动桥,最后传到前驱动车轮。这种布置形式在变速器与驱动桥之间省略了传动装置,减轻了车重,结构比较紧凑;有效地利用了发动机舱的空间,使驾驶室内空间更为宽敞,并有利于降低车厢地板高度,增强乘坐舒适性;发动机靠近驱动轮,动力传动系统传动效率高,燃油经济性好;发动机等总成前置,增加了前轴的负荷,增强了汽车高速行驶时的操纵稳定性和制动时的方向稳定性;简化了后悬架系统;汽车在积雪或易滑路面上行驶时,靠前轮牵拉车身,有利于保证方向稳定性;汽车散热器布置在汽车前部,散热条件好,发动机可得到足够的冷却;行李厢布置在汽车后部,有足够大的空间。

图 1-7　发动机前置前轮驱动

大多数轿车采用前置前驱布置形式,但这种车辆在启动、加速或爬坡时,前轮负荷减小,导致牵引力减弱;前桥既是转向桥,又是驱动桥,结构及工艺复杂,制造成本高,维修保养困难;前桥负荷较后桥大,并且前轮又是转向轮,故前轮工作条件恶劣,轮胎寿命短;前轮驱动并转向需要等速万向节,其机构和制造工艺较为复杂;一旦发生正面碰撞事故,发动机及附件损失较大,维修费用高。豪华轿车一般不采用发动机前置前轮驱动,而是采用传统的发动机前置后轮驱动。

根据发动机布置的方向,发动机前置前驱可以分为发动机前横置前轮驱动和发动机前纵置前轮驱动。

3. 发动机后置后轮驱动

发动机后置后轮驱动简称后置后驱,英文简称 RR。如图 1-8 所示,发动机和传动系统都布置在汽车驱动桥后部,动力经过离合器、变速器、角传动装置、万向传动装置、后驱动桥,最后传到后驱动车轮,使汽车行驶。主减速器和变速器之间的距离较大,其相对位置经常

图 1-8　发动机后置后轮驱动

变化。由于这些原因,必须设置万向传动装置和角传动装置。这种布置形式使汽车总质量在前后车桥之间得到合理分配,便于车身内部的布置,具有空间利用率高、车厢内噪声低等优点,因此它是大、中型客车流行的布置形式。

4. 发动机前置全轮驱动

发动机前置全轮驱动简称全驱或四驱,英文简称 AWD 或 4WD,表示传动系统为全轮驱动。对于要求在路面状况不好或无路地区行驶的越野汽车,为了充分利用所有车轮与地面之间的附着条件,以获得尽可能大的驱动力,总是将全部车轮作为驱动轮,故传动系统采用这种布置形式。

图 1-9 所示为发动机前置全轮驱动汽车的传动系统布置示意图。前后车桥都是驱动桥,其特点是传动系统增加了分动器,动力可以同时传给前后轮。前驱动桥可根据需要,用换挡拨叉操纵分动器接通或断开。由于所有的车轮都是驱动车轮,提高了汽车的越野通过性能,因此该布置形式主要用于越野车及重型货车。

图 1-9　发动机前置全轮驱动

5. 发动机中置后轮驱动

发动机中置后轮驱动简称中置后驱,即发动机中置、后轮驱动。如图 1-10 所示,发动机置于座椅之后、后轴之前。采用这种布置,汽车可获得最佳的轴荷分配,操纵稳定性和行驶平顺性较好;发动机临近驱动桥,不需要传动轴,从而减轻车重,具有较高的传动效率;重量集中,车身平摆方向的惯性扭矩小,转弯时转向盘操作灵敏。

但是,这种发动机的布置形式占据了车厢和行李厢的一部分空间,因此,通常车厢内只能安放两个座椅;对发动机的隔声和绝热效果差,乘坐舒适性有所减弱。大多数高性能跑车和超级跑车都采用这种方式。

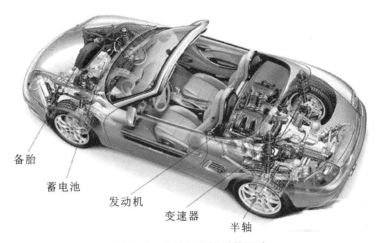

图 1-10　发动机中置后轮驱动

【任务实施】

一、任务准备

(1) 实训设备:实训车辆、举升机、底盘拆装实训台或相似实训设备。
(2) 实训工具:汽车底盘拆装专用工具。
(3) 实训资料:实训工作页、维修手册、教材。
(4) 辅助材料:翼子板布和前格栅布、三件套、抹布、白板笔。

二、任务实施

1. 车辆基本检查

(1) 实训车辆安全防护。
(2) 登记车辆基本信息。
(3) 车辆油、水、电基本检查。

2. 实车或台架上辨别底盘四大系统位置

(1) 在实车传动系统上找到下列部件并写出其名称。

部件				
名称				

（2）在实车行驶系统上找到下列部件并写出其名称。

部件				
名称				

（3）在实车制动系统上找到下列部件并写出其名称。

部件				
名称				

（4）在实车转向系统上找到下列部件并写出其名称。

部件				
名称				

3. 在实车上说明汽车动力传递路线并填空

发动机 ⇨ ☐ ⇨ ☐ ⇨ ☐ ⇨ ☐ ⇨ 半轴

4. 现场恢复

完成实训任务后，按照要求恢复车辆、仪器、设备，做好现场 6S 管理。

5. "1＋X"任务实施

| | 汽车底盘工作安全与作业准备【评分细则】 |

序号	评分项	得分条件	分值	评分要求	自评	互评	师评
1	安全/6S/态度	□1.能遵守日常车间安全规定和作业流程 □2.能按照安全管理条例整理工具和设备 □3.能正确使用卧式千斤顶和千斤顶支架 □4.能正确使用举升机举升车辆 □5.能检查车间的通风条件是否良好 □6.能识别安全区域标记 □7.能确认灭火器和其他消防设备的位置和类型，并能正确使用灭火器和其他消防设备 □8.能识别眼睛清洗站的标识物并确认使用方法 □9.能识别疏散路线的标识物。能使用符合要求的护目镜、耳塞、手套和车间活动工作靴 □10.能在车间内穿着符合工作要求的服装 □11.能根据车间作业要求，留符合安全性要求的发型，并且不佩戴首饰	20	未完成1项扣3分	□熟练 □不熟练	□熟练 □不熟练	□合格 □不合格
2	专业技能	□1.能认知传动系统各部件 □2.能认知行驶系统各部件 □3.能认知转向系统各部件 □4.能认知制动系统各部件	40	未完成1项扣4分	□熟练 □不熟练	□熟练 □不熟练	□合格 □不合格
3	工具及设备的使用	□1.能识别维修工具的名称，了解其在汽车维修中的用途，并正确使用 □2.能正确清洁、储存及维修工具和设备 □3.能正确使用精密量具（如千分尺、千分表、表盘卡尺），并读数	20	未完成1项扣3分	□熟练 □不熟练	□熟练 □不熟练	□合格 □不合格

4	维修车辆准备事项	☐1.能确认维修工单上所要求的维修项目及信息 ☐2.能在车辆上正确使用翼子板罩、翼子板垫 ☐3.能在车辆后轮上正确安装车轮挡块 ☐4.能在车辆的排气尾管上正确安装尾气收集管,并开启设备	15	未完成1项扣3分	☐熟练 ☐不熟练	☐熟练 ☐不熟练	☐合格 ☐不合格
5	任务实施完成情况	☐1.字迹清晰 ☐2.语句通顺 ☐3.无错别字 ☐4.无涂改 ☐5.无抄袭	5	未完成1项扣3分	☐熟练 ☐不熟练	☐熟练 ☐不熟练	☐合格 ☐不合格

思政案例

我国第一辆轿车的诞生

1958年4月,中国历史上第一款可批量生产的国产轿车在长春"一汽"诞生,取名"东风"。国产东风牌CA71轿车在机修车间试制成功,正式下线。生产编号CA为生产厂家"一汽"的代码,7为轿车的编码,1就表示第一辆。轿车设计原则是"仿造为主,自主设计",样车还是保留了很多民族风格。该车为流线型车身,上部银灰色,下部紫红色,4门6座,装备的冷热风车灯是具有民族风格的宫灯,发动机罩前上方有一个小金龙装饰,发动机最大功率达52 kW,最高车速可达128 km/m。

东风牌CA71轿车的诞生,结束了中国不能制造轿车的历史,从而揭开了我国民族轿车工业的历史篇章,它体现了早期中国汽车人艰苦奋斗、自强不息的精神。

课后习题

一、填空题

1.汽车制动器分为鼓式制动器和_____。
2.汽车行驶系统由车架、车桥、车轮和_____等组成。
3.变速器的作用是变速、_____、_____、中断动力传动。
4.奔驰等一些高档轿车多采用发动机_____布置形式。
5.检修车辆时应使用_____、方向盘罩、脚垫、_____、前罩,做好车辆安全防护。

二、选择题

1.汽车底盘的组成包括传动系统、行驶系统、转向系统和( )。
A.供电系统　　　　　　B.点火系统　　　　　　C.制动系统

2. 万向传动装置由万向节、传动轴和（　　）组成。
A. 中间支承　　　　　B. 万向轮　　　　　C. 轴承
3. 汽车制动系统的功用是使汽车减速,保证（　　）可靠。
A. 刹车　　　　　　　B. 停放　　　　　　C. 减挡
4. （　　）是指从发动机到驱动车轮之间所有动力传递装置的总称。
A. 传动系统　　　　　B. 动力系统　　　　C. 变速系统
5. 主减速器的作用是,将动力传给差速器,并实现降速增矩、改变（　　）。
A. 速度　　　　　　　B. 动力　　　　　　C. 传动方向
6. （　　）将差速器的动力传给驱动车轮。
A. 链条　　　　　　　B. 齿轮　　　　　　C. 半轴
7. 用（　　）或千斤顶升起车辆时一定要按正确的规程操作。
A. 压缩机　　　　　　B. 举升机　　　　　C. 托举机

三、判断题
1. 发动机前置后轮驱动可以用英文字母 FR 简单代替。（　　）
2. 差速器的作用是,将动力传给差速器,并实现降速增矩、改变传动方向。（　　）
3. 离合器的作用是,保证换挡平顺,必要时中断动力传输。（　　）
4. 尖锐的工具不要放到口袋里,以免扎伤自己或划伤车辆。（　　）

项目 2 离合器的构造与检修

项目导读

要对汽车离合器进行检修,首先必须了解离合器的基本结构,在对离合器机构认知、掌握量具使用的基础上才能开展检测与维修工作。本项目通过三个任务的学习,使学生理解离合器的功用和工作原理,掌握检查与维修的相关理论方法,为离合器的检修奠定基础。

任务 2.1 离合器的认知

【任务导入】

一辆装备手动变速器的卡罗拉轿车行驶一定里程后,客户反映汽车起步时,放松离合器踏板后,汽车不能起步或起步困难;加速时,车速不能随着发动机转速的提高而提高。维修技师根据故障现象确定为离合器故障,请试分析故障原因。

【任务目标】

(1)能通过查阅相关维修技术资料等方式,获取车辆资讯与信息。
(2)能描述汽车离合器的功用。
(3)能理解汽车离合器的结构组成、工作原理。
(4)能掌握膜片弹簧离合器的构造、拆装、检修方法。

【知识准备】

一、离合器的功用和分类

1. 离合器的功用

离合器安装在发动机和变速器之间,用来分离或接合前后两者之间的动力联系,其主要功用可以总结为以下三点。

1）平顺接合动力，保证汽车起步平稳

汽车起步时，驾驶员缓慢抬起离合器踏板，使离合器的主、从动部分逐渐接合，与此同时，逐渐踩下加速踏板，以增加发动机的输出扭矩，这样发动机的扭矩便可由小到大地逐渐传给传动系统。当牵引力足以克服汽车起步时的行驶阻力时，汽车便由静止开始缓慢逐渐加速，实现平稳起步。

2）迅速切断动力，便于换挡

发动机在冷启动时，离合器切断发动机与传动系统的联系，减少启动阻力，有利于发动机的启动。

汽车在行驶过程中，由于行驶条件的变换，需要不断变换挡位。对于普通齿轮变速器，换挡时不同的齿轮副要退出啮合或进入啮合，这就要求换挡前踩下离合器踏板，中断发动机的动力传动，便于退出原有齿轮副的啮合、进入新齿轮副的啮合，以顺利换入新的挡位。

3）限制所传递的扭矩，防止传动系统超载

汽车紧急制动时，如果发动机与传动系统刚性连接，发动机转速将急剧下降，其所有零件将产生很大的惯性扭矩，会造成传动系统过载而使机件损坏。有了离合器，当传动系统承受载荷超过离合器所能传递的最大扭矩时，离合器会通过主、从动部分之间的打滑来消除机件损坏的危险，从而起到过载保护的目的。

2. 对离合器的要求

根据离合器的功用，它应满足下列要求：① 传递发动机最大扭矩，即不打滑；② 接合平顺、柔和；③ 分离迅速彻底；④ 从动盘转动惯量尽量小；⑤ 散热性好；⑥ 操纵轻便；⑦ 具有吸振、吸噪、吸冲击的能力；⑧ 设有调整装置。

3. 离合器的分类

汽车离合器有摩擦离合器、液力离合器、电磁离合器等几种，如图2-1所示。摩擦离合器又分为湿式和干式两种。液力离合器靠工作液（油液）传递扭矩，外壳与泵轮连为一体，是主动件；涡轮与泵轮相对，是从动件。当泵轮转速较低时，涡轮不能被带动，主动件与从动件之间处于分离状态；随着泵轮转速的提高，涡轮被带动，主动件与从动件之间处于接合状态。电磁离合器靠线圈的通断电来控制离合器的接合与分离。如在主动件与从动件之间放置磁粉，则可以加强两者之间的接合力，这样的离合器称为磁粉式电磁离合器。

（a）摩擦离合器　　　　（b）液力离合器　　　　（c）电磁离合器

图2-1　汽车离合器

目前，与手动变速器相配合的绝大多数离合器为干式摩擦离合器，按其从动盘的数目，又分为单盘式、双盘式和多盘式等几种。湿式摩擦离合器一般为多盘式的，浸在油中以便于散热。

采用若干个螺旋弹簧作为压紧弹簧,并将这些弹簧沿压盘圆周分布的离合器称为周布弹簧离合器;采用膜片弹簧作为压紧弹簧的离合器称为膜片弹簧离合器。

二、离合器的基本组成和工作原理

1. 离合器的基本组成

离合器由主动部分、从动部分、压紧机构和操纵机构四部分组成。

1) 主动部分

如图 2-2 所示,主动部分由飞轮、离合器盖、压盘等机件组成。离合器盖用螺栓固定在飞轮上,离合器盖侧面开有窗口。压盘外圆周上制有凸台,凸台伸入离合器盖的窗口中,使得压盘既能随离合器盖转动又能沿窗口轴向移动。

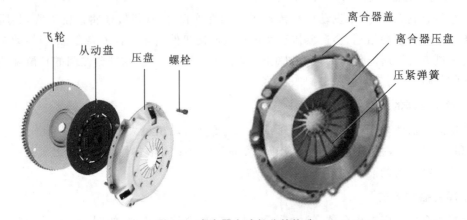

图 2-2　离合器主动部分的构造

2) 从动部分

如图 2-3 所示,从动部分包括从动盘和从动轴。从动盘带有双面的摩擦片,离合器正常接合时分别与飞轮和压盘相接触;从动盘通过花键毂装在从动轴的花键上,从动轴是手动变速器的输入轴(一轴),其前端通过轴承支承在曲轴后端的中心孔中,后端支承在变速器壳体上。

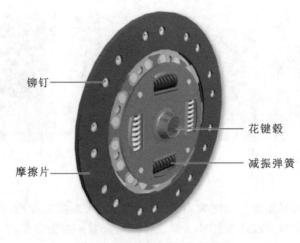

图 2-3　离合器从动部分的构造

3) 压紧机构

如图 2-4 所示,压紧机构由若干根沿圆周方向均匀布置的压紧弹簧组成,它们装在压盘与离合器盖之间。在正常接合状态下,压紧弹簧将压盘和从动盘压向飞轮,使飞轮、从动盘和压盘三者压紧在一起。

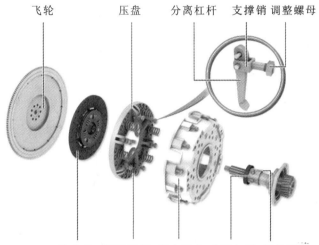

图 2-4 离合器压紧机构的构造

4) 操纵机构

操纵机构是使离合器分离的装置。如图 2-5 所示,操纵机构包括离合器踏板、拉杆、分离叉、分离套筒、分离轴承、分离杠杆、回位弹簧等。

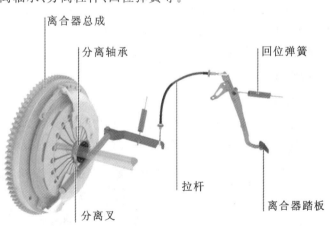

图 2-5 离合器操纵机构的构造

2. 离合器的工作原理

1) 接合状态

离合器在接合状态下,压紧弹簧将飞轮、从动盘和压盘三者压紧在一起,发动机的扭矩经过飞轮及压盘通过从动盘摩擦片的摩擦作用传给从动盘,再由从动轴向传动系统输出。

2) 分离过程

分离离合器时,驾驶员踩下离合器踏板,拉杆拉动分离叉的外端向后移动,分离叉内端则推动分离套筒和分离轴承前移,先消除分离轴承与分离杠杆内端之间的间隙,然后推动分离杠杆内端前移,使分离杠杆外端带动压盘克服压紧弹簧作用力后移,摩擦作用消失,离合器的主、从动部分分离,中断动力传动。离合器的工作原理如图 2-6 所示。

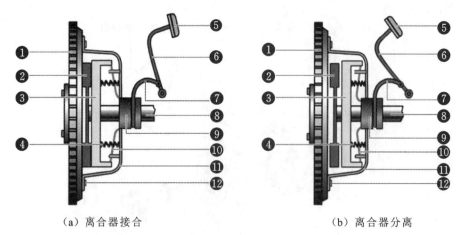

（a）离合器接合　　　　　　　　　　　　（b）离合器分离

图 2-6　离合器工作原理

1—飞轮；2—从动盘；3—压盘；4—回位弹簧；5—离合器踏板；6—拉杆；7—分离叉；
8—变速器输入轴；9—分离轴承；10—分离杠杆；11—离合器盖；12—紧固螺栓

3）接合过程

接合离合器时,驾驶员缓慢抬起离合器踏板,在压紧弹簧的作用下,压盘向前移动并逐渐压紧从动盘,使接触面间的压力逐渐增加,摩擦力矩也逐渐增加；当飞轮、压盘和从动盘之间接合还不紧密时,所能传递的摩擦力矩较小,离合器的主、从动部分有转速差,离合器处于打滑状态；随着离合器踏板的逐渐抬起,飞轮、压盘和从动盘之间的压紧程度逐渐变大,主、从动部分的转速也渐趋相等,直到离合器完全接合而停止打滑,接合过程结束。

3. 离合器的结构类型

1）按从动盘的数目分类

按从动盘的数目,离合器可以分为单片离合器和双片离合器,如图 2-7 所示。轿车、客车,以及部分中、小型货车多采用单片离合器,双片离合器多用于重型车辆。

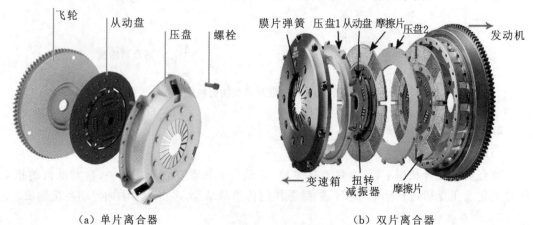

（a）单片离合器　　　　　　　　　　　　（b）双片离合器

图 2-7　离合器按从动盘数目分类

2) 按压紧弹簧的形式分类

按压紧弹簧的形式,离合器可以分为周布弹簧离合器、中央弹簧离合器和膜片弹簧离合器,如图 2-8 所示。

（a）周布弹簧离合器

（b）膜片弹簧离合器

图 2-8　离合器按弹簧类型分类

周布弹簧离合器和中央弹簧离合器采用螺旋弹簧,分别沿压盘的圆周和中央布置;膜片弹簧离合器采用膜片弹簧,目前应用最广泛。

三、膜片弹簧离合器

膜片弹簧离合器目前在现代汽车上得到了广泛应用,不仅在轿车上,在各类型客、货车上也得到应用,其构造如图 2-9 所示,零件分解如图 2-10 所示。

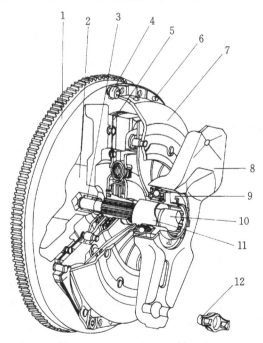

图 2-9　膜片弹簧离合器的构造

1—飞轮；2—曲轴；3—轴承；4—螺栓；5—从动盘；6—定位销；7—离合器盖及压盘总成；
8—分离叉；9—分离轴承和分离套筒；10—从动轴；11—轴承导套；12—分离叉座

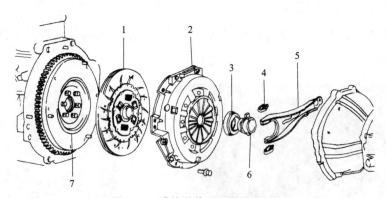

图 2-10 膜片弹簧离合器的分解
1—从动盘；2—离合器盖和压盘；3—分离轴承；
4—卡环；5—分离叉；6—分离套筒；7—飞轮

1. 构造

膜片弹簧离合器由主动部分、从动部分、压紧机构和操纵机构组成，操纵机构将在单片周布弹簧离合器中进行介绍。

主动部分由飞轮、离合器盖和压盘组成。离合器盖通过螺栓固定在飞轮上，为了保持正确的安装位置，离合器通过定位销进行定位。压盘与离合器盖之间通过周向均布的三组或四组传动片来传递扭矩。传动片用弹簧钢片制成，每组两片，一端用铆钉铆在离合器盖上，另一端用螺钉连接在压盘上。飞轮转动时，扭矩通过离合器盖、传动片传给压盘。离合器分离时，传动片弯曲。

从动部分包括从动盘和从动轴，从动盘一般都带有扭转减振器。发动机传到传动系统的转速和扭矩是周期性变化的，使传动系统产生扭转振动，这将使传动系统的零部件受到冲击性交变载荷，使寿命下降、零件损坏。采用扭转减振器可以有效防止传动系统的扭转振动。

压紧机构是膜片弹簧，其径向开有若干切槽，形成弹性杠杆。切槽末端有圆孔，固定铆钉穿过圆孔，并固定在离合器盖上。膜片弹簧两侧装有钢丝支承环，这两个钢丝支承环是膜片弹簧工作时的支点。膜片弹簧的外缘通过分离钩与压盘联系起来。

2. 工作原理

膜片弹簧离合器的工作原理如图 2-11 所示。当离合器盖未安装到飞轮上时，膜片弹簧不受力而处于自由状态，此时离合器盖与飞轮之间有一距离 s，如图 2-11(a)所示。当离合器盖通过螺栓安装在飞轮上时，离合器盖压向飞轮，消除了距离 s，膜片弹簧在支承环处受压产生弹性变形，此时膜片弹簧的外圆周对压盘产生压紧力使离合器处于接合状态，如图 2-11(b)所示。当踩下离合器踏板时，分离轴承推动膜片弹簧，使膜片弹簧压在支承环上并以支承环为支点外圆周向后翘起，通过分离钩拉动压盘后移使离合器分离，如图 2-11(c)所示。

从膜片弹簧离合器的工作原理可以看出，膜片弹簧既是压紧弹簧，又是分离杠杆，使结构简化，同时也缩短了离合器的轴向尺寸。另外，膜片弹簧具有非线性特性，优于圆柱螺旋弹簧的线性特性，具有操纵轻便和自动调节压紧力的特点，所以膜片弹簧离合器的应用越来越广泛，在各种车型上都有应用。

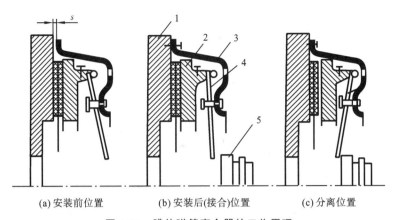

(a) 安装前位置　　　(b) 安装后(接合)位置　　　(c) 分离位置

图 2-11　膜片弹簧离合器的工作原理
1—飞轮；2—压盘；3—离合器盖；4—膜片弹簧；5—分离轴承

3. 结构类型

膜片弹簧离合器根据分离杠杆内端受压还是受拉,可以分为压式膜片弹簧离合器和拉式膜片弹簧离合器。

1) 压式膜片弹簧离合器

压式膜片弹簧离合器当分离离合器时,分离杠杆内端所受的力为推(压)力,如图 2-12(a)所示。桑塔纳 2000、红旗 CA7220 和 CA1091 的离合器均为此种形式。

2) 拉式膜片弹簧离合器

拉式膜片弹簧离合器当分离离合器时,分离杠杆内端所受的力为拉力,如图 2-12(b)所示,其特点是膜片反装,即在接合状态下锥顶向前。捷达轿车即采用这种离合器。

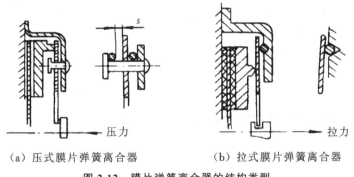

（a）压式膜片弹簧离合器　　　（b）拉式膜片弹簧离合器

图 2-12　膜片弹簧离合器的结构类型

四、周布弹簧离合器

1. 单片周布弹簧离合器

以东风 EQ1090E 型汽车的离合器为例进行介绍,其构造如图 2-13 所示。

1) 主动部分

主动部分包括飞轮、离合器盖和压盘。离合器盖和压盘之间通过 4 组传动片连接起来。离合器盖用螺钉安装在发动机飞轮上。当飞轮转动时,离合器盖和压盘都随飞轮一起转动。

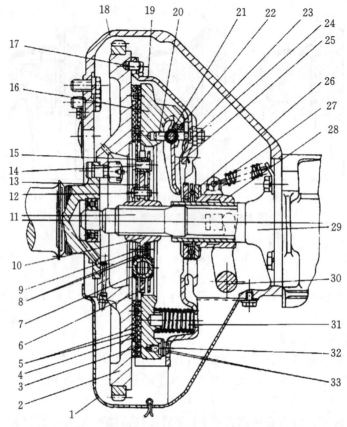

图 2-13 东风 EQ1090E 型汽车的离合器

1—离合器壳底盖;2—飞轮;3—摩擦片铆钉;4—从动盘本体;5—摩擦片;6—减振器盘;7—减振器弹簧;
8—减振器阻尼片;9—阻尼片铆钉;10—从动盘毂;11—从动轴;12—阻尼弹簧铆钉;13—减振器阻尼弹簧;
14—从动盘铆钉;15—从动盘铆钉隔套;16—压盘;17—离合器盖定位销;18—离合器壳;19—离合器盖;
20—分离杠杆支承柱;21—摆动支片;22—浮动销;23—分离杠杆调整螺母;24—分离杠杆弹簧;
25—分离杠杆;26—分离轴承;27—分离套筒回位弹簧;28—分离套筒;29—变速器一轴承盖;
30—分离叉;31—压紧弹簧;32—传动片铆钉;33—传动片

当分离时,传动片产生弯曲变形以使压盘可以后移。

2) 从动部分

从动部分包括从动盘和从动轴,从动盘带有扭转减振器。

3) 压紧机构

压紧机构由16个沿圆周分布于压盘和离合器盖之间的压紧弹簧组成。在压紧弹簧的作用下,压盘将从动盘压向飞轮,使离合器处于分离状态。

4) 操纵机构

操纵机构中的分离杠杆、分离轴承、分离套筒、分离叉装在离合器壳体内部,在壳体外部还装有分离叉臂、拉杆、踏板轴及踏板。

分离杠杆的结构如图2-14所示,采用了浮动销作为分离杠杆的支点,与压盘之间采用了摆动支片,支承柱的前端插在压盘相应的孔中,后端通过调整螺母固定在离合器盖上,浮动销穿过支承柱中部的方孔。这种结构可以防止分离杠杆的运动干涉,而且通过调整螺母可以调整分离杠杆的高度,使分离杠杆内端处于与飞轮端面平行的同一平面内。

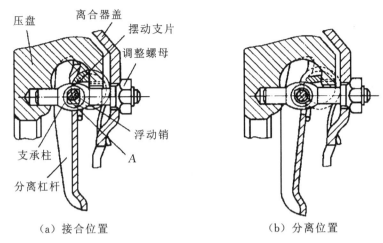

图 2-14 东风 EQ1090E 型汽车离合器分离杠杆的结构

2. 双片周布弹簧离合器

为了增大离合器所能传递的扭矩,一般增加离合器从动盘的片数,如在重型货车上普遍采用双片离合器。图 2-15 所示为解放 CA1091 型汽车所使用的双片离合器。

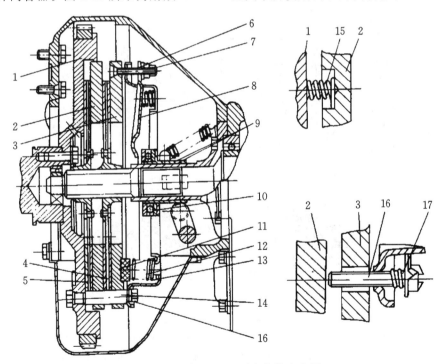

图 2-15 解放 CA1091 型汽车的离合器

1—飞轮;2—中间压盘;3—压盘(后压盘);4、5—从动盘;6—分离杠杆螺钉;7—调整螺母;
8—分离杠杆;9—分离套筒;10—分离轴承;11—绝热垫;12—压紧弹簧;13—离合器盖;
14—传动销;15—分离弹簧;16—限位螺钉;17—锁紧垫圈

解放 CA1091 型汽车双片离合器的结构、原理与前述的各种离合器基本相同,但由于采

用双片从动盘,具有如下的特点:

(1) 由于有 2 片从动盘,为了增加传递的扭矩并保证离合器可靠工作,离合器采用了 2 个压盘,即多了 1 个中间压盘。这样从动盘通过 4 个面传递扭矩,比单片离合器所能传递的扭矩增大 1 倍。

(2) 分离时,分离杠杆通过分离杠杆螺钉带动压盘(后压盘)向后移动。为了保证中间压盘与前面从动盘可靠分离,在飞轮与中间压盘之间装有分离弹簧。

(3) 由于分离弹簧的伸张作用,当分离时有可能导致中间压盘向后把后面的从动盘与压盘(后压盘)压紧在一起,所以采用限位螺钉限制中间压盘向后移动的行程。

(4) 分离杠杆高度的调整是通过分离杠杆外端的调整螺母进行。

(5) 压盘(包括中间压盘和后压盘)的驱动是通过传动销进行的。

五、带扭转减振器的从动盘

离合器的从动部分是从动盘和从动轴。从动轴也是手动变速器的输入轴(或称为一轴),所以一般仅将从动盘作为离合器的从动部分。目前离合器采用的从动盘都带有扭转减振器,其结构组成和工作原理如图 2-16 所示。扭转减振器能够衰减传动系统的扭转振动,并使离合器接合柔和、平顺。

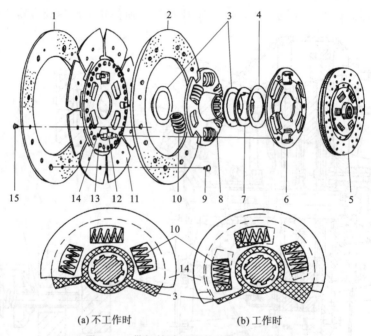

图 2-16 带扭转减振器的从动盘的结构

1、2—摩擦衬片;3—摩擦垫圈;4—碟形垫圈;5—装合后的从动盘总成;6—减振器盘;7—摩擦板;
8—从动盘毂;9、13、15—铆钉;10—减振弹簧;11—波形弹簧钢片;12—止动销;14—从动盘钢片

从动盘钢片外圆周铆接有波形弹簧钢片,摩擦衬片分别铆接在弹簧钢片上,从动盘钢片与减振器盘铆接在一起,这两者之间夹有摩擦垫圈和从动盘毂。从动盘毂、从动盘钢片和减振器盘上都有六个圆周均布的窗孔,减振弹簧装在窗孔中。

当从动盘接收到扭矩时,扭矩从摩擦衬片传到从动盘钢片,再经减振弹簧传给从动盘毂,此时弹簧将被压缩,吸收发动机传来的扭转振动。

摩擦片之间的波形弹簧钢片能使离合器逐渐接合,使接合柔和、起步平稳。

【任务实施】

一、任务准备

(1) 实训设备:离合器实训台或相似实训设备。
(2) 实训工具:标签纸、记号笔。
(3) 实训资料:实训工作页、维修手册、教材。
(4) 辅助材料:翼子板布和前格栅布、三件套、抹布、白板笔。

二、任务实施

1. 车辆基本检查

(1) 实训车辆安全防护。
(2) 登记车辆基本信息。
(3) 车辆油、水、电基本检查。

2. 找出以下部件的位置并贴标签

① 离合器压盘;② 离合器从动盘;③ 离合器分离轴承;④ 分离杠杆;⑤ 分离轴承;⑥ 压紧弹簧。

3. 正确说出离合器的功能、要求及分类

(1) 说出离合器的功能。
(2) 说出离合器的要求。
(3) 说出离合器的分类。

4. 观察离合器的工作过程,讲解其工作原理

(1) 观察离合器的工作过程。
(2) 讲解离合器的工作原理。
(3) 说出离合器传递动力时和中断动力时主动、从动部分之间的关系。

5. 现场恢复

完成实训任务后,按照要求恢复车辆、仪器、设备,做好现场6S管理。

任务2.2 离合器操纵机构的检查与维护

【任务导入】

一辆桑塔纳轿车离合器操纵机构发生了故障,入厂进行维修。维修技师先对该车离合器自由行程进行测量,然后进行下一步的检修。

【任务目标】

(1) 能通过查阅相关维修技术资料等方式,获取车辆资讯与信息。
(2) 能描述离合器操纵机构的结构组成、工作原理。
(3) 能完成离合器操纵机构的检查与拆装。

【知识准备】

一、离合器的操纵机构

离合器的操纵机构是驾驶员借以使离合器分离、又柔和接合的一套机构,它起始于离合器踏板,终止于分离杠杆。

按照分离离合器时所需操纵能源的不同,离合器操纵机构分为人力式和助力式。人力式又可以分为机械式和液压式;助力式又可以分为气压助力式和弹簧助力式。人力式操纵机构以驾驶员作用在踏板上的力作为唯一的操纵能源。助力式操纵机构除了驾驶员的力以外,还以其他形式的能源作为操纵能源。

应用较多的是机械式操纵机构、液压式操纵机构和弹簧助力式操纵机构,其中液压式操纵机构应用最多。

1. 机械式操纵机构

机械式操纵机构有杆系传动和绳索传动两种形式。

杆系传动机构结构简单,工作可靠,广泛应用于各型汽车上。例如东风EQ1090E型汽车即采用杆系传动机构。但杆系传动中杆件间铰接多,摩擦损失大,车架或车身变形以及发动机位移时其正常工作会受到影响。

绳索传动机构如图2-17所示,其可消除杆系传动机构的一些缺点,并能采用便于驾驶员操纵的吊挂式踏板。但绳索寿命较短,抗拉强度较小,故只适用于轻型、微型汽车和轿车,例如桑塔纳、捷达轿车离合器的操纵机构。

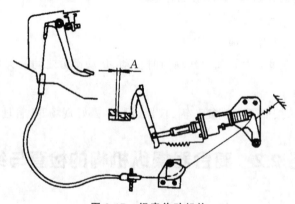

图 2-17 绳索传动机构

2. 液压式操纵机构

如图2-18所示,液压式操纵机构主要由主缸、工作缸和管路系统等组成。目前液压式操纵机构在各类型车上应用广泛。

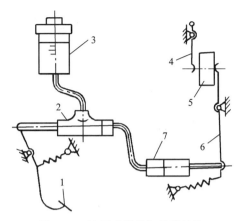

图 2-18 液压式操纵机构的结构
1—离合器踏板；2—主缸；3—储液罐；4—分离杠杆；
5—分离轴承；6—分离叉；7—工作缸

如图 2-19 所示，离合器液压操纵系统由离合器踏板、储液罐、进油管、离合器主缸、离合器工作缸、油管总成、分离叉、分离轴承等组成。储液罐有两个出油孔，分别把制动液供给制动主缸和离合器主缸。

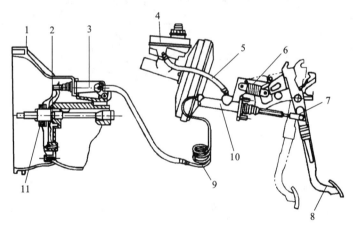

图 2-19 桑塔纳 2000GSi 型轿车离合器液压操纵系统
1—变速器壳体；2—分离叉；3—工作缸；4—储液罐；5—进油管；6—助力弹簧；
7—推杆接头；8—离合器踏板；9—油管总成；10—主缸；11—分离轴承

1）离合器主缸结构

离合器主缸结构如图 2-20 所示，主缸体借补偿孔 A、进油孔 B 通过进油软管与储液罐相通。主缸内装有活塞，活塞中部较细，且为十字形断面，使活塞右方的主缸内腔形成油室，活塞两端装有皮碗，活塞左端中部装有单向阀，经小孔与活塞右方主缸内腔的油室相通。当离合器踏板处于初始位置时，活塞左端皮碗位于补偿孔 A 与进油孔 B 之间，两孔均开放。

2）离合器工作缸的结构

离合器工作缸的结构如图 2-21 所示，工作缸内装有活塞、皮碗、推杆等，缸体上还设有放气螺塞。当管路内有空气而影响操纵时，可拧松放气螺塞进行放气。工作缸活塞直径略大于主缸活塞直径,故液压系统稍有增力作用,以补偿液流通道的压力损失。

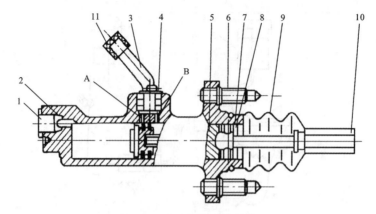

图 2-20 离合器主缸的结构

1—保护塞;2—壳体;3—管接头;4—皮碗;5—阀芯;6—固定螺栓;
7—卡簧;8—挡圈;9—护套;10—推杆;11—保护套;A—补偿孔;B—进油孔

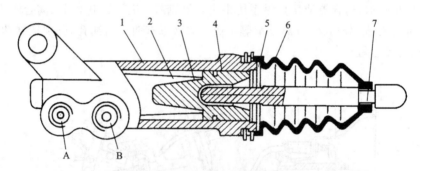

图 2-21 离合器工作缸的结构

1—壳体;2—活塞;3—管接头;4—皮碗;5—挡圈;
6—保护套;7—推杆;A—放气孔;B—进油孔

3)离合器主缸的工作过程

当不踩离合器踏板时,离合器主缸处于原始位置,液压管路压力较低,工作缸活塞不工作,如图 2-22(a)所示。

当踩下离合器踏板时,主缸推杆使活塞向左移动,止回阀关闭。当活塞前皮碗将补偿孔关闭后,管路中油压开始升高,在油压作用下,工作缸活塞右移。工作缸推杆顶头直接推动分离板,带动分离套筒和分离轴承左移,使离合器分离,如图 2-22(b)所示。

当快速放松离合器踏板时,复位弹簧使主缸活塞较快右移,由于管道阻力的作用,管路中油液回流到油缸的速度跟不上活塞的移动,使活塞左面可能形成一定的真空度,在压力差的作用下,从储液罐和进油管来的油液经进油孔和活塞上的轴向小孔,沿皮碗的外缘流向活塞下左边油腔弥补真空。当工作缸活塞回位,原先压入工作缸的油液流回主缸时,多余的油液经补偿孔流入进油管和储液罐。当液压系统因漏损或温度变化引起油液容积改变时,油液可通过补偿孔自动进出,保证液压操纵系统的正常工作,如图 2-22(c)所示。

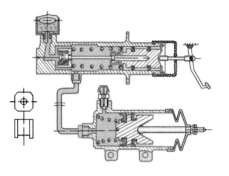
（a）未踩下离合器踏板

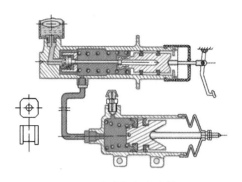
（b）踩下离合器踏板

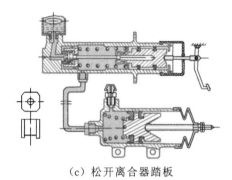
（c）松开离合器踏板

图 2-22　离合器主缸工作过程

二、离合器的检查与维护

1. 离合器储液罐液面高度检查

检查主缸储液罐内离合器液（制动液）液面高度，如果低于"MIN"的标记，则应添加。离合器液非易耗品，一般不会因使用而缺失，如果短时间内液面下降较多，应检查主缸与油管、工作缸与油管及油封等离合器液压操纵机构各部位是否有泄漏。

2. 离合器踏板检查

1）离合器踏板性能检查

踩下离合器踏板，检查是否存在下述故障：

(1) 踏板回弹无力；

(2) 异响噪声；

(3) 踏板过度松动；

(4) 踏板沉重。

2）离合器踏板行程检查

离合器踏板行程包括离合器踏板有效行程和离合器踏板自由行程，如图 2-23 所示。

离合器在正常结合状态下，分离杠杆内端与分离轴承之间应留有一定的间隙，一般为几毫米，这个间隙称为离合器自由间隙。

为了消除离合器自由间隙和操纵机构零件的弹性变形所需要的离合器踏板行程称为离

合器踏板自由行程。可以通过扭动调节叉来改变分离杠杆的长度对踏板自由行程进行调整。

3）离合器踏板高度检查

踏板高度的检查如图 2-24 所示，掀起驾驶室地毯或地板革，用直尺测量地板到离合器踏板上表面的距离，如果超出标准，应调整踏板高度。

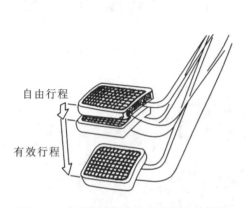

图 2-23 离合器踏板自由行程和有效行程

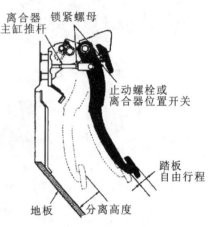

图 2-24 离合器踏板高度检查

图 2-25 离合器踏板自由行程调整

4）离合器踏板自由行程调整

离合器踏板自由行程的调整如图 2-25 所示，用一个直尺抵在驾驶室地板上，先测量踏板完全放松的高度，再用手按踏板，当感到阻力增大时测量踏板高度，两次测量的高度差即为踏板的自由行程。

对于液压式操纵机构，一般是调整主缸推杆的长度，先将主缸推杆锁紧螺母旋松，然后转动主缸推杆从而调整踏板自由行程，调整后应将锁紧螺母旋紧。

3. 离合器工作情况检查

车辆可靠驻停，拉起驻车制动手柄。启动发动机，发动机怠速运转，踩下离合器踏板，换到一挡或倒挡，检查是否有噪声，是否换挡平稳，如果有，说明离合器分离不彻底。

4. 离合器液压系统中空气的排出

离合器液压系统在经过检修之后，管路内可能进入空气，在添加制动液时也可能使液压系统中进入空气。空气进入后，由于主缸推杆行程及踏板工作行程缩短，因此可能使离合器分离不彻底。因此，液压系统检修后或怀疑液压系统进入空气时，就要排除液压系统中的空气。如图 2-26 所示，排除方法如下：

（1）将主缸储液罐中的制动液加至规定高度。

(2) 在工作缸的放气阀上安装一软管接到一个盛制动液的容器内。

(3) 排空气需要两个人配合工作,一人慢慢地踩离合器踏板数次,感到有阻力时踩住不动,另一人扭松放气阀,直至离合器液(制动液)开始流出,然后再拧紧放气阀。

(4) 连续按上述的方法操作几次,直到流出的制动液中不见气泡为止。

(5) 空气排除干净之后,需要再次检查及调整踏板自由行程。

(6) 再次检查主缸储液罐液面高度,必要时添加制动液。

图 2-26　离合器工作缸排气

5. 离合器液压操纵机构的拆装、检修

1) 离合器主缸的拆卸与分解

(1) 取下离合器踏板与主缸推杆叉的连接销轴。

(2) 从主缸上拧下进油管和出油管接头。

(3) 拧下主缸固定螺栓,拉出主缸。

在分离离合器主缸前,应排净主缸中的制动液。

主缸分解过程:拆下防尘罩,用旋具或卡环钳拆下卡环,拉出主缸推杆、压盖和活塞。

2) 离合器工作缸的拆卸与分解

拧下工作缸进油管接头,再拆下工作缸固定螺栓,即可拉出工作缸。

工作缸的分解过程:拉出工作缸推杆,拆下防尘罩,然后用压缩空气将工作缸活塞从缸筒内压出来。

3) 离合器主缸、工作缸的检修

主缸和工作缸是离合器液压操纵机构的主要部件,其工作性能的好坏直接影响离合器的工作性能。当出现缸筒内壁磨损超过 0.125 mm、活塞与缸筒的间隙超过 0.20 mm、皮碗老化及回位弹簧失效等情况时,应更换相应零件。

4) 离合器主缸、工作缸的装配

主缸和工作缸的装配,按拆卸与分解的相反顺序进行,但装配时应注意以下事项。

(1) 零件在装配前要用非腐蚀性液体清洗干净,并在活塞、皮碗、挡圈、缸套等零件上涂一层制动液。装合后推杆在缸筒内运动应灵活。在放松(不工作)位置时,主缸皮碗和活塞头部应位于进油孔和补偿孔之间,两孔都开放。工作缸上带有塑料支承环,安装时外表面要涂上一层薄薄的润滑油,工作缸推杆末端也要涂上润滑脂。

(2) 安装离合器工作缸时,需要用一个适当的杠杆克服弹簧的弹力,在将其压向变速器壳相应的孔中后,方能将固定螺栓旋入。

【任务实施】

一、任务准备

(1) 实训设备:实训车辆、离合器实训台或相似实训设备。
(2) 实训工具:离合器拆装工具。
(3) 实训资料:实训工作页、维修手册、教材。
(4) 辅助材料:翼子板布和前格栅布、三件套、抹布、白板笔。

二、任务实施

1. 车辆基本检查

(1) 实训车辆安全防护。
(2) 登记车辆基本信息。
(3) 车辆油、水、电基本检查。

2. 离合器液检查

(1) 检查离合器液液面高度。
(2) 检查离合器液含水量。

3. 离合器液压操纵机构泄漏检查

(1) 离合器液压管路检查。
(2) 离合器密封圈泄漏检查。

4. 离合器踏板检查

(1) 离合器踏板总行程测量。
(2) 离合器踏板自由行程测量。

5. 离合器工作情况检查

(1) 离合器踏板结合过程检查(异响、打滑)。
(2) 离合器踏板分离过程检查(分离不彻底)。

6. 离合器液压系统排气

(1) 单片离合器液压系统排气。
(2) 双片离合器液压系统排气。

7. 现场恢复

完成实训任务后,按照要求恢复车辆、仪器、设备,做好现场6S管理。

7."1＋X"任务实施

汽车动力与驱动系统综合分析技术（初级）职业技能【评分细则】								
序号	评分项	得分条件	分值	评分要求	自评	互评	师评
1	安全/6S/态度	□1.能遵守日常车间安全规定和作业流程 □2.能按照安全管理条例整理工具和设备 □3.能正确使用卧式千斤顶和千斤顶支架 □4.能正确使用举升机举升车辆 □5.能检查车间的通风条件是否良好 □6.能识别安全区域标记 □7.能确认灭火器和其他消防设备的位置和类型，并能正确使用灭火器和其他消防设备 □8.能识别眼睛清洗站的标识物并确认使用方法 □9.能识别疏散路线的标识物。能使用符合要求的护目镜、耳塞、手套和车间活动工作靴 □10.能在车间内穿着符合工作要求的服装 □11.能根据车间作业要求，留符合安全性要求的发型，并且不佩戴首饰	20	未完成1项扣3分	□熟练 □不熟练	□熟练 □不熟练	□合格 □不合格
2	专业技能	□1.能检查和调整离合器主缸液面，并选用符合厂家要求的离合器油 □2.能检查液压系统有无泄漏 □3.能检查油质和型号，清洗液压系统，重新加注标准离合器油 □4.能进行离合器总成的拆装	40	未完成1项扣4分	□熟练 □不熟练	□熟练 □不熟练	□合格 □不合格

3	工具及设备的使用	☐1.能判读离合器油液液位 ☐2.能判读离合器油液油质和型号 ☐3.能查阅维修手册，梳理离合器总成的拆装流程 ☐4.能正确清洁、储存及维修工具和设备 ☐5.能正确使用精密量具（如千分尺、千分表、表盘卡尺），并读数	20	未完成1项扣3分	☐熟练 ☐不熟练	☐熟练 ☐不熟练	☐合格 ☐不合格
4	维修车辆准备事项	☐1.能确认维修工单上所要求的维修项目及信息 ☐2.能在车辆上正确使用翼子板罩、翼子板垫 ☐3.能在车辆后轮上正确安装车轮挡块 ☐4.能在车辆的排气尾管上正确安装尾气收集管，并开启设备	15	未完成1项扣3分	☐熟练 ☐不熟练	☐熟练 ☐不熟练	☐合格 ☐不合格
5	任务实施完成情况	☐1.字迹清晰 ☐2.语句通顺 ☐3.无错别字 ☐4.无涂改 ☐5.无抄袭	5	未完成1项扣3分	☐熟练 ☐不熟练	☐熟练 ☐不熟练	☐合格 ☐不合格

任务2.3 离合器综合故障检修

【任务导入】

一辆安装手动变速器的轿车行驶一定里程后，客户感觉汽车起步时，放松离合器踏板后，汽车不能起步或起步困难；加速时，车速不能随着发动机转速的提高而提高。维修技师根据故障现象确定为离合器故障。试分析原因，制订维修工艺并做相关实际维修操作。

【任务目标】

（1）能通过查阅相关维修技术资料等方式，获取车辆资讯与信息。

(2) 能理解离合器常见故障现象、原因及排除方法。

(3) 能给出离合器的故障现象,能够运用所学的知识和技能排除故障。

【知识准备】

在进行离合器的故障诊断之前,要检查和调整离合器踏板自由行程。离合器的常见故障有离合器打滑、分离不彻底、发抖、异响等。

一、离合器打滑

1. 现象

汽车用低速挡起步时,放松离合器踏板后,汽车不能起步或起步困难;汽车加速行驶时,车速不能随发动机转速的提高而提高,汽车行驶无力,严重时产生焦糊味或冒烟等现象。

2. 原因

(1) 离合器踏板没有自由行程,使分离轴承压在分离杠杆上。

(2) 从动盘摩擦片、压盘或飞轮工作面磨损严重,离合器盖与飞轮的连接松动,使压紧力减弱。

(3) 从动盘摩擦片油污、烧蚀、表面硬化、铆钉外露、表面不平,使摩擦系数下降。

(4) 压力弹簧疲劳或折断,膜片弹簧疲劳或开裂,使压紧力下降。

(5) 离合器操纵杆系卡滞,分离轴承套筒与导管间油污、尘腻严重,甚至造成卡滞,使分离轴承不能回位。

(6) 分离杠杆弯曲变形,出现运动干涉,不能回位。

3. 诊断与排除

(1) 检查离合器踏板自由行程,如不符合规定应予以调整。

(2) 如果自由行程正常,应拆下变速器壳,检查离合器与飞轮连接螺栓是否松动,如松动则予以拧紧。

(3) 如果离合器仍然打滑,应拆下离合器,检查从动盘摩擦片的状况。如果有油污,一般可用汽油清洗并烘干,然后找出油污来源并设法排除。如果摩擦片磨损严重或铆钉外露,应更换从动盘。

(4) 如果从动盘完好,则应分解离合器,检查压紧弹簧,如果弹力过小则应更换。

二、离合器分离不彻底

1. 现象

发动机怠速运转时,踩下离合器踏板,挂挡有齿轮撞击声,且难以挂入;如果勉强挂上挡,则在离合器踏板尚未完全放松时,发动机熄火。

2. 原因

(1) 离合器踏板自由行程过大。

(2) 分离杠杆调整不当,其内端不在同一平面内或内端高度太低。

(3) 双片离合器中间压盘限位螺钉调整不当,个别分离弹簧疲劳、高度不足或折断,中间压盘在传动销上或在离合器驱动窗口内轴向移动不灵活。

(4) 从动盘钢片翘曲、摩擦片破裂或铆钉松动。

(5) 新换的摩擦片太厚或从动盘正反装错。

(6) 从动盘花键孔与变速器第一轴花键轴卡滞。

(7) 离合器液压操纵机构漏油、有空气或油量不足。

(8) 膜片弹簧弹力减弱。

(9) 发动机支承磨损或损坏,发动机与变速器不同心。

3. 诊断与排除

(1) 检查离合器踏板自由行程,如果自由行程过大则进行调整。否则对于液压操纵机构检查是否储液罐油量不足或管路中有空气,并进行必要的排除。如果不是上述问题应继续检查。

(2) 检查分离杠杆内端高度,如果分离杠杆高度太低或不在同一平面,则进行调整。否则检查从动盘是否装反,如果都没问题则继续检查。

(3) 检查从动盘是否翘曲变形、铆钉脱落,从动盘轴向运动是否卡滞等,如果是则进行更换或修理。

三、起步发抖

1. 现象

汽车用低速挡起步时,按操作规程逐渐放松离合器踏板并徐徐踩下加速踏板,离合器不能平稳接合且产生抖振,严重时甚至整车产生抖振现象。

2. 原因

(1) 分离杠杆内端高度不处在同一平面内。

(2) 从动盘或压盘翘曲变形,飞轮工作端面的端面圆跳动严重。

(3) 从动盘摩擦片厚度不均匀、油污、烧焦、表面不平整、表面硬化、铆钉头露出、铆钉松动或切断、波形弹簧钢片损坏。

(4) 压紧弹簧的弹力不均、疲劳或个别折断,膜片弹簧疲劳或开裂。

(5) 从动盘上的缓冲片破裂或减振弹簧疲劳、折断。

(6) 发动机支架、变速器、飞轮、飞轮壳等的固定螺栓松动。

(7) 分离轴承套筒与导管油污、尘腻严重,使分离轴承不能回位。

3. 诊断与排除

(1) 检查离合器踏板、分离轴承等回位是否正常,如果正常则继续检查。

(2) 检查发动机支架、变速器、飞轮、飞轮壳等的固定螺栓是否松动,如果是则紧固螺栓,否则继续检查。

(3) 检查分离杠杆的内端是否在同一平面,如果是则继续检查。

(4) 检查压盘、从动盘是否变形,铆钉是否松动、外露,压紧弹簧的弹力是否不在允许范围内,如果是则更换或修理。

四、离合器异响

1. 现象

离合器分离或接合时发出不正常的响声。

2. 原因

(1) 分离轴承缺少润滑脂,造成干磨或轴承损坏。

(2) 分离轴承与分离杠杆内端之间无间隙。

(3) 分离轴承套筒与导管之间油污、尘腻严重或分离轴承回位弹簧与踏板回位弹簧疲劳、折断、脱落,使分离轴承回位效果不佳。

(4) 从动盘花键孔与其花键轴配合松旷。

(5) 从动盘减振弹簧退火、疲劳或断裂。

(6) 从动盘摩擦片铆钉松动或铆钉头外露。

(7) 双片离合器传动销与中间压盘和压盘的销孔磨损松旷。

3. 诊断与排除

(1) 稍稍踩下离合器踏板,使分离轴承与分离杠杆接触,如果有"沙沙"的响声则表示分离轴承响;如果加油后仍响,说明轴承磨损过度、松旷或损坏,应更换。

(2) 踩下、抬起离合器踏板,如果出现间断的碰撞声,说明分离轴承前后有串动,应更换分离轴承回位弹簧。

(3) 连踩踏板,如果离合器刚接合或刚分开时有响声,说明从动盘铆钉松动或外露,应更换从动盘。

【任务实施】

一、任务准备

(1) 实训设备:实训车辆、离合器拆装实训台或相似实训设备。

(2) 实训工具:离合器拆装手动工具。

(3) 实训资料:实训工作页、维修手册、教材。

(4) 辅助材料:翼子板布和前格栅布、三件套、抹布、白板笔。

二、任务实施

1. 车辆基本检查

(1) 实训车辆安全防护。

(2) 登记车辆基本信息。

(3) 车辆油、水、电基本检查。

2. 分析离合器故障原因

(1) 摩擦片烧损、硬化、有油污或从动盘摩擦片磨损过度,视情况予以修理或更换。

(2) 膜片弹簧疲劳、开裂或失效,应予更换。

(3)分离轴承及分离套筒运动发卡不能回位,应予润滑或更换。

(4)压盘或飞轮变形、磨损,应予磨平或更换。

(5)离合器操纵机构调整不当,导致踏板自由行程过小,应予调整。

(6)对于拉索式操纵机构来说,可能存在拉索卡滞、自调装置失效等,应视情况润滑、更换。

(7)离合器液压操纵机构中的离合器主缸不良,应检修或更换。

3. 故障诊断方法与步骤

(1)检查离合器踏板的自由行程。

(2)对可拆下离合器下盖的车辆,拆下其离合器下盖,检查分离轴承的回位情况及分离杠杆的高度。

(3)检查离合器盖固定螺栓是否松动。

(4)检查摩擦片是否磨损过度或沾有油污。

(5)检查压紧弹簧是否损坏或弹力不足。

(6)检查压盘、飞轮工作表面的平面度误差。

(7)检查发动机支座是否松动、移位等。

4. 结合学习内容,重新分析故障案例

(1)继续分析离合器分离不彻底故障。

(2)继续分析离合器发抖故障。

(3)继续分析离合器异响故障。

5. 故障处理方法

(1)给出离合器分离不彻底故障排除方法。

(2)给出离合器发抖故障排除方法。

(3)给出离合器异响故障排除方法。

(4)给出离合器打滑故障排除方法。

5. 现场恢复

完成实训任务后,按照要求恢复车辆、仪器、设备,做好现场6S管理。

6. "1+X"任务实施

序号	评分项	得分条件	分值	评分要求	自评	互评	师评
汽车动力与驱动系统综合分析技术(中级)职业技能【评分细则】							
1	安全/6S/态度	□1.能遵守日常车间安全规定和作业流程 □2.能按照安全管理条例整理工具和设备 □3.能正确使用卧式千斤顶和千斤顶支架 □4.能正确使用举升机举升车辆	20	未完成1项扣3分	□熟练 □不熟练	□熟练 □不熟练	□合格 □不合格

		□5.能检查车间的通风条件是否良好 □6.能识别安全区域标记 □7.能确认灭火器和其他消防设备的位置和类型,并能正确使用灭火器和其他消防设备 □8.能识别眼睛清洗站的标识物并确认使用方法 □9.能识别疏散路线的标识物。能使用符合要求的护目镜、耳塞、手套和车间活动工作靴 □10.能在车间内穿着符合工作要求的服装 □11.能根据车间作业要求,留符合安全性要求的发型,并且不佩戴首饰					
2	专业技能	□1.能检查、调整和更换离合器踏板连杆、拉线和自动调节机构、支架、衬套、轴销和弹簧 □2.能检查、调整和更换离合器分泵,并对分泵放气 □3.能检查和更换离合器主缸、管路和油液 □4.能检查、调整和更换分离轴承、轴承座、分离杠杆和轴销 □5.能检查和更换从动盘和压盘总成 □6.能检查输入轴花键和导向面 □7.能检查和更换导向轴承 □8.能检查、测量和更换飞轮和齿圈 □9.能检查、维修和更换双质量飞轮 □10.能检查发动机缸体、离合器壳体、变速器壳接合面和调整销,确定维修内容 □11.能测量飞轮径向跳动量和曲轴轴向间隙,确定维修内容 □12.能检查、更换和调整传动轴支座	40	未完成1项扣4分	□熟练 □不熟练	□熟练 □不熟练	□合格 □不合格

3	工具及设备的使用	☐1.能识别维修工具的名称,了解其在汽车维修中的用途,并正确使用 ☐2.能正确清洁、储存及维修工具和设备 ☐3.能正确使用工具测量飞轮径向跳动量和曲轴轴向间隙 ☐4.能正确使用工具检查变速器前壳体接合孔到曲轴的径向跳动量	20	未完成1项扣3分	☐熟练 ☐不熟练	☐熟练 ☐不熟练	☐合格 ☐不合格
4	维修车辆准备事项	☐1.能确认维修工单上所要求的维修项目及信息 ☐2.能在车辆上正确使用翼子板罩、翼子板垫 ☐3.能在车辆后轮上正确安装车轮挡块 ☐4.能在车辆的排气尾管上正确安装尾气收集管,并开启设备	15	未完成1项扣3分	☐熟练 ☐不熟练	☐熟练 ☐不熟练	☐合格 ☐不合格
5	任务实施完成情况	☐1.字迹清晰 ☐2.语句通顺 ☐3.无错别字 ☐4.无涂改 ☐5.无抄袭	5	未完成1项扣3分	☐熟练 ☐不熟练	☐熟练 ☐不熟练	☐合格 ☐不合格

思政案例

我国离合器产业的发展

我国离合器制造起源于20世纪30年代,当时在仅有的几家小作坊式的汽车修配厂里制造离合器。20世纪50年代中期开始,"一汽""南汽""上汽""二汽"等企业开始批量生产离合器,从此有了真正意义上的离合器制造。20世纪70年代,我国离合器研究、教育、设计、制造的专业队伍也初步形成。进入21世纪之后,我国离合器产业围绕着整车产业分布,形成了特定的产业集群。近年来,在全球经济一体化和汽车产业链配置全球化的背景下,汽车行业迎来了新的变化,以电动化、网联化、智能化、共享化为方向的汽车"新四化"逐渐形成共识,汽车产业链布局面临重构,汽车零部件行业也迎来了新的机遇和挑战。"不忘初心,牢记使命",我国汽车零部件企业要持续增强创新能力,积累独立自主的专项、专利技术,在新产品、新技术、新工艺等方面实现追赶与超越,摆脱核心技术受制于人的局面,实现自主生产汽车核心零部件及产品的目标。

> 课后习题

一、填空题

1. 摩擦离合器所能传递的最大扭矩取决于摩擦面间的_____。
2. 膜片弹簧离合器的膜片弹簧本身兼起_____和_____作用。
3. 由于_____与_____之间存在一定量的间隙,驾驶员在踩下离合器踏板后,首先要消除这一间隙,然后才能开始分离离合器。为消除这一间隙所需的离合器踏板的行程就是_____。
4. 离合器踏板自由行程过大,会产生离合器_____现象,而踏板自由行程过小又会产生离合器_____现象。
5. 为避免传动系统产生共振,缓和冲击,在离合器上装有_____。

二、选择题

1. 离合器的主动部分包括(　　)。
   A.飞轮　　　　B.离合器盖　　　　C.压盘　　　　D.摩擦片
2. 离合器的从动部分包括(　　)。
   A.离合器盖　　B.压盘　　　　　　C.从动盘　　　D.从动轴
3. 膜片弹簧离合器的膜片弹簧起到(　　)的作用。
   A.压紧弹簧　　B.分离杠杆　　　　C.从动盘　　　D.主动盘
4. 对离合器的主要要求是(　　)。
   A.接合柔和,分离彻底　　　　　　B.接合柔和,分离柔和
   C.接合迅速,分离彻底　　　　　　D.接合迅速,分离柔和
5. 为了减少换挡的冲击,离合器从动部分的转动惯量(　　)。
   A.要大　　　　B.要小　　　　　　C.无所谓　　　D.与主动部分成正比

三、判断题

1. 离合器的主、从动部分常处于分离状态。　　　　　　　　　　　　　(　　)
2. 离合器从动部分的转动惯量应尽可能大。　　　　　　　　　　　　　(　　)
3. 离合器的摩擦衬片上粘有油污后,可得到润滑。　　　　　　　　　　(　　)
4. 膜片弹簧可使离合器简化,但在高速旋转时其压紧力受离心力影响,不适用于轿车。
   　　　　　　　　　　　　　　　　　　　　　　　　　　　　　　　(　　)
5. 离合器在紧急制动时,可防止传动系统过载。　　　　　　　　　　　(　　)
6. 在离合器接合情况下,汽车无法切断发动机与传动系统的动力传递。　(　　)
7. 为使离合器接合柔和,驾驶员应逐渐放松离合器踏板。　　　　　　　(　　)
8. 离合器接合和分离时,压紧弹簧都处于压缩状态。　　　　　　　　　(　　)
9. 离合器从动盘磨损后,其踏板自由行程会变小。　　　　　　　　　　(　　)
10. 离合器扭转减振器中的弹簧,在汽车正常行驶时不受力。　　　　　 (　　)

项目 3

手动变速器的构造与检修

项目导读

手动变速器是汽车底盘传动系统的关键部件,主要功用是实现汽车变速、倒车、空挡及怠速运行。本项目通过三个任务的学习,使学生熟悉手动变速器的构造与工作原理,掌握其拆装、检修及故障诊断等核心技能。

◀ 任务 3.1　手动变速器传动机构的认知 ▶

【任务导入】

一辆装备手动变速器的轿车倒挡严重异响,入厂进行维修。维修技师要求先对该车手动变速器的传动机构进行认知,掌握其构造与工作原理,并为维修工作打下良好的基础。

【任务目标】

(1) 熟悉手动变速器的功用与类型。
(2) 掌握手动变速器的基本结构与工作原理。
(3) 掌握手动变速器传动机构零部件的名称与功用。
(4) 掌握典型手动变速器的挡位动力传递路线分析。

【知识准备】

一、变速器概述

1. 变速器的功用

目前燃油车上仍广泛采用活塞式发动机作为动力源,其扭矩和转速变化范围较小,而汽车实际行驶的道路非常复杂,要求驱动力和车速必须能够在比较大的范围内变化;另外,汽车实际使用过程中经常需要怠速运行、倒车。因此,在汽车传动系统中设置了变速器,其具体功用如下。

(1) 改变传动比。扩大驱动轮扭矩和转速变化范围,以适应经常变换的行驶条件与道路情况,如起步、加速、爬坡等。一般来说,主要是通过变速器进行降速增矩,增加发动机的扭矩,保证汽车足够的驱动力,并降低发动机转速,使得汽车具有适当的车速。

(2) 汽车倒向行驶。从前往后看,发动机顺时针旋转,而利用变速器的倒挡可以保证在发动机旋转方向不变的情况下实现车辆的倒向行驶。

(3) 空挡中断动力。利用空挡中断发动机的动力传递,以使发动机能够启动和怠速运转,并便于变速器换挡及汽车空挡滑行或暂时停车。

(4) 驱动其他机构。利用变速器作为动力输出装置驱动其他机构,如四驱汽车的分动器、自卸车的液压举升装置等。

2. 变速器的类型

汽车上所采用的变速器有多种结构形式,一般来说可以按照传动比的级数和操纵方式进行分类。

1) 按传动比的级数分类

变速器按传动比的级数可分为有级式、无级式和综合式三种。

(1) 有级式变速器。有级式变速器采用齿轮传动,具有若干个定值传动比。有级式变速器按照操纵方式不同又可分为手动变速器、有级式自动变速器等。手动变速器按照结构不同又可以分为二轴式和三轴式变速器,如手动挡轿车和轻型货车变速器多采用5~6个前进挡和1个倒挡,每个挡位对应1个传动比,如图3-1所示。重型汽车挡位数比较多,有的还装配有副变速器,挡位多达20余个。有级式自动变速器,如直接换挡变速箱DSG,其也有固定的传动比,通过两个输入离合器的切换来实现自动换挡,如图3-2所示。

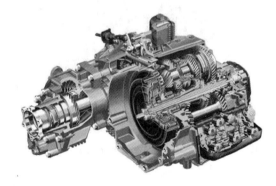

图3-1 有级式手动变速器　　　　　图3-2 有级式DSG变速器

(2) 无级式变速器。无级式变速器英文缩写为CVT,它的传动比的变化是连续的。目前的无级变速器一般都是采用金属带或金属链传递动力,通过主、从动带轮直径的变化实现无级变速,如图3-3所示。

(3) 综合式变速器。综合式变速器是由液力变矩器和有级齿轮式变速器组成的液力机械式变速器,其传动比可在最大值和最小值之间的几个间断范围内做无极变化,一般都由电控单元来自动实现换挡,所以多把这种变速器称为自动变速器,如图3-4所示。

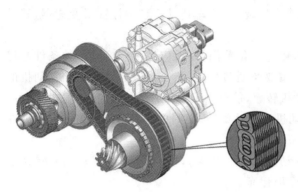

图 3-3 CVT 变速器

图 3-4 综合式变速器

2）按操纵方式分类

变速器按操纵方式可分为手动变速器、自动变速器和手动自动一体变速器三种。

（1）手动变速器。手动变速器是通过驾驶员用手操纵变速杆来选定挡位，并直接操纵变速器的换挡机构进行挡位变换，如图 3-5 所示。齿轮式有级变速器大多数都采用这种换挡方式。

（2）自动变速器。自动变速器是由自动控制系统和伺服机构根据发动机的负荷和车速的变化情况自动地选定挡位，并进行挡位变换，即自动地改变挡位，如图 3-6 所示。驾驶员只需要操纵加速踏板控制车速即可。

图 3-5 手动变速器

图 3-6 自动变速器

（3）手动自动一体变速器。手动自动一体变速器是在自动变速器的基础上增加了手动模式，目前自动变速器基本都是手自一体，这种变速器可以自动换挡，也可以切换至手动模式。手动模式在满足一定换挡条件下，上下推动换挡杆即可控制变速器换挡。

本章重点介绍手动变速器，即普通齿轮式有级变速器，这种变速器具有结构简单、易于制造、工作可靠、传动效率高等优点。

3. 手动变速器的基本原理

普通齿轮式手动变速器也称为定轴式变速器，它由外壳、轴线固定的输入轴、输出轴及中间轴和装配在轴上的齿轮组成，可实现变速、变矩及改变旋转方向。

1）变速原理

普通齿轮式手动变速器的变速是由装配在固定输入轴、输出轴上的多对大小配合的齿轮副来完成的。当齿数不同的齿轮啮合时，若小齿轮驱动大齿轮转动，则转速降低；若大齿轮驱动小齿轮,则转速升高,这就是齿轮传动的变速原理。设主动齿轮转速为n_1,齿数为z_1,从动齿轮转速为n_2,齿数为z_2,主动齿轮转速与从动齿轮转速的比值称为传动比,也等于从动齿轮齿数与主动齿轮齿数的比值,用i_{12}表示,即

$$i_{12}=\frac{n_1}{n_2}=\frac{z_2}{z_1}$$

当小齿轮为主动齿轮,带动大齿轮转动时,输出转速降低,称为减速传动,此时传动比$i>1$,如图 3-7(a)所示;当大齿轮驱动小齿轮时,输出转速升高,称为增速传动,此时传动比$i<1$,如图 3-7(b)所示。普通手动变速器就是根据这一原理利用若干大小不同的齿轮副传动而实现变速的。

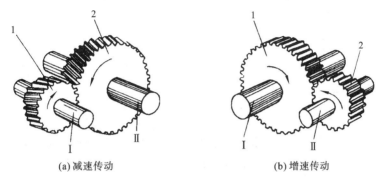

(a) 减速传动　　　　　　　　(b) 增速传动

图 3-7　齿轮传动的基本原理

Ⅰ—输入轴;Ⅱ—输出轴;1—主动齿轮;2—从动齿轮

两级普通齿轮传动示意图如图 3-8 所示,齿轮 1 为主动齿轮,驱动齿轮 2 转动,齿轮 3 与齿轮 2 通过轴连接在一起,齿轮 3 再驱动齿轮 4 转动并输出动力,此时整个机构的传动比为 $i_{14}=\dfrac{输入齿轮转速 n_1}{输出齿轮转速 n_4}$,其计算应以一对齿轮副为单元,分步完成。计算过程如下:

对于齿轮 1 和齿轮 2,则 $n_1=\dfrac{z_2}{z_1} \cdot n_2$。

对于齿轮 3 和齿轮 4,$i_{34}=\dfrac{n_3}{n_4}=\dfrac{z_4}{z_3}$,则 $n_4=\dfrac{z_3}{z_4} \cdot n_3$。

又因齿轮 3 与齿轮 2 同轴,转速相同,所以$n_2=n_3$,则

$$i_{14}=\frac{n_1}{n_4}=\frac{z_2 \cdot z_4}{z_1 \cdot z_3}=i_{12} \cdot i_{34}$$

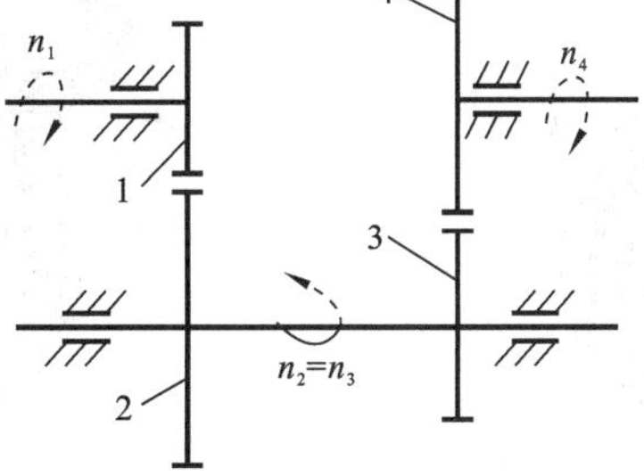

图 3-8　两级齿轮传动示意图

1、3—主动齿轮;2、4—从动齿轮

同理,多级普通齿轮传动的传动比为

$$i = \frac{\text{所有从动齿轮齿数的乘积}}{\text{所有主动齿轮齿数的乘积}} = \text{各级齿轮传动比的乘积}$$

对于手动变速器,各挡的传动比 i,就是变速器输入轴转速与输出轴转速之比。当 $i>1$ 时,$n_{输出} < n_{输入}$,$T_{输出} > T_{输入}$,实现降速增矩,为变速器的低挡位,且 i 越大,挡位越低;当 $i=1$ 时,$n_{输出} = n_{输入}$,$T_{输出} = T_{输入}$,为变速器的直接挡;当 $i<1$ 时,$n_{输出} > n_{输入}$,$T_{输出} < T_{输入}$,实现升速降矩,为变速器的超速挡。

手动变速器传动比与转速、扭矩的关系如表 3-1 所示。

表 3-1　手动变速器传动比与转速、扭矩的关系

序号	传动比	转速	扭矩	功能
1	$i>1$	$n_{输出} < n_{输入}$	$T_{输出} > T_{输入}$	降速增矩
2	$i=1$	$n_{输出} = n_{输入}$	$T_{输出} = T_{输入}$	直接传动
3	$i<1$	$n_{输出} > n_{输入}$	$T_{输出} < T_{输入}$	升速降矩

桑塔纳 2000 轿车五挡手动变速器各挡的传动比如表 3-2 所示。其一至三挡为降速挡,四挡为直接挡,五挡为超速挡。为保证齿轮磨损均匀,传动比一般不取整数。

表 3-2　桑塔纳 2000 轿车五挡手动变速器各挡的传动比

挡位	传动比	挡位	传动比
一	3.45	二	1.94
三	1.29	四	0.97
五	0.80	倒(R)	3.17

2)变向(倒挡)原理

由普通齿轮传动的基本原理可知,当一对齿轮外啮合时两个齿轮的转向相反,当增加一个中间齿轮时,原输入、输出齿轮转向相同。即外啮合齿轮每经一传动副,其改变一次转向。倒挡就是通过增加倒挡轴与倒挡齿轮来实现的,其原理如图 3-9 所示。

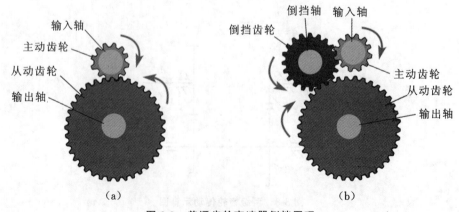

图 3-9　普通齿轮变速器倒挡原理

3）换挡原理

在普通手动变速器中，有多少个前进挡位就有多少对齿轮副，桑塔纳2000轿车五速手动变速器就有5对前进挡齿轮副，其结构原理如图3-10所示。其中从一挡至五挡，传动比由最大至最小，输入轴齿轮由最小到最大，输出轴齿轮由最大到最小，且每一对齿轮副总有一个齿轮与轴固连，另一个齿轮空套在轴上可以自由转动。换挡时，换入挡位的自由齿轮由同步器负责将其与轴连接，其他挡位的同步器脱开，因自由齿轮的存在，其他挡位不传递动力，即可实现该挡位的动力传递。如一挡时，一、二挡同步器的结合套向右移动，将一挡从动齿轮与输出轴连接，一挡齿轮副实现动力传递，而其他挡位同步器不移动，不传递动力。

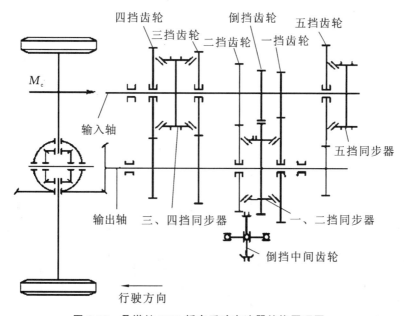

图3-10 桑塔纳2000轿车手动变速器结构原理图

二、手动变速器的传动机构

手动变速器由变速传动机构和操纵机构两大部分组成。变速传动机构的主要作用是传递动力，改变传动比和旋转方向；操纵机构的作用是操纵齿轮机构，实现换挡。变速传动机构是变速器的主体，按工作轴的数量（不包括倒挡轴）可分为二轴式变速器和三轴式变速器。

1. 二轴式手动变速器

二轴式变速器主要用于发动机前置前轮驱动的汽车，一般与驱动桥（前桥）合称为手动变速驱动桥。其中前置发动机又有横向布置和纵向布置两种，与其配用的二轴式变速器也有两种不同的结构形式。发动机前横向布置时，主减速器采用一对圆柱齿轮，以保证动力的输出方向，如图3-11所示。这种变速器所有前进挡齿轮和倒挡齿轮都采用常啮合斜齿轮，并采用锁环式同步器换挡。发动机前纵向布置时，主减速器采用锥齿轮，如图3-12所示。发动机前纵向布置二轴式变速器结构相对复杂，在此重点分析。

1）发动机前纵向布置二轴式变速器的结构

桑塔纳2000轿车采用五速、二轴式手动变速器传动机构，其结构如图3-13所示。该变

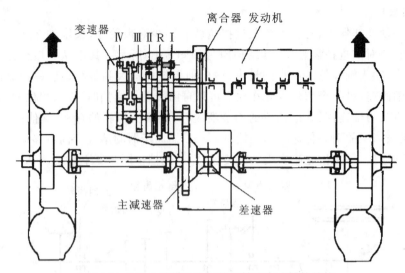

图 3-11 发动机前横向布置的二轴式变速器的结构

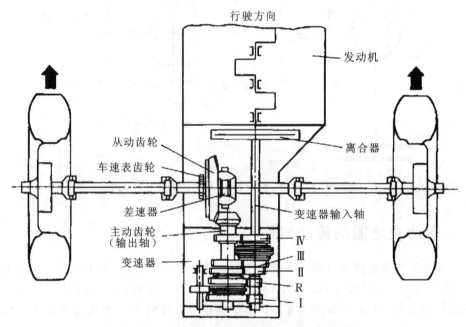

图 3-12 发动机前纵向布置的二轴式变速器的结构

速器的变速传动机构有输入、输出两根轴,二轴平行布置,输入轴也是离合器的从动轴,输出轴也是主减速器的主动锥齿轮轴。该变速器具有五个前进挡和一个倒挡,全部采用锁环式惯性同步器作为换挡装置。输入轴上有一~五挡主动齿轮,其中一、二挡主动齿轮与轴制成一体,三、四、五挡主动齿轮通过滚针轴承空套在轴上。输入轴上还有倒挡主动齿轮,它与轴制成一体。三、四挡同步器和五挡同步器也装在输入轴上。输出轴上有一~五挡从动齿轮,其中一、二挡从动齿轮通过滚针轴承空套在轴上,三、四、五挡齿轮通过花键套装在轴上。一、二挡同步器也装在输出轴上。在变速器壳体的右端还装有倒挡轴,上面通过滚针轴承空套着倒挡中间齿轮。

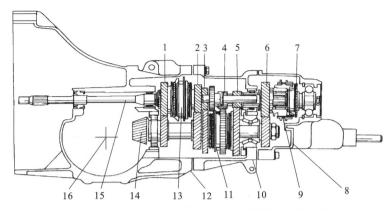

图 3-13 桑塔纳 2000 轿车二轴式变速器传动机构的结构

1—四挡齿轮；2—三挡齿轮；3—二挡齿轮；4—倒挡齿轮；5—一挡齿轮；6—五挡齿轮；
7—五挡运行齿环；8—换挡机构壳体；9—五挡同步器；10—齿轮箱体；11—一、二挡同步器；
12—变速器壳体；13—三、四挡同步器；14—输出轴；15—输入轴；16—差速器

2）各挡位动力传递路线

（1）一挡动力传递路线。

一挡时，换挡杆由空挡位置向左前方推入一挡位置，一、二挡同步器向后移动，与输出轴一挡齿轮啮合。发动机的动力经离合器→输入轴→一挡主动齿轮→一挡从动齿轮→一、二挡同步器→输出轴，传给驱动桥，如图 3-14 所示。此时的传动比最大，输出扭矩大，一般用于车辆起步、爬坡等行驶条件。

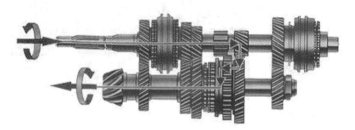

图 3-14 一挡动力传递路线

（2）二挡动力传递路线。

二挡时，换挡杆由空挡位置向左后方推入二挡位置，一、二挡同步器向前移动，与输出轴二挡齿轮啮合。发动机的动力经离合器→输入轴→二挡主动齿轮→二挡从动齿轮→一、二挡同步器→输出轴，传给驱动桥，如图 3-15 所示。此时的传动比比一挡的小，输出扭矩下降，车速增加。

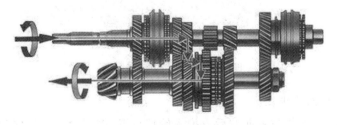

图 3-15 二挡动力传递路线

(3)三挡动力传递路线。

三挡时,换挡杆由空挡位置向正前方推入三挡位置,三、四挡同步器向后移动,与输入轴三挡齿轮啮合。发动机的动力经离合器→输入轴→三、四挡同步器→三挡主动齿轮→三挡从动齿轮→输出轴,传给驱动桥,如图3-16所示。此时的传动比进一步减小,车速进一步增加。

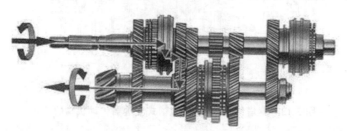

图3-16 三挡动力传递路线

(4)四挡动力传递路线。

四挡时,换挡杆由空挡位置向正后方推入四挡位置,三、四挡同步器向前移动,与输入轴四挡齿轮啮合。发动机的动力经离合器→输入轴→三、四挡同步器→四挡主动齿轮→四挡从动齿轮→输出轴,传给驱动桥,如图3-17所示。此时传动比略小于1,可认为是直接传动。

图3-17 四挡动力传递路线

(5)五挡动力传递路线。

五挡时,换挡杆由空挡位置向右前方推入五挡位置,五挡同步器向后移动,与输入轴五挡齿轮啮合。发动机的动力经离合器→输入轴→五挡同步器→五挡主动齿轮→五挡从动齿轮→输出轴,传给驱动桥,如图3-18所示。此时的传动比小于四挡传动比,此为超速挡。

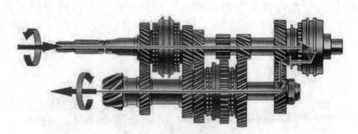

图3-18 五挡动力传递路线

(6)倒挡动力传递路线。

倒挡时,换挡杆由空挡位置向右后方推入倒挡位置,倒挡中间齿轮向后移动,同时与输入轴和输出轴倒挡齿轮啮合。发动机的动力经离合器→输入轴→倒挡主动齿轮→倒挡中间齿轮→倒挡从动齿轮→输出轴,传给驱动桥,如图3-19所示。此时为减速反向传动。

图3-19 倒挡动力传递路线

2. 三轴式手动变速器

三轴式手动变速器主要用于发动机前置后轮驱动的汽车。该变速器有三根主要的传动轴——一轴、二轴和中间轴,所以称为三轴式变速器,另外还有倒挡轴。其结构原理如图3-20所示。

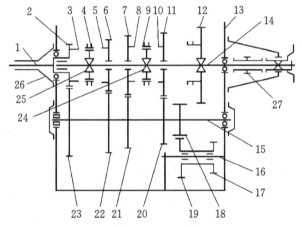

图3-20 三轴式手动变速器结构原理

1——一轴;2——一轴常啮合齿轮;3——一轴常啮合齿轮接合齿圈;4、9——接合套;5——四挡齿轮接合齿圈;
6——二轴四挡齿轮;7——二轴三挡齿轮;8——三挡齿轮接合齿圈;10——二挡齿轮接合齿圈;11——二轴二挡齿轮;
12——二轴一、倒挡直齿滑动齿轮;13——变速器壳体;14——二轴;15——中间轴;16——倒挡轴;17、19——倒挡中间齿轮;
18——中间轴一、倒挡齿轮;20——中间轴二挡齿轮;21——中间轴三挡齿轮;22——中间轴四挡齿轮;23——中间轴常啮合齿轮;
24、25——花键毂;26——一轴轴承盖;27——回油螺纹

一轴为输入轴,其前部花键部分与离合器的从动盘连接,后部有一轴常啮合齿轮,后端有一短齿轮,为一轴常啮合齿轮接合齿圈;中间轴两端用轴承支承在壳体上,与中间轴常啮合齿轮,中间轴二、三、四挡齿轮用半圆键装在轴上,中间轴一、倒挡齿轮与轴制成一体;二轴为输出轴,其前后端分别用轴承支承于一轴后端内孔和壳体上。二轴一、倒挡直齿滑动齿轮与轴以花键形式配合传力,可轴向滑动。二轴二、三、四挡齿轮分别以滚针轴承形式与轴配合,并与中间轴二、三、四挡齿轮常啮合,其上均有传力齿圈。三轴式手动变速器的换挡仍然是依靠同步器的接合套连接相应挡位的齿轮实现的,其动力传递路线在此不再赘述。

三、同步器

手动变速器换挡的过程是由接合套连接待啮合的齿轮来完成的,由于在汽车行驶过程中各挡位的主、从动齿轮之间,轴与空套齿轮之间,接合套与待啮合齿轮之间存在转速差,即不同步的现象,直接接合就会出现换挡冲击。为减少换挡冲击,改善手动变速器的工作性能,在手动变速器中均需要配置同步器。它的功用是使接合套与待啮合齿轮的齿圈迅速同步,以缩短换挡时间,防止在同步前啮合而产生换挡冲击。

目前所采用的同步器几乎都是摩擦式惯性同步器,按锁止装置不同,可分为锁环式惯性同步器和锁销式惯性同步器。

1. 锁环式惯性同步器

锁环式惯性同步器的结构如图 3-21 所示。花键毂用内花键套装在二轴外花键上,用垫圈、卡环轴向定位。定位滑块分别装在花键毂上均布的定位凹槽内,沿槽可以轴向移动。花键毂两端与齿轮之间各有一个青铜制成的锁环(即同步环)。锁环有内锥面,与接合齿圈外锥面相配合,组成锥面摩擦副。通过这对锥面摩擦副的摩擦,可使转速不等的两齿轮在接合之前迅速达到同步。锁环上的花键齿在对着接合套的一端制有倒角(即锁止角),且与接合套齿端的倒角相同。同步器在结构设计上保证了只有当锁环与接合套转速达到同步时,两者方可进行啮合,即挂上挡。锁环式惯性同步器尺寸小、结构紧凑、摩擦力矩也小,多用于轿车和轻型车辆。

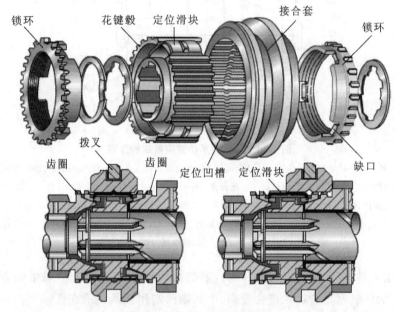

图 3-21 锁环式惯性同步器

2. 锁销式惯性同步器

大、中型货车普遍采用锁销式惯性同步器,结构如图 3-22 所示。它由两个锥环、三个锁销、三个定位销和接合套构成,套在花键毂的齿圈上。当接合套受到挂挡轴向推力时,定位销推动摩擦锥环移动,在摩擦力的作用下带动锥盘逐渐实现同步。锁销可以有效防止在同步前接合套与齿圈进入啮合,在同步后锁销与接合套的相应孔对中,接合套克服弹簧的张力压下钢球,并沿锁销向前移动,就可以顺利地挂入相应的挡位。

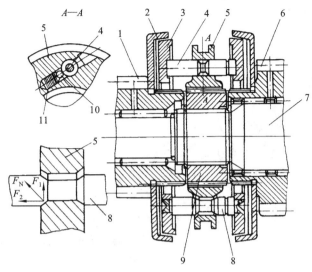

图 3-22 锁销式惯性同步器
1——一轴齿轮;2——摩擦锥盘;3——摩擦锥环;4——定位销;5——接合套;6——二轴四挡齿轮
7——二轴;8——锁销;9——花键毂;10——钢球;11——弹簧

【任务实施】

一、任务准备

(1) 实训设备:手动变速器拆装实训台或相似实训设备。
(2) 实训工具:汽车拆装手动工具、手动变速器拆装专用工具。
(3) 实训资料:维修手册、参考资料、教材。
(4) 辅助材料:手套、清洗剂、抹布、白板笔。

二、任务实施

1. 车辆基本检查

(1) 实训车辆安全防护。
(2) 登记车辆基本信息。
(3) 车辆油、水、电基本检查。

2. 手动变速器外观检查

(1) 查看手动变速器的型号并记录。
(2) 检查手动变速器零部件是否齐全。
(3) 检查手动变速器是否有漏油现象。
(4) 查看手动变速器的类型及其特点。
(5) 检查手动变速器传动机构的工作情况。

3. 手动变速器传动机构认知

（1）结合实物，认知手动变速器传动机构结构。

（2）查阅资料，写出图 3-23 中变速器的各零部件的名称。

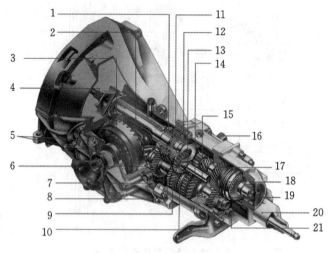

图 3-23　变速器

（3）查阅资料，写出图 3-24 中同步器各零部件的名称。

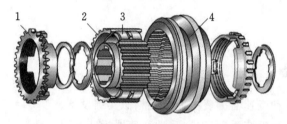

图 3-24　同步器

（4）查阅资料，对照实训设备，分析典型手动变速器各挡位的动力传递路线。

4. 现场恢复

完成实训任务后，按照要求恢复工位、仪器、设备，做好现场 6S 管理。

任务 3.2　手动变速器操纵机构的认知

【任务导入】

一辆装备手动变速器的轿车变速器一挡跳挡，入厂进行维修。维修技师先对该车手动变速器的操纵机构进行认知，掌握其构造与工作原理，并为维修工作打下良好的基础。

【任务目标】

（1）熟悉手动变速器操纵机构的类型。

（2）掌握手动变速器操纵机构的结构组成。
（3）掌握典型手动变速器操纵机构的工作原理。
（4）完成典型手动变速器操纵机构的认知任务。

【知识准备】

手动变速器操纵机构的功用是执行驾驶员的换挡操作，保证驾驶员能准确可靠地将变速器挂入所需要的挡位，并可随时退至空挡。

一、手动变速器操纵机构的类型

手动变速器操纵机构按照变速操纵杆（换挡杆）与变速器相对位置的不同，可分为直接操纵式和远距离操纵式两种类型。

1. 直接操纵式操纵机构

直接操纵式操纵机构布置在驾驶员座椅旁，它一般由换挡杆、拨块、拨叉、拨叉轴及安全装置等组成，多集中装于上盖或侧盖内，换挡杆由驾驶室地板伸出，驾驶员可以直接操纵变速器进行换挡，如图 3-25 所示。这种操纵机构具有换挡位置容易确定、换挡快、换挡平稳等优点，大多数小轿车和长头货车的变速器都采用这种操纵形式。

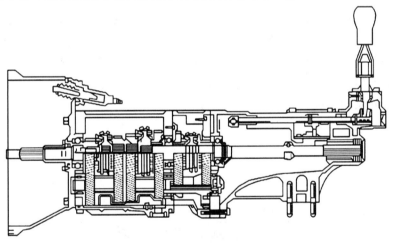

图 3-25 直接操纵式操纵机构

2. 远距离操纵式操纵机构

在有些汽车上，由于变速器离驾驶员座位较远，换挡杆及其他操纵装置不能安装在变速器壳上，则需要在换挡杆与拨叉之间加装一些辅助杠杆或一套传动机构，构成远距离操纵机构，如图 3-26 所示。这种操纵机构多用于发动机前置前轮驱动的轿车，如桑塔纳 2000 轿车的五挡手动变速器。

二、手动变速器操纵机构的结构

手动变速器操纵机构一般由换挡拨叉机构和定位锁止装置两部分组成。换挡拨叉机构按照驾驶员的换挡操作，通过换挡拨叉可靠地拨动接合套，挂上待啮合的齿轮；定位锁止装

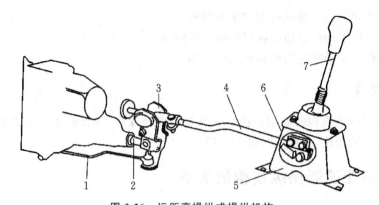

图 3-26 远距离操纵式操纵机构

1—支撑杆；2—内换挡杆；3—换挡杆接合器；4—外换挡杆；
5—倒挡保险挡块；6—换挡手柄座；7—换挡杆

置用于保证拨叉及接合套的正确位置，并保证在无外力操纵下位置锁止。

1. 换挡拨叉机构

直接操纵式操纵机构的换挡拨叉机构如图 3-27 所示，由换挡轴、拨叉轴、拨叉及拨块等组成。拨叉轴的两端均支承于变速器盖的相应孔中，可以轴向滑动。所有的拨叉和拨块都以弹性销固定于相应的拨叉轴上。三、四挡拨叉上端具有拨块。拨叉和拨块的顶部制有凹槽。变速器处于空挡时，各凹槽在横向平面内对齐，叉形拨杆的下端的球头即伸入这些凹槽中。换挡时可使换挡杆绕其中部球形支点横向摆动，则其下端推动叉形拨杆绕换挡轴的轴线摆动，从而使叉形拨杆下端球头对准所选挡位对应的拨块凹槽，然后使换挡杆纵向摆动，带动拨叉轴及拨叉向前或向后移动，即可实现挂挡。

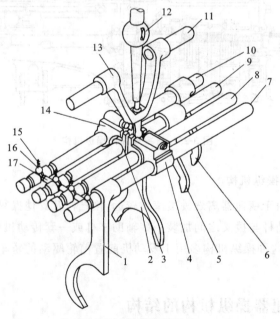

图 3-27 换挡拨叉机构

1—五、六挡拨叉；2—三、四挡拨叉；3——、二挡拨块；4—五、六挡拨块；5——、二挡拨叉；
6—倒挡拨叉；7—五、六挡拨叉轴；8—三、四挡拨叉轴；9——、二挡拨叉轴；10—倒挡拨叉轴；11—换挡轴；
12—换挡手柄；13—叉形拨杆；14—倒挡拨块；15—自锁弹簧；16—自锁钢球；17—互锁销

桑塔纳 2000 轿车的五挡手动变速器采用远距离操纵式操纵机构,其换挡拨叉机构如图 3-28 所示,它由四根拨叉轴、一个内换挡杆及五个拨叉构成。换挡杆通过外换挡杆、换挡杆接合器,操纵内换挡杆旋转及伸缩,最终带动拨叉拨动接合套。

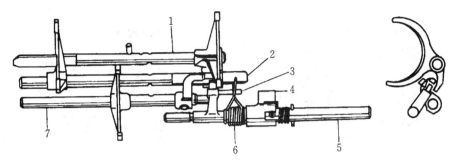

图 3-28　桑塔纳 2000 轿车手动变速器换挡拨叉机构

1—五、倒挡拨叉轴;2—三、四挡拨叉轴;3—定位拨销;4—倒挡保险块;
5—内换挡杆;6—定位弹簧;7—一、二挡拨叉轴

2. 定位锁止装置

为了保证变速器在任何情况下都能准确无误地换挡,并安全、可靠地工作,变速器操纵机构一般都具有定位锁止装置,包括自锁装置、互锁装置和倒挡锁装置。

1)自锁装置

自锁装置用于防止变速器自动脱挡或挂挡,并保证轮齿以全齿宽啮合。大多数变速器的自锁装置都采用自锁钢球对拨叉轴进行轴向定位锁止。如图 3-29 所示,拨叉轴上方有 3 个凹坑,上面有被弹簧压紧的钢珠,当拨叉轴位置处于空挡或某一挡位置时,钢珠压在凹坑内,起到自锁作用。

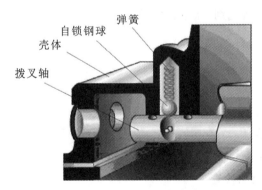

图 3-29　手动变速器自锁装置

2)互锁装置

互锁装置用于防止同时挂上两个挡位,其由互锁钢球和互锁销组成,如图 3-30(a)所示。当中间拨叉轴移动挂挡时,另外两个拨叉轴被钢球锁住,防止同时挂上两个挡位而使变速器卡死或损坏,起到互锁作用。

3)倒挡锁装置

倒挡锁装置用于防止汽车前进时因误挂倒挡而导致零件损坏,起到倒挡锁的作用。倒挡锁装置的结构原理如图 3-30(b)所示。当换挡杆下端向倒挡拨叉轴移动时,必须压缩弹簧才能进入倒挡拨叉轴上的拨块槽中。当倒挡拨叉轴移动挂挡时,另外两个拨叉轴被钢球锁住。

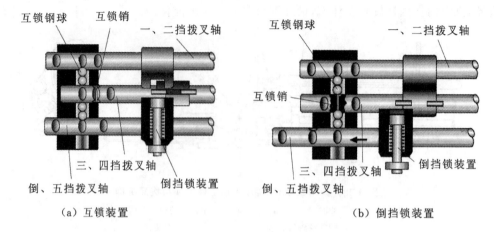

图 3-30　手动变速器互锁、倒挡锁装置

【任务实施】

一、任务准备

(1) 实训设备:手动变速器拆装实训台或相似实训设备。
(2) 实训工具:汽车拆装手动工具、手动变速器拆装专用工具。
(3) 实训资料:维修手册、参考资料、教材。
(4) 辅助材料:手套、清洗剂、抹布、白板笔。

二、任务实施

1. 车辆基本检查

(1) 实训车辆安全防护。
(2) 登记车辆基本信息。
(3) 车辆油、水、电基本检查。

2. 手动变速器操纵机构检查

(1) 查看手动变速器的型号并记录。
(2) 检查手动变速器零部件是否齐全。
(3) 查看手动变速器操纵机构的组成、结构、类型。
(4) 操纵变速器,检查各挡位操纵机构的工作情况。

3. 手动变速器操纵机构认知

(1) 结合实物,认知手动变速器操纵机构的结构。
(2) 查阅资料,对照实物,写出图 3-31 中变速器操纵机构各零部件的名称。
(3) 查阅资料,对照实物,写出图 3-32 中换挡拨叉机构各零部件的名称。

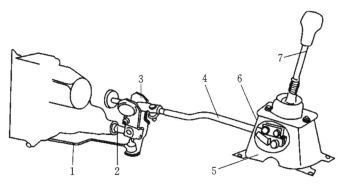

图 3-31 变速器操纵机构

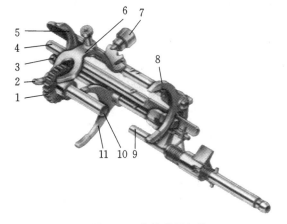

图 3-32 换挡拨叉机构

（4）检查手动变速器定位锁止装置的工作情况。

4. 现场恢复

完成实训任务后，按照要求恢复工位、仪器、设备，做好现场 6S 管理。

任务 3.3　手动变速器的拆装与检修

【任务导入】

一辆装备手动变速器的轿车变速器挂挡困难，入厂进行维修。维修技师先对该车手动变速器进行拆解，并完成检查与维修。

【任务目标】

（1）熟悉手动变速器拆装的注意事项。
（2）掌握典型手动变速器拆装的方法。
（3）掌握典型手动变速器检修的方法。
（4）完成典型手动变速器的拆装与检修。

【知识准备】

一、手动变速器的拆装

正确地拆装手动变速器是手动变速器故障诊断与检修的前提。桑塔纳2000轿车的五速手动变速器较为典型,以此为例介绍手动变速器的拆装。

1. 拆装注意事项

变速器解体前要进行清洗,以免拆开变速器后,灰尘、异物进入箱体内;拆装过程中要使用正确的工具,特别是要按照厂家维修手册的要求使用专用工具;装配前,必须对零件进行认真清洗,除去污物、毛刺和铁屑等;装配轴承、齿轮、键槽时,应涂抹齿轮油进行预润滑;装配密封衬垫时,应在密封衬垫的两侧涂以密封胶,确保密封效果;装入油封前,需在油封的刃口涂少量润滑脂,要垂直压入,并注意安装方向;变速器装配时要按规定的力矩拧紧全部螺栓。

2. 变速器操纵机构的拆装

桑塔纳2000轿车五速手动变速器操纵机构如图3-33所示,由换挡杆、上换挡杆、换挡杆支架、下换挡杆、支撑杆、离合块、换挡连接套等组成。

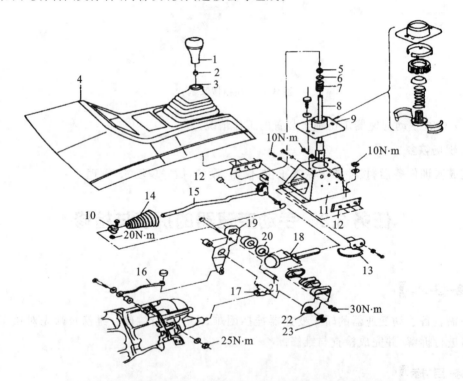

图3-33 桑塔纳2000轿车五挡手动变速器操纵机构分解图
1—换挡杆;2—防尘罩衬套;3—防尘罩;4—仪表板;5—锁圈;6—挡圈;7—弹簧;
8—上换挡杆;9—换挡杆支架;10—夹箍;11—变速杆罩壳;12—缓冲垫;13—倒挡缓冲垫;
14—密封罩;15—下换挡杆;16—支撑杆;17—离合块;18—换挡连接套;19—轴承右侧压板;
20—罩盖;21—支撑轴;22—轴承左侧压板;23—塑料衬套

1) 上换挡杆的拆卸

拆下换挡杆,取下防尘罩。取下仪表板。拆下固定在上换挡杆的弹簧锁圈(注意:锁圈一经拆卸,就要更换),取下挡圈和弹簧。拆下换挡杆支架。拆下变速控制器罩壳,使上、下换挡杆脱离。

2) 上换挡杆的安装

上换挡杆的安装,按照与拆卸相反的顺序进行,但注意以下事项:检查所有零件的完好情况,更换已经损坏的零件;润滑衬套和挡圈;调整上换挡杆;用快干胶固定换挡杆。

3) 换挡杆支架的拆卸

取下换挡杆和防尘罩。拆下锁圈、挡圈和弹簧(注意:锁圈一经拆卸,就要更换)。拆下换挡杆支架的固定螺栓,取下换挡杆支架,换挡杆支架零件分解如图 3-34 所示。换挡杆支架只有加润滑油时才能分解,一旦发现任何零件损坏,就要全部更换。

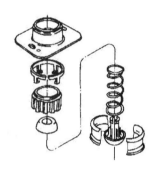

图 3-34 换挡杆支架零件分解

4) 换挡杆支架的安装

用润滑脂润滑换挡杆支架内部件,装上换挡杆支架,螺栓不用旋紧,将换挡杆支架上的孔与变速操纵机构罩壳上的孔对准,用 10 N·m 的力矩旋紧螺栓。装上弹簧挡圈和新的锁圈。检查各挡的啮合情况。装上防尘罩和换挡杆。

3. 变速器传动机构的拆装

变速器传动机构包括输入轴、输出轴、各挡位齿轮及同步器等零部件。输入轴及零部件如图 3-35 所示,输出轴及零部件如图 3-36 所示。

1) 整套齿轮的拆卸

拆卸变速器。拆下变速器后盖,拆下轴承支座,拆下整套齿轮。

2) 输入轴的拆卸

拆下四挡齿轮的卡环,取下四挡齿轮、同步环和滚针轴承;拆下同步器锁环,取下三挡和四挡同步器、三挡同步环和齿轮;取下三挡齿轮的滚针轴承;取下输入轴的中间轴承内座圈。

3) 输出轴的拆卸

拆下输出轴内后轴承和一挡齿轮;取下滚针轴承和一挡同步环;取下滚针轴承的内座圈、同步器和二挡齿轮;取下二挡齿轮的滚针轴承;拆下三挡齿轮的卡环、三挡齿轮;拆下四挡齿轮的卡环、四挡齿轮;拆下输出轴的前轴承。

4) 输入轴、输出轴的安装

装上中间轴承的内座圈;将预先润滑过的三挡齿轮滚针轴承装上,把油槽转向二挡齿轮;组装三挡和四挡同步器;装上三挡齿轮、三挡和四挡同步器,装上卡环,装上同步环、滚针轴承和四挡齿轮,再装卡环,用 2 kN 的力将三挡齿轮、同步器和四挡齿轮紧紧压在卡环上,把总成固定好;将前轴承装在输出轴上;装上四挡齿轮,用手扶住前轴承,齿轮有凸缘的一边应朝向轴承;用卡环将四挡齿轮固定好,卡环的厚度有 2.35 mm、2.38 mm、2.41 mm、2.44 mm、2.47 mm 等几种。安装三挡齿轮,凸缘应朝向四挡齿轮;用塞尺测量卡环的厚度,根据测量结果,选择适当的卡环装上;安装滚针轴承、齿轮和二挡同步环;装配一挡和二挡同步器。一挡和二挡同步器在同步器壳体的槽应朝一挡齿轮;装上一挡齿轮滚针轴承的内座圈,装上一挡同步环、一挡齿轮、一挡齿轮滚针轴承;装上内后轴承,将输入轴和输出轴装在轴承支座上,将轴承支座装在变速器壳体上;将变速器后盖装在变速器轴承支座上。

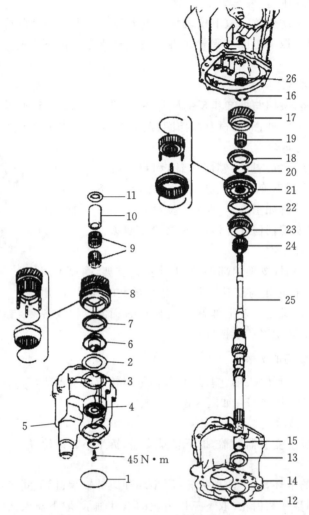

图 3-35 输入轴及零部件

1—后轴承的罩盖；2—挡油圈；3、12、16、20—卡环；4—输入轴后轴承；5—变速器后盖；6—五挡同步套管；7—五挡同步环；8—五挡同步器和齿轮；9—五挡齿轮滚针轴承；10—五挡齿轮滚针轴承内座圈；11—固定垫圈；13—中间轴承；14—轴承支座；15—中间轴承内座圈；17—四挡齿轮；18—四挡同步环；19—四挡齿轮滚针轴承；21—三挡和四挡同步器；22—三挡同步环；23—三挡齿轮；24—三挡齿轮滚针轴承；25—输入轴；26—输入轴滚针轴承

二、手动变速器的检修

手动变速器的检修主要包括变速器的维护及壳体、轴、齿轮、轴承、同步器等零部件的检修。

1. 手动变速器的维护

对国产中型载货汽车，一级维护时应检查变速器润滑油量，清洗通气塞。油面应保持在变速器检视口下沿不低于 15 mm 的位置，通气塞应保持畅通。二级维护时，应检查变速器第二轴凸缘的螺母紧固情况。二级维护前的检查作业中，还要检查变速器是否有运转异响并了解变速器已经发生的有规律性的小修，从而判定齿轮、轴、轴承等零件的磨损情况，以及

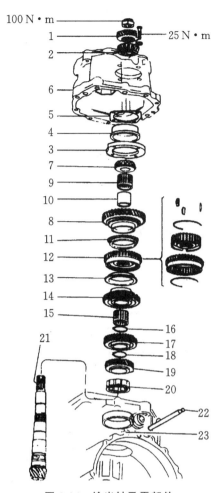

图 3-36 输出轴及零部件

1—五挡齿轮；2—输出轴外后轴承；3—轴承保持架；4—后轴承外圈；5—调整垫片；6—轴承支座；7—输出轴内后轴承；8—一挡齿轮；9—一挡齿轮滚针轴承；10—一挡齿轮滚针轴承内座圈；11—一挡同步环；12—一挡和二挡同步器；13—二挡同步环；14—二挡齿轮；15—二挡齿轮滚针轴承；16、18—卡环；17—三挡齿轮（凸缘应转向四挡齿轮）；19—四挡齿轮（凸缘应转向主动锥齿轮）；20—输出轴前轴承；21—输出轴；22—圆柱销；23—输出轴前轴承外圈

是否有断裂的可能。最后，确定是否需要在二级维护中增加拆检变速器及其他作业项目。其他车型变速器的维护，应按使用说明书的要求进行。

2. 变速器壳体的检修

变速器壳体检修时主要检修壳体的变形和裂纹，以及定位销孔、轴承孔、螺纹孔磨损等。变速器壳体如有裂纹、砂眼应更换；变速器轴承孔磨损过大应更换；壳体接合面翘曲变形时，平面度误差不应大于 0.15 mm，否则应修复或更换。

3. 轴的检修

目视检查各轴，不应有裂纹，轴颈及花键不应有严重磨损，轴上的齿轮不应有断齿和严重磨损，否则应更换。检查轴的径向圆跳动，如图 3-37 所示，不应超过 0.05 mm，否则应更换。

4. 齿轮和轴承的检修

检查所有齿轮和轴承的损坏情况。齿面有轻微斑点，在不影响使用的情况下可以用油石修磨。若齿厚磨损超过 0.2 mm，齿长磨损超过原齿长的 15%，或斑点面积超过齿面 15%，则应更换齿轮（应成对更换）。装好滚针轴承和内座圈后，用百分表检查齿轮与内座圈之间的间隙，如图 3-38 所示。标准间隙为 0.009～0.060 mm，极限间隙为 0.15 mm，超过极限应更换轴承。

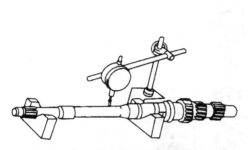

图 3-37　检查轴的径向圆跳动

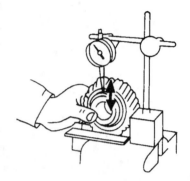

图 3-38　检查齿轮与内座圈之间的间隙

5. 拨叉及拨叉轴的检修

检查拨叉是否弯曲或扭曲变形，如图 3-39 所示。拨叉变形可用敲击法校正，其他问题则应更换。检查拨叉轴如图 3-40 所示，如果弯曲应校正或更换。

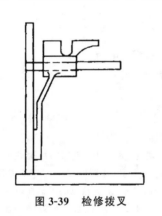

图 3-39　检修拨叉

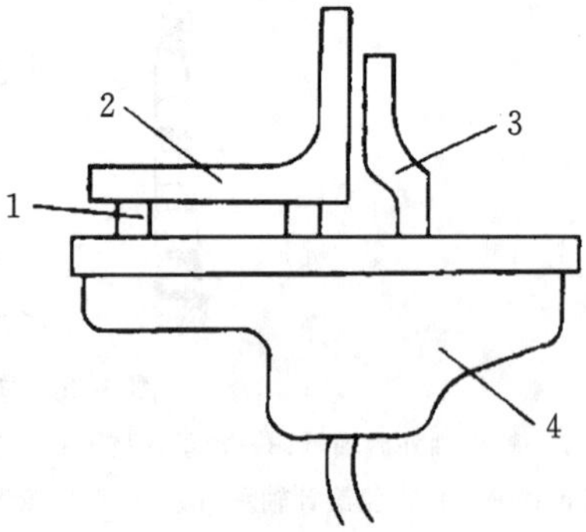

图 3-40　检查拨叉轴
1—垫块；2—角尺；3—拨叉；4—变速器盖

6. 同步器的检修

对于锁环式惯性同步器，主要检查锁环内锥面螺纹槽是否磨损、滑块是否磨损。锁环与滑块的磨损都会破坏换挡过程的同步作用，使换挡时发出机械撞击噪声。此外，滑块支撑弹簧断裂弹力不足，会使锁环失去自动对中性能，接合时发出噪声，换挡过程延缓。检修方法是将锁环压向换挡齿轮的齿圈锥面，转动锁环时应有阻力，用塞尺测量环齿与轮齿之间的间隙，如图 3-41 所示。间隙应符合规定值，如果不符合规定，应更换锁环。

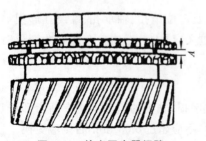

图 3-41　检查同步器间隙

桑塔纳 2000 轿车手动变速器各挡位同步器间隙的规定值见表 3-3。

表 3-3　同步器环齿与轮齿之间的间隙　　　　　　　　　　　　　　　　　　　单位:mm

挡位	间隙 A	
	新零件	磨损极限
一挡和二挡	1.10～1.17	0.05
三挡和四挡	1.35～1.90	0.05
五挡	1.10～1.70	0.05

三、手动变速器常见故障诊断

手动变速器的常见故障主要有跳挡、乱挡、挂挡困难、异响、漏油等。

1. 跳挡

跳挡是指汽车在加速、减速、爬坡或剧烈振动时,变速杆自动跳回空挡位置。其主要原因有:①操纵机构磨损严重,导致齿轮不能达到全齿长啮合;②自锁装置的钢球或凹槽磨损严重,自锁弹簧过软或折断;③齿轮沿齿长方向磨损成锥形;④轴、轴承磨损严重,使一、二轴不平行;⑤二轴上的常啮合齿轮轴向或径向间隙过大;⑥各轴轴向或径向间隙过大。

2. 乱挡

乱挡是指在离合器技术状况正常的情况下,变速器挂不上所需要挡位或者同时挂上两个挡位。造成这种故障的主要原因有:①互锁装置失效,如拨叉轴、互锁销或互锁钢球磨损严重;②换挡杆下端长度不足、工作面磨损过大或拨叉轴上拨块的凹槽磨损过大;③换挡杆球头定位销折断或球孔、球头磨损过于严重。

3. 挂挡困难

挂挡困难是指离合器技术状况良好,但挂挡时不能顺利挂入挡位,常发生齿轮撞击声。其主要原因如下。①同步器故障;②拨叉轴弯曲、锁紧弹簧过硬、钢球损伤等;③一轴花键损伤或一轴弯曲;④齿轮油不足或过量、齿轮油不符合规格。

4. 异响

变速器异响是指变速器工作时发出的不正常的响声,如齿轮撞击声、轴承运转噪声等。造成这种故障的主要原因如下。①齿轮异响。齿轮磨损过甚变薄,间隙过大,运转中有冲击;齿面啮合不良,如修理时没有成对更换齿轮;新、旧齿轮搭配,齿轮不能正确啮合;齿面有金属疲劳剥落或个别齿损坏折断;齿轮与轴上的花键配合松旷,或齿轮的轴向间隙过大;轴弯曲或轴承松旷引起齿轮啮合间隙改变。②轴异异响。轴承磨损严重;轴承内(外)座圈与轴颈(孔)配合松动;轴承滚珠碎裂或滚道表面烧蚀、剥落,出现麻点等异常。③其他原因异响。如变速器内缺油,润滑油过稀、过稠或质量变坏;变速器内掉入异物;某些紧固螺栓松动;里程表软轴或里程表齿轮发响等。

5. 漏油

变速器漏油是指在变速器盖、侧盖、轴承盖、油封等处出现齿轮润滑油,变速器齿轮箱的油量减少。其主要原因有:①润滑油选用不当,或润滑油量太多,产生过多泡沫,此时需更换润滑油或调节润滑油;②侧盖太松,密封垫损坏,油封损坏,密封和油封损坏等,此时应更换

新件;③各处固定螺栓松动,应按规定力矩拧紧;④变速器壳体破裂,此时应更换变速器;
⑤里程表齿轮限位器松脱破损,必须锁紧或更换;换挡杆油封漏油,应更换油封。

【任务实施】

一、任务准备

(1) 实训设备:实训车辆、手动变速器拆装实训台或相似实训设备。
(2) 实训工具:汽车拆装手动工具、手动变速器拆装专用工具。
(3) 实训资料:维修手册、参考资料、教材。
(4) 辅助材料:手套、清洗剂、抹布、白板笔。

二、任务实施

1. 车辆基本检查

(1) 实训车辆安全防护。
(2) 登记车辆基本信息。
(3) 车辆油、水、电基本检查。

2. 手动变速器操纵机构检查

(1) 查看手动变速器的型号并记录。
(2) 检查手动变速器零部件是否齐全。
(3) 检查手动变速器有无漏油等现象。

3. 变速器总成的拆卸

(1) 拆下蓄电池的搭铁线。
(2) 拆下离合器的拉索,如图3-42所示。
(3) 升起汽车,将两个传动半轴拆下并支撑好,如图3-43所示。

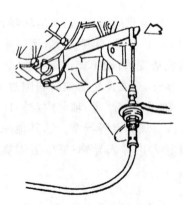

图3-42 拆卸离合器的拉索

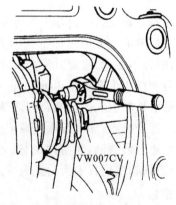

图3-43 拆卸传动轴

(4) 拆下内换挡杆与操作机构的连接,如图3-44所示。
(5) 拆下倒挡灯开关插头及速度里程表软轴,如图3-45所示。

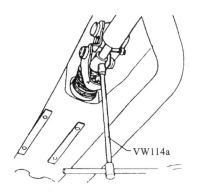

图 3-44 拆下内换挡杆与操作机构的连接

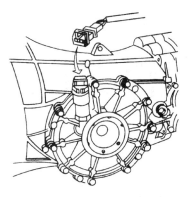

图 3-45 拆下速度里程表软轴

(6) 拆下排气管。

(7) 拆下发动机与变速器上部的连接螺栓。

(8) 再次举升汽车,拆下启动机、发动机中间支架及变速器减振垫和减振垫前后支架。变速器减振垫和减振垫前后支架的分解如图 3-46 所示。

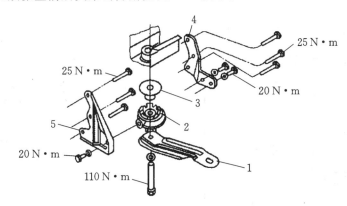

图 3-46 变速器减振垫和前后支架的分解

1—变速器支架;2—变速器减振垫;3—减振垫的隔离物;4—减振垫后支架;5—减振垫前支架

(9) 拆下发动机与变速器下部连接螺栓,拆下变速器。

4. 变速器的解体

(1) 清洗变速器外表,将其固定在拆装台上。

(2) 放出润滑油。

(3) 拆下变速器后盖。

(4) 拆卸一、二挡的锁销,接着把拨叉向左转动。

(5) 挂入二挡,拆下拨叉轴。

(6) 拆下五挡拨叉轴及五挡同步器和五挡齿轮组件,如图 3-47 所示。

(7) 锁住输入轴,取下输出轴五挡齿轮紧固螺母,拆下五挡齿轮,如图 3-48 所示。

(8) 取下三、四挡的锁销和拨叉轴。

(9) 拆下倒挡自锁装置和倒挡拨叉轴。

(10) 拆下输入轴和输出轴组件,如图 3-49 所示。

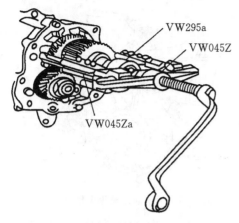

图 3-47 拆卸五挡拨叉轴、同步器和齿轮组件

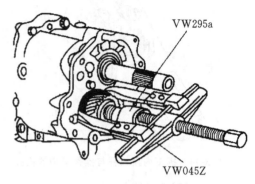

图 3-48 拆卸五挡齿轮

(11) 取出倒挡轴和齿轮、倒挡传动臂。

(12) 拆卸拨叉轴自锁和互锁装置,如图 3-50 所示。

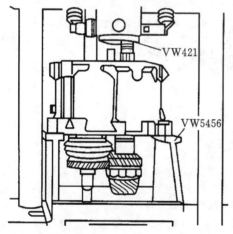

图 3-49 拆卸输入轴和输出轴组件

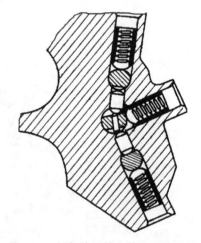

图 3-50 拆卸拨叉轴自锁和互锁装置

(13) 拆下从动齿轮的轴承盖螺栓,取下盖子,拆卸主减速器,如图 3-51 所示。

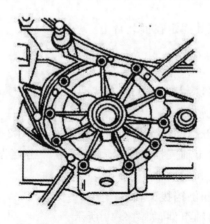

图 3-51 拆卸主减速器

5. 输入轴、输出轴的解体

(1) 拆下四挡齿轮组,取下四挡齿轮、同步环和滚针轴承。

(2) 拆下同步器锁环。

(3) 拆下三、四挡同步器,拆下三挡同步环和齿轮,取下三挡齿轮的滚针轴承。

(4) 拆下中间轴承内圈。

(5) 拆下输出轴后轴承和一挡齿轮,取下滚针轴承和一挡同步环。

(6) 拆下滚针轴承的内圈、同步环和二挡齿轮,取下二挡齿轮的滚针轴承。

(7) 拆下三挡齿轮的锁环、三挡齿轮。

(8) 拆下四挡齿轮的锁环、四挡齿轮。

(9) 拆下输出轴的前轴承。

6. 变速器的装配

(1) 变速器的装配可按与拆卸的相反顺序进行。由于桑塔纳轿车的变速器和主减速器是合为一体的整体结构,其变速器的输出轴又是主减速器的输入轴,因此轴的定位和预紧十分重要。在装配变速器输出轴时要特别注意调整垫片的厚度,因为它直接影响主动齿轮的轴向位置。

(2) 变速器总成的安装可按与拆卸相反的顺序进行。如果有必要,调整离合器踏板自由行程。

7. 现场恢复

完成实训任务后,按照要求恢复工位、仪器、设备,做好现场6S管理。

思政案例

默默耕耘的比亚迪汽车

比亚迪目前是全球唯一一家同时掌握新能源汽车电池、电机、充电配套、整体制造核心技术以及拥有成熟市场推广经验的企业。比亚迪于2003年正式进入汽车产业市场,从一家普普通通做电池的企业到中国车企品牌的领军企业,比亚迪的成功不是一蹴而就的。比亚迪用科研技术助力了比亚迪汽车的全方面飞跃,这一切成功都是它厚积薄发的结果。俗话说"十年磨一剑",比亚迪不等不靠,自主创新,通过20年的默默耕耘、勤恳付出,实现弯道超车,也才有了今天我国自主品牌汽车的扬眉吐气。

中国梦是我们当代青年每一个人的梦,作为新时代的大学生,同学们一定要逐梦前行。汽车强国是中国梦的重要组成部分,建设汽车强国,符合汽车产业的发展规律和历史规律,希望各位同学学思结合、砥砺前行,为把我国建设成汽车强国而不断奋斗。

课后习题

一、填空题

1. 惯性式同步器与常压式同步器一样,都是依靠_____作用实现同步的。

2. 为减少变速器内摩擦引起的零件磨损和功率损失,需在变速器的壳体内注入_____

润滑各齿轮副、轴与轴承等零件的工作表面。

3. 为防止变速器工作时,由于油温升高、气压增大而造成润滑油渗漏现象,在变速器盖上装有_____。

二、选择题

1. 三轴式变速器包括(　　)等。
  A.输入轴　　　　B.输出轴　　　　C.中间轴　　　　D.倒挡轴

2. 两轴式变速器的特点是输入轴与输出轴(　　),且无中间轴。
  A.重合　　　　　B.垂直　　　　　C.平行　　　　　D.斜交

3. 对于五挡变速器而言,传动比最大的前进挡是(　　)。
  A.一挡　　　　　B.二挡　　　　　C.四挡　　　　　D.五挡

4. 下面是某三挡变速器的各挡传动比,则最有可能是倒挡传动比的是(　　)。
  A.2.4　　　　　B.1　　　　　　C.1.8　　　　　D.3.6

5. 两轴式变速器适用于(　　)的布置形式。
  A.发动机前置前轮驱动　　　　　B.发动机前置全轮驱动
  C.发动机后置后轮驱动　　　　　D.发动机前置后轮驱动

6. 变速器的操纵机构由(　　)等构成。
  A.变速杆　　　　B.变速叉　　　　C.变速轴　　　　D.安全装置

7. 下列齿轮传动比表示超速传动的是(　　)。
  A.2.15∶1　　　B.1∶1　　　　　C.0.85∶1　　　D.以上都不表示

8. 惰轮位于主动齿轮和从动齿轮之间,从动齿轮(　　)。
  A.转动方向与主动齿轮相同　　　B.转动方向与主动齿轮相反
  C.保持静止　　　　　　　　　　D.使从动齿轮转动加快

三、判断题

1.变速器的挡位越低,传动比越小,汽车的行驶速度就越低。　　　　　　　(　　)

2.同步器能够保证:变速器换挡时,待啮合齿轮圆周速度迅速达到一致,以减少冲击和磨损。　　　　　　　　　　　　　　　　　　　　　　　　　　　　　　　(　　)

3.超速挡主要用于汽车在良好路面上轻载或空载运行,以提高汽车的燃料经济性。
　　　　　　　　　　　　　　　　　　　　　　　　　　　　　　　　　　(　　)

4.变速器换挡时,一般用两根拨叉轴同时工作。　　　　　　　　　　　　　(　　)

5.变速器换挡时,为避免同时挂入两挡,必须装设自锁装置。　　　　　　　(　　)

6.互锁装置的作用是当驾驶员用变速杆推动某一拨叉轴时,自动锁上其他所有拨叉轴。
　　　　　　　　　　　　　　　　　　　　　　　　　　　　　　　　　　(　　)

项目 4

万向传动装置的构造与检修

【项目导读】

在汽车传动系统中,为了实现一些轴线相交或相对位置经常变化的转轴之间的动力传递,必须采用万向传动装置。本项目通过三个任务的学习,使学生了解万向传动装置的组成,熟悉万向节的类型和应用,能识别万向传动装置的常见故障,并能够进行故障诊断及检修。

◀ 任务 4.1 万向传动装置的认知 ▶

【任务导入】

王先生的车在起步或突然改变车速时,传动轴发出"吭"的响声;在缓行时,发出"咣当、咣当"的响声。王先生将车辆开去 4S 店进行检修,维修技师根据其响声的部位判断为万向传动装置异响。

【任务目标】

(1) 了解万向传动装置的组成及功用。
(2) 了解万向传动装置在汽车上的应用。

【知识准备】

一、万向传动装置的功用和组成

1. 万向传动装置的功用

万向传动装置在汽车上有很多应用,结构也稍有不同,但其功用都是一样的,即在轴线相交且相互位置经常发生变化的两转轴之间传递动力。

图4-1所示为在汽车中最常见的应用——位于变速器与驱动桥之间的万向传动装置。由于汽车布置、设计等原因，变速器输出轴和驱动桥输入轴不可能在同一轴线上，并且变速器虽然安装在车架(车身)上，可以认为位置是不动的，但驱动桥位置会由于悬架的变形而经常发生变化，所以在变速器和驱动桥之间装有万向传动装置，以满足使用、设计的要求。

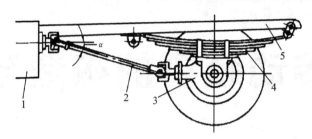

图4-1 变速器与驱动桥之间的万向传动装置

1—变速器；2—万向传动装置；3—驱动桥；4—后悬架；5—车架

2. 万向传动装置的组成

万向传动装置主要由万向节、传动轴等组成。对于传动距离较远的分段式传动轴，为了提高传动轴的刚度，还设置有中间支承，如图4-2所示。

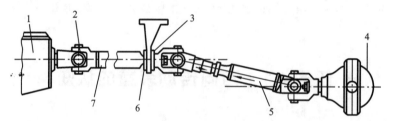

图4-2 万向传动装置的组成

1—变速器；2—万向节；3—中间支承；4—驱动桥；5—传动轴；6—球轴承；7—中间传动轴

1) 万向节

万向节能在不同轴线的轴之间传递动力，按万向节刚度大小，可分为刚性万向节和柔性万向节。万向节的结构如图4-3所示。

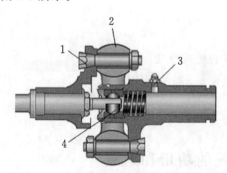

图4-3 万向节的结构

1—连接螺栓；2—橡胶盘；3—滑脂嘴；4—中心钢球

2) 传动轴

发动机前置的后驱车辆,用传动轴连接变速器和后驱动桥。传动轴的结构如图 4-4 所示。

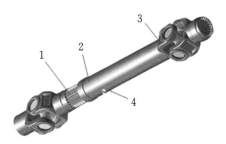

图 4-4 传动轴的结构
1—花键;2—伸缩套;3—万向节叉;4—油脂嘴

二、万向传动装置的应用

万向传动装置在汽车上的应用主要有以下几个方面。

(1) 变速器与驱动桥之间。如图 4-5 所示,一般汽车的变速器、离合器与发动机三者合为一体装在车架上,驱动桥通过悬架与车架相连。负荷变化及汽车在不平路面行驶时引起的跳动,会使驱动桥输入轴与变速器输出轴之间的夹角和距离发生变化。

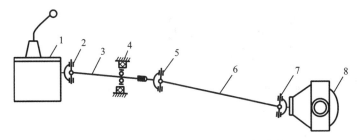

图 4-5 变速器与驱动桥之间的万向传动装置
1—变速器;2、5、7—万向节;3—中间传动轴;4—中间支承;6—传动轴;8—驱动桥

(2) 变速器与分动器、分动器与驱动桥之间。如图 4-6 所示,为消除车架变形及制造、装配误差等引起的其轴线同轴度误差对动力传递的影响,须装有万向传动装置。

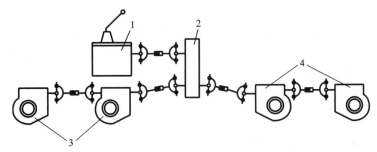

图 4-6 变速器与分动器、分动器与驱动桥之间的万向传动装置
1—变速器;2—分动器;3、4—驱动桥

(3) 转向驱动桥的内、外半轴之间。如图4-7所示,转向时两段半轴轴线相交且夹角变化,因此要用万向传动装置。

(4) 断开式驱动桥的半轴之间。如图4-8所示,主减速器壳在车架上是固定的,桥壳上下摆动,半轴是分段的,须用万向传动装置。

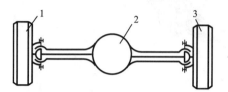 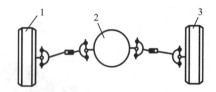

图 4-7 转向驱动桥内、外半轴之间的万向传动装置　　图 4-8 断开式驱动桥半轴之间的万向传动装置
1、3—驱动轮;2—万向传动装置　　　　　　　　　1、3—驱动轮;2—万向传动装置

(5) 转向机构的转向轴和转向器之间。如图4-9所示,这样有利于转向机构的总体布置。

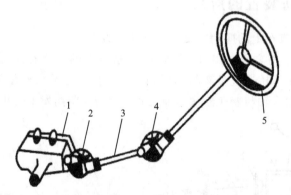

图 4-9 转向机构的转向轴和转向器之间的万向传动装置
1—转向器;2、4—转向节;3—转向轴;5—方向盘

任务 4.2　万向节的检修

【任务导入】

王先生的车在起步或突然改变车速时,传动轴发出"吭"的响声;在缓行时,发出"咣当、咣当"的响声,根据其响声的部位判断为万向传动装置异响。经过检查,发现万向节叉凸缘盘连接螺栓松动,修理技师按常规进行维护与修理。

【任务目标】

(1) 熟悉万向节的类型和应用特点。
(2) 能正确识别前、后轮驱动的传动轴各零部件及其使用特点。
(3) 能正确识别万向节各零部件及其使用特点。
(4) 能识别万向传动装置的常见故障,并进行基本的故障诊断及检修。

【知识准备】

万向节即万向接头,是实现变角度动力传递的机件,用于需要改变传动轴线方向的位置,它是汽车驱动系统的万向传动装置的"关节"部件。

一、十字轴式万向节

十字轴式万向节允许相邻两轴的最大夹角为150°~200°,在汽车上应用最广。

图4-10所示为十字轴式万向节,它主要由万向节叉、十字轴及轴承盖等组成。两个万向节叉分别与主、从动轴相连,其叉形上的孔分别套在十字轴的四个轴颈上。在十字轴轴颈与万向节叉孔之间装有滚针和套筒,用带有锁片的螺钉和轴承盖来使之轴向定位。为了润滑轴承,十字轴内钻有油道,且与滑脂嘴、安全阀相通。

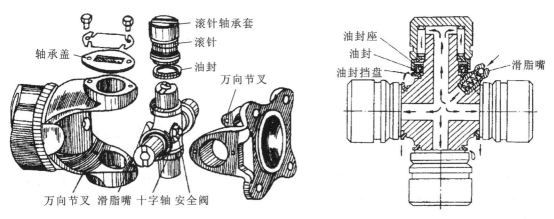

图4-10 十字轴式万向节

二、等角速万向节

等角速万向节的基本原理可用一对大小相同的锥齿轮传动来说明,如图4-11所示。两个大小相同锥齿轮的接触点P位于两齿轮轴线夹角α的平分面上,由点P到两轴的垂直距离都等于r。点P处两齿轮的圆周速度相等,故两齿轮的角速度也相等。可见,当夹角变化时,只要从结构上保证万向节传力点始终位于两轴夹角的平分面上,就能保证等角速传动。

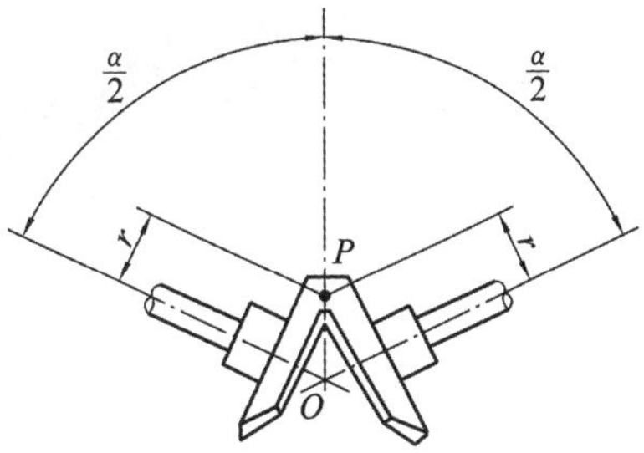

等角速万向节的常见类型有球叉式、球笼式和三叉式等。

1. 球叉式万向节

图4-11 等角速万向节

球叉式万向节如图4-12(a)所示,它主要由主动叉、从动叉、四个传动钢球、定心钢球、定位销及锁止销组成。主、从动叉分别与内、外半轴制成一体,叉内各有四条曲面凹槽,装合后形成两条相交的环槽,作为传动钢球的滚道,定心钢球装在两叉中心凹槽内,以定中心。球叉式万向节等速传动的原理如图4-12(b)所示,主、从动叉曲面凹槽的中心线分别是以O_1、

O_2 为圆心的两个半径相等的圆,且圆心 O_1、O_2 到万向节中心 O 的距离相等,这样无论主、从动轴以任何角度相交,传动钢球中心都位于两圆的交点上,从而保证传动钢球始终位于两轴夹角 α 的平分面上,因而保证等速传动。

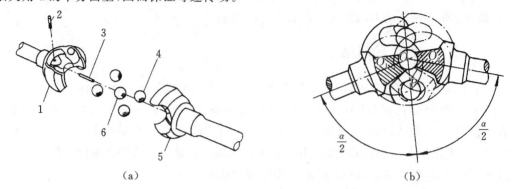

图 4-12 球叉式万向节

1—从动叉;2—锁止销;3—定位销;
4—传动钢球;5—主动叉;6—定心钢球

2. 球笼式万向节

1) RF 型球笼式万向节

图 4-13(a)所示为奥迪 100 型和上海桑塔纳轿车半轴外万向节所采用的 RF 型球笼式万向节。它主要由内球座、球笼、外球座及钢球等组成。内球座通过花键与主动轴相连。内球座的外表面有六条曲面凹槽,形成内滚道。外球座与带外花键的外半轴制成一体,内表面制有相应的六条曲面凹槽,形成外滚道。六个钢球分别装于六条凹槽中,并用球笼使之保持在一个平面内。

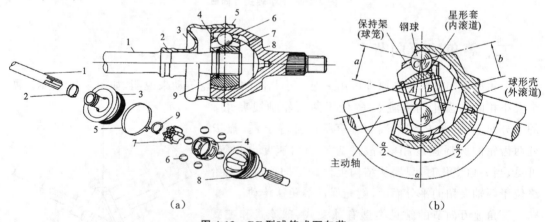

图 4-13 RF 型球笼式万向节

1—主动轴;2、5—钢带箍;3—外罩;4—保持架(球笼);6—钢球;
7—星形套(内滚道);8—球形壳(外滚道);9—卡环

如图 4-13(b)所示,动力由主动轴传至内球座,经六个钢球、外球座输出。当主动轴和从动轴之间夹角 α 发生变化时,传动钢球中心始终位于两轴夹角的平分面上,并且到两轴线的距离相等,从而保证了主、从动轴以相等的角速度旋转。

2) VL 型球笼式万向节

VL 型球笼式万向节又称为伸缩型等速万向节,图 4-14 所示为奥迪 100 型和上海桑塔纳轿车转向驱动桥半轴内万向节(靠近主减速器处)所采用的 VL 型球笼式万向节。其内、外滚道为圆筒形,且内、外滚道不与轴线平行,而是以相同的角度相对于轴线倾斜着,装合后,同一轴向位置内、外滚道的倾斜方向刚好相反,即对称交叉,而钢球则处于内、外滚道的交叉部位。当内半轴与中半轴以任意夹角相交时,所有传动钢球都位于轴间夹角的平分面上,从而实现等角速传动。在动力传递过程中,内、外球座可以沿轴向相对移动,故采用这种万向节可以省去万向传动装置中的滑动花键。

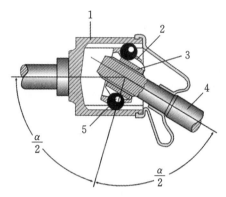

图 4-14 VL 型球笼式万向节

1—筒形壳(外滚道);2—保持架(球笼);3—星形套(内滚道);4—主动轴;5—钢球

3) 球笼式双补偿万向节

球笼式双补偿万向节又称为球笼式万向节的滑动式。如图 4-15 所示,其外球座为圆筒形,内、外滚道是与轴线平行的直线凹槽(即圆筒形),在动力传递过程中,内球座与外球座可以相对轴向移动。球笼的内外球面在轴线方向是偏心的,内球面中心 B 与外球面中心 A 分别位于万向节中心 O 的两边,且 $OA=OB$。同样,钢球中心 C 到 A、B 的距离相等,以保证万向节等角速传动。

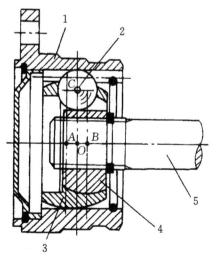

图 4-15 球笼式双补偿万向节

1—外球座;2—钢球;3—球笼;4—内球座;5—主动轴

由于这种万向节能轴向相对移动,因此可省去万向传动装置中的滑动花键等伸缩机构,使结构简化,且轴向位移是通过钢球沿内、外滚道的滚动来实现,与滑动花键相比,滚动阻力小、磨损小、寿命长,故最适用于断开式驱动桥。

3. 三叉式等速万向节

图 4-16 所示为三叉式等速万向节(也称三角式万向节),主要由三销总成和内万向节套组成。三销总成的花键孔与传动轴内花键配合,三个销轴上均装有轴承,以减小磨损。内万向节套的凸缘用螺栓连接,为防止润滑脂泄漏,万向节由防护罩封护,并用卡箍紧固。

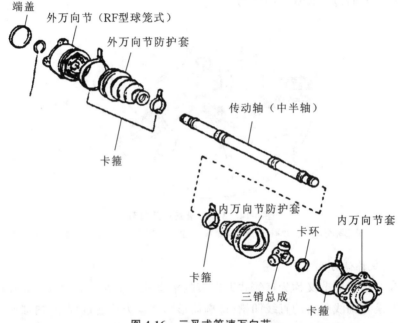

图 4-16 三叉式等速万向节

三叉式等速万向节结构简单、磨损小,并且可以轴向伸缩,在轿车的应用也逐渐增多,常用于转向驱动桥半轴内端。

【任务实施】

一、任务准备

(1) 实训设备:实训车辆、举升机、底盘拆装实训台或相似实训设备。
(2) 实训工具:汽车拆装手动工具、万向节拆装专用工具。
(3) 实训资料:实训工作页、维修手册、教材。
(4) 辅助材料:翼子板布和前格栅布、三件套、抹布、白板笔。

二、任务实施

1. 车辆基本检查

(1) 实训车辆安全防护。
(2) 登记车辆基本信息。

(3) 车辆油、水、电基本检查。

2. 万向节的分解

下面以桑塔纳 2000 轿车为例,介绍球笼式等速万向节的拆装。

(1) 用钢锯锯开原装卡箍,拆下防尘罩,如图 4-17 所示。再用木锤敲打外万向节,使之从传动轴上卸下,如图 4-18 所示。

图 4-17 拆下万向节防尘罩

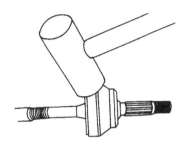

图 4-18 拆卸外万向节

(2) 先拆弹簧卡圈,如图 4-19 所示。然后用专用工具压出内万向节,如图 4-20 所示。

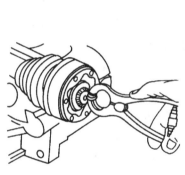

图 4-19 拆卸弹簧卡圈

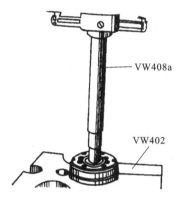

图 4-20 拆卸内万向节

(3) 外等速万向节解体。分解前,在钢球球笼和球形壳上标出星形套位置,然后转动星形套与球笼,依次取出钢球,如图 4-21(a)所示。用力转动球笼使两个方孔与球形壳对上(如图 4-21(b)箭头所示),将星形套、球笼一起拆下。将星形套上扇形齿旋入球笼的方孔,然后从球笼中取出星形套,如图 4-21(c)所示。

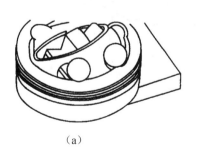

(a)

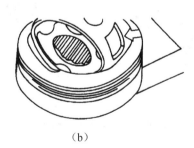

(b)

(c)

图 4-21 外等速万向节解体

(4) 内等速万向节解体。转动球笼和星形套,按垂直向前的方向压出球笼里的钢球,如图 4-22(a)箭头所示。从球槽上面取出球笼里的星形套,如图 4-22(b)所示。

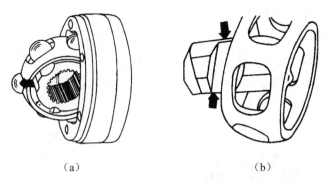

(a) （b）

图 4-22 内等速万向节解体

注意：因星形套与球形壳体是选配的，拆卸时注意将星形套与壳体成对放置，不允许互换。

3. 万向节的检查

万向节的检查主要是检查内、外等速万向节中各部件的磨损情况和装配间隙。一般来说，对于外等速万向节酌情进行单件更换，对于内等速万向节若某部件磨损严重，则应整体更换。检查轴、球笼、星形套与钢球有无凹陷与磨损，若万向节间隙过大，需更换万向节。

内等速万向节的检修要检查球形壳、星形套、球笼及钢球有无凹陷与磨损，若磨损严重则应更换。内等速万向节只能整体调换，不可单个更换。

若防尘罩及卡箍、弹簧挡圈等损坏，应予以更换。

4. 万向节的装配

（1）外等速万向节的装配。用汽油清洗各部件，将 G6 润滑脂总量的一半（45 g）注入万向节内，将球笼连同星形套一起装入球形壳体。对角交替地压入钢球，必须保持星形套在球笼及球形壳的原先位置。将弹簧挡圈装入星形套，并将剩余的润滑脂压入万向节。

（2）内等速万向节的装配。对准凹槽，将星形套嵌入球笼，再将钢球压入球笼，如图 4-23(a) 所示，并注入 G6 润滑脂 90 g。将带钢球的球笼垂直装入球形壳，如图 4-23(b) 所示。

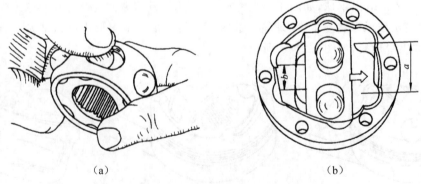

(a) （b）

图 4-23 内等速万向节的装配

（3）碟形座圈的安装。将碟形座圈装在传动轴带齿端配合位置上，其安装位置如图 4-24 所示。

（4）压入内万向节，安装弹簧卡圈，装上外万向节。

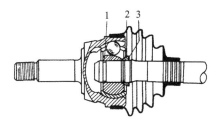

图 4-24 碟形座圈的安装
1—弹簧锁圈;2—中间挡圈;3—碟形座圈

(5) 安装防尘罩。万向节防尘罩受到挤压后内部将产生真空,安装防尘罩后,要稍微充点气,使其压力平衡,不产生皱褶。

5. 现场恢复

完成实训任务后,按照要求恢复车辆、仪器、设备,做好现场 6S 管理。

任务 4.3　万向传动装置综合故障检修

【任务导入】

王先生的车在起步或突然改变车速时,传动轴发出"吭"的响声;在缓行时,发出"咣当、咣当"的响声,根据其响声的部位判断为万向传动装置异响。经过检查,发现万向传动装置的连接处磨损松旷,修理技师按常规进行维护与修理。

【任务目标】

(1) 会分析万向传动装置的故障。
(2) 会拆装检修十字轴式万向节和球笼式万向节。
(3) 通过规范文明操作,培养良好的职业道德和安全环保意识。

【任务实施】

一、任务准备

(1) 实训设备:实训车辆、举升机、底盘拆装实训台或相似实训设备。
(2) 实训工具:汽车拆装手动工具、万向传动装置拆装专用工具。
(3) 实训资料:实训工作页、维修手册、教材。
(4) 辅助材料:翼子板布和前格栅布、三件套、抹布、白板笔。

二、任务实施

1. 车辆基本检查

(1) 实训车辆安全防护。

(2) 登记车辆基本信息。

(3) 车辆油、水、电基本检查。

2. 传动轴和万向节异响的检修

1) 检查传动轴外观

(1) 检查传动轴套管是否有大的凹槽或损坏,如图 4-25 所示。

(2) 检查传动轴套管上是否有平衡块,如图 4-26 所示。

(3) 检查平衡块是否松脱或丢失。

(4) 检查传动轴的滑动花键是否过度松旷。

图 4-25 传动轴套管磨损松旷

图 4-26 传动轴不平衡

2) 检查传动轴圆跳动

(1) 将变速器挂上空挡,松开驻车制动器。

(2) 清洁传动轴需测量部位的灰尘和铁锈。

(3) 使用百分表测量传动轴的径向圆跳动量。

3. 十字轴式万向节的更换

1) 拆卸传动轴

(1) 在各凸缘及装配螺栓上做装配记号。

(2) 将传动轴凸缘从差速器的结合凸缘上脱开。

2) 拆卸十字轴式万向节轴承

(1) 用专用卡簧钳取出 4 个弹簧卡环。

(2) 使用铁锤轻敲万向节叉,将轴承的外座圈震出来。

(3) 取下十字轴。

3) 安装十字轴万向节

(1) 根据十字轴轴承型号选择合适的十字轴承。

(2) 在新的十字轴和轴承上涂敷 MP 润滑脂。

(3) 将新的十字轴装入万向节叉内。

(4) 使用专用工具将新的轴承装到十字轴上。

(5) 安装两个厚度相等的弹簧卡环。

(6) 使用锤子轻轻敲击轴承外圈,直到轴承外圈和卡环之间没有间隙为止。

4) 传动轴装复后的检查

(1) 将传动轴装复到车辆上。

(2) 启动发动机并将变速器挂入各挡位进行路试,检查车辆传动轴是否发出异响。

(3) 清洁、恢复车辆。

4. 驱动轴防护套的检查与更换

1) 检查驱动轴

检查驱动轴内、外护套是否有老化、破裂及漏油现象。

2) 拆卸前驱动轴防尘套

(1) 排放变速驱动桥油液。

(2) 拆下前轮胎和左前桥轮毂螺母。

(3) 松开锁止螺母,并从转向节上分离前轮速度传感器。

(4) 分离横拉杆左端球头总成和前悬架左下臂分总成。

(5) 分离驱动轴与轮毂,使用专用工具拉出驱动轴。

(6) 拆下半轴内万向节护套大卡箍,拆下半轴内万向节防尘套小卡箍。

(7) 分离内侧万向节防尘套。

(8) 拆下内万向节总成。从内万向节上刮下旧润滑脂,在内万向节和轴上做好装配记号。从外万向节轴上拆下万向节总成,使用卡环扩张器拆下卡环。在外万向节轴与三销式万向节总成上做好记号,使用锤子和铜棒拆下三销式万向节。

(9) 拆下外万向节防尘套大号卡箍,拆下外万向节防尘套小号卡箍。

(10) 从外万向节轴上拆下防尘套,并刮下万向节上的润滑脂。

3) 安装外万向节新的防尘套

(1) 用尼龙胶带缠绕万向节轴的花键,以防止损坏安装的防尘套。

(2) 按顺序安装新零件到内万向轴总成上。安装外万向节防尘套2号卡箍,安装外万向节防尘套,安装外万向节防尘套1号卡箍。

(3) 查找资料,用规定量的润滑脂涂抹外万向节总成。

(4) 使用专用工具安装外向防尘套左大卡箍,并使用专用工具调整大卡箍间隙。

(5) 使用专用工具安装外向防尘套左小卡箍,并使用专用工具调整小卡箍间隙。

4) 将组装好的万向传动装置安装到汽车上

安装时应将齿轮油(手动变速器油)或自动变速器油涂抹到内侧球节的花键齿上,并将驱动轴卡环的开口朝下。

5) 加注变速器油

按照标准量加注变速器油。

6) 驱动轴装复后的检查

(1) 路试,启动发动机并使变速器挂入各挡位,检查传动轴是否发出异响。

(2) 举升车辆至合适高度,检查驱动轴护套是否有漏油现象。

5. 现场恢复

完成实训任务后,按照要求恢复车辆、仪器、设备,做好现场6S管理。

思政案例

"大国工匠"秦世俊

2020年,第十四届航空航天月桂奖揭晓,秦世俊被授予"大国工匠"称号。他曾先后获得"全国劳动模范""全国五一劳动奖章""中华技能大奖"等60多项荣誉。

他19岁怀揣梦想,进入中航工业哈尔滨飞机工业集团。中专出身的他以勤补拙,每天早出晚归,钻研数控技术。仅用4年时间,秦世俊便成为公司最年轻的数控铣工高级技师。他常对自己说的一句话是:精品与废品的距离只有0.01 mm,成功与失败的差别仅在于能否全情投入。在一次生产某机型零件关键件时,秦世俊实现了零件表面粗糙度达到$Ra0.18\ \mu m$的标准,一举攻克了困扰行业多年的难题,加工效率显著提升,实现了历史性的突破。从一名普通岗位的工人到站在大国工匠领奖台的获奖者,秦世俊走过了20年。踏踏实实走好人生每一步,他展现了新时代产业工人的风采,先进制造业的工匠精神在他身上得以体现。

课后习题

一、填空题

1. 万向传动装置在汽车上有很多应用,结构也稍有不同,但其功用都是一样的,即在_____且_____的两转轴之间传递动力。
2. 十字轴式刚性万向节,它允许相邻两轴的最大夹角为_____,主要由_____、_____等组成。
3. 单个十字轴式刚性万向节在主动叉是等角速转动时,从动叉是_____转动的,且两转轴之间的夹角α越_____,不等速性就越大。
4. 十字轴式刚性万向节的不等速特性,将使从动轴及其相连的传动部件产生_____,从而产生附加的_____,影响部件使用寿命。
5. 等速万向节的基本原理是传力点永远位于_____上。
6. 球笼式万向节工作时_____个钢球都参与传力,故承载能力强、磨损小、寿命长。

二、选择题

1. 球叉式万向节由主动叉、从动叉、(   )个传动钢球、中心钢球、定位销、锁止销组成。
   A.2   B.3   C.4   D.6
2. 球叉式万向节在工作的时候,只有(   )个钢球传力。
   A.2   B.3   C.4   D.6
3. 关于引起传动轴动不平衡的原因,以下说法错误的是(   )。
   A.传动轴上的平衡块脱落   B.传动轴弯曲或传动轴管凹陷
   C.伸缩叉安装错位   D.中间支承安装方法不当
4. 关于引起万向节松旷的原因,以下说法错误的是(   )。
   A.凸缘盘连接螺栓松动   B.传动轴上的平衡块脱落
   C.万向节主、从动部分游动角度太大 D.万向节十字轴磨损严重

三、判断题

1.传动轴两端的连接件装好后,只做静平衡试验,不用做动平衡试验。　　　(　)

2.传动轴花键与滑动叉花键、凸缘叉与所配合花键的侧隙:轿车应不大于 0.15 mm,其他类型的汽车应不大于 0.30 mm,装配后应能滑动自如。　　　(　)

3.为加注润滑脂方便,万向传动装置的滑脂嘴应在一条直线上,且万向节上的滑脂嘴应背离传动轴。　　　(　)

4.球笼式万向节星形套与主动轴用花键固接在一起,星形套外表面有四条弧形凹槽滚道。
　　　(　)

5.十字轴式刚性万向节主要用于发动机前置后轮驱动的变速器与驱动桥之间。(　)

6.等角速万向节主要用于发动机前置后轮驱动的变速器与驱动桥之间。　　　(　)

项目 5 驱动桥的构造与检修

项目导读

驱动桥一般由主减速器、差速器、半轴、桥壳等组成。驱动桥作为传动系统的最后一个总成,起到了降速增矩、改变动力传递方向、合理分配动力和驱动车轮转动的作用。

本项目通过四个任务的学习,使学生了解驱动桥的基本组成和功用,掌握主减速器、差速器的工作原理,能够熟练拆装、检查、调整驱动桥,能够对驱动桥进行故障诊断和检修。

◀ 任务 5.1 驱动桥的认知 ▶

【任务导入】

一辆科鲁兹轿车入厂进行半轴防尘套更换。维修技师先对该车底盘驱动桥进行了解,并找出驱动桥部件的安装位置,初步观察其外观是否良好。

【任务目标】

(1) 了解汽车底盘驱动桥的基本组成。
(2) 了解汽车底盘驱动桥的功用。
(3) 了解汽车底盘驱动桥的分类。

【知识准备】

一、驱动桥的组成

驱动桥一般由主减速器、差速器、半轴、桥壳等组成,如图 5-1 所示。驱动桥是传动系统的最后一个总成,发动机的动力传到驱动桥后,首先传到主减速器,在这里将扭矩放大并降低转速后,经差速器分配给左右半轴,最后通过半轴外端的凸缘传到驱动车轮的轮毂。驱动桥的主要零部件都装在驱动桥的桥壳中,桥壳由主减速器壳和半轴套管组成。

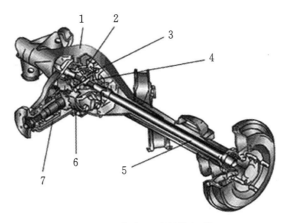

图 5-1　汽车驱动桥的组成

1—后桥壳;2—差速器壳;3—差速器行星齿轮;4—差速器半轴齿轮;5—半轴;
6—主减速器从动齿轮齿圈;7—主减速器主动小齿轮

二、驱动桥的功用

驱动桥的功用是将由变速器或万向传动装置传来的发动机扭矩传给驱动车轮,并经降速增矩、改变动力传动方向,使汽车行驶,而且允许左右驱动车轮以不同的转速旋转。具体来说,主减速器的功用为降速增矩,改变动力传动方向;差速器的功用是允许左右驱动车轮以不同的转速旋转;半轴的功用是将动力由差速器传给驱动车轮。

需要说明的是,如果汽车是采用发动机前横置、前轮驱动的布置形式,主减速器并不需要改变动力的传动方向。

三、驱动桥的分类

按照悬架结构的不同,驱动桥可以分为整体式驱动桥和断开式驱动桥,整体式驱动桥又称为非断开式驱动桥。

1. 整体式驱动桥

整体式驱动桥如图 5-1 所示,与非独立悬架配用。其驱动桥壳为一刚性的整体,所以称为整体式驱动桥。驱动桥两端通过悬架与车架或车身连接,左右半轴始终在一条直线上,即左右驱动轮不能相互独立地跳动。当某一侧车轮通过地面的凸出物或凹坑升高或下降时,整个驱动桥及车身都要随之发生倾斜,车身波动大。

2. 断开式驱动桥

断开式驱动桥如图 5-2 所示,与独立悬架配用。其主减速器固定在车架或车身上,驱动桥壳制成分段并用铰链连接,所以称为断开式驱动桥。半轴也分段并用万向节连接,驱动桥两端分别用悬架与车架或车身连接。这样,两侧驱动车轮及桥壳可以彼此独立地相对于车架或车身上下跳动,提高了汽车的平顺性和通过性。

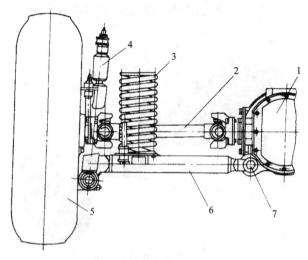

图 5-2 断开式驱动桥

1—主减速器；2—半轴；3—弹性元件；4—减振器；5—驱动车轮；6—摆臂；7—摆臂轴

【任务实施】

一、任务准备

(1) 实训设备：实训车辆、举升机、底盘拆装实训台或相似实训设备。
(2) 实训工具：汽车拆装手动工具、驱动桥拆装专用工具。
(3) 实训资料：实训工作页、维修手册、教材。
(4) 辅助材料：翼子板布和前格栅布、三件套、抹布、白板笔。

二、任务实施

1. 车辆基本检查

(1) 实训车辆安全防护。
(2) 登记车辆基本信息。
(3) 车辆油、水、电基本检查。

2. 实车或台架上辨别驱动桥的部件

(1) 在实车上找到下列部件的位置并写出其名称。

部件				
名称				

3. 在实车上说明汽车动力传递路线并填空

变速器 ⇒ □ ⇒ □ ⇒ □ ⇒ □ ⇒ 车轮

4. 现场恢复

完成实训任务后,按照要求恢复车辆、仪器、设备,做好现场6S管理。

5. "1+X"任务实施

\	\	汽车底盘驱动桥组成工作安全与作业准备【评分细则】					
序号	评分项	得分条件	分值	评分要求	自评	互评	师评
1	安全/6S/态度	□1.能遵守日常车间安全规定和作业流程 □2.能按照安全管理条例整理工具和设备 □3.能正确使用卧式千斤顶和千斤顶支架 □4.能正确使用举升机举升车辆 □5.能检查车间的通风条件是否良好 □6.能识别安全区域标记 □7.能确认灭火器和其他消防设备的位置和类型,并能正确使用灭火器和其他消防设备 □8.能识别眼睛清洗站的标识物并确认使用方法 □9.能识别疏散线路的标识物。能使用符合要求的护目镜、耳塞、手套和车间活动工作靴 □10.能在车间内穿着符合工作要求的服装 □11.能根据车间作业要求,留符合安全性要求的发型,并且不佩戴首饰	20	未完成1项扣3分	□熟练 □不熟练	□熟练 □不熟练	□合格 □不合格
2	专业技能	□1.能认知驱动桥各部件 □2.能说明汽车动力传递路线	40	未完成1项扣4分	□熟练 □不熟练	□熟练 □不熟练	□合格 □不合格

3	工具及设备的使用	☐1.能识别维修工具的名称,了解其在汽车维修中的用途,并正确使用 ☐2.能正确清洁、储存及维修工具和设备 ☐3.能正确使用精密量具(如千分尺、千分表、表盘卡尺),并读数	20	未完成1项扣3分	☐熟练 ☐不熟练	☐熟练 ☐不熟练	☐合格 ☐不合格
4	维修车辆准备事项	☐1.能确认维修工单上所要求的维修项目及信息 ☐2.能在车辆上正确使用翼子板罩、翼子板垫 ☐3.能在车辆后轮上正确安装车轮挡块 ☐4.能在车辆的排气尾管上正确安装尾气收集管,并开启设备	15	未完成1项扣3分	☐熟练 ☐不熟练	☐熟练 ☐不熟练	☐合格 ☐不合格
5	任务实施完成情况	☐1.字迹清晰 ☐2.语句通顺 ☐3.无错别字 ☐4.无涂改 ☐5.无抄袭	5	未完成1项扣3分	☐熟练 ☐不熟练	☐熟练 ☐不熟练	☐合格 ☐不合格

任务5.2　主减速器的检修

【任务导入】

一辆科鲁兹轿车变速器后部主减速器处有异响。维修技师初步判定为主减速器故障,要求对该车主减速器进行拆卸,初步观察其外观是否良好,进一步进行主减速器检修与调整。

【任务目标】

(1)了解主减速器的功用。
(2)掌握主减速器的类型。
(3)掌握主减速器的调整方法。

【知识准备】

一、主减速器的功用

主减速器的功用是将万向传动装置或变速器传来的发动机扭矩传给差速器,在动力的传动过程中将扭矩增大并相应降低转速;对于发动机纵向布置的车辆,还要将扭矩的旋转方向改变90°。

二、主减速器的分类

1. 主减速器的类型

按参加减速传动的齿轮副数目,主减速器可分为单级主减速器和双级主减速器。按主减速器传动比的个数,主减速器可分为单速主减速器和双速主减速器。单速主减速器的传动比是固定的,而双速主减速器则有两个传动比。按齿轮副的结构形式,主减速器可分为圆柱齿轮式主减速器和圆锥齿轮式主减速器。圆锥齿轮式主减速器又可分为螺旋锥齿轮式主减速器和准双曲面齿轮式主减速器。目前,在轿车中主要是应用单级、准双曲面齿轮式主减速器。

2. 单级主减速器

单级主减速器结构简单,质量小,体积小,传动效率高,主要用于轿车及中型以下客货车。对于发动机纵向布置的汽车,由于需要改变动力传动方向,单级主减速器都采用一对圆锥齿轮传动,如图5-3所示;对于发动机横向布置的汽车,单级主减速器采用一对圆柱齿轮传动,如图5-4所示。

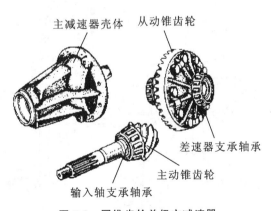

图 5-3　圆锥齿轮单级主减速器

3. 双级主减速器

双级主减速器主要应用在商用车和工程车辆上,这些汽车需要较大的主减速器传动比,如果采用单级主减速器,则会由于从动锥齿轮过大而使驱动桥离地间隙过小,这就需要采用由两对齿轮降速的双级主减速器,如图5-5所示。

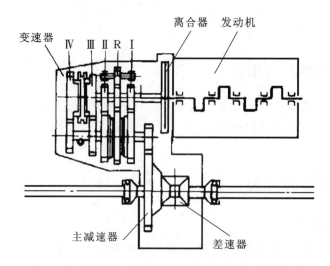

图 5-4 圆柱齿轮单级主减速器

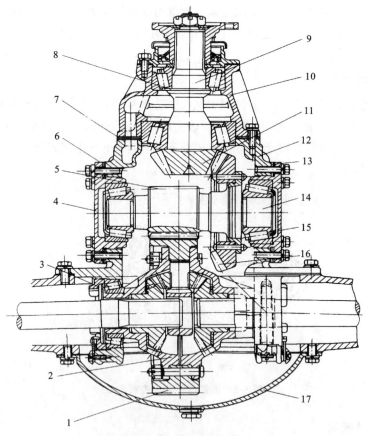

图 5-5 双级主减速器

1—第二级从动齿轮；2—差速器壳；3—调整螺母；4、15—轴承盖；5—第二级主动齿轮；
6、7、8、13—调整垫片；9—第一级主动锥齿轮轴；10—轴承座；11—第一级主动锥齿轮；
12—主减速器壳；14—中间轴；16—第一级从动锥齿轮；17—后盖

三、主减速器的调整

1. 主减速器支承轴承预紧度调整

在装配主减速器时,为了减小锥齿轮传动过程中轴向力引起的齿轮轴的轴向位移,保证圆锥齿轮副的正常啮合,支承轴承应有一定的装配预紧度。预紧度可由支承输入轴的一对圆锥滚子轴承内座圈之间的调整垫片进行调整:增加垫片,预紧度减小;反之预紧度增加,如图 5-6 所示。

2. 主减速器齿轮啮合印记调整

主减速器齿轮啮合印记调整是通过主动锥齿轮的轴向位移实现的,通过增减主减速器输入轴后支承轴承内座圈与主动锥齿轮之间的调整垫片厚度进行调整,如图 5-7 所示。

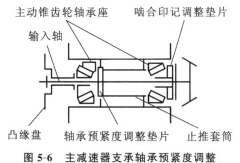

图 5-6 主减速器支承轴承预紧度调整 　　图 5-7 主减速器齿轮啮合印记调整

检查啮合印记的方法是先在主动锥齿轮上涂上红丹油,然后往复转动主动锥齿轮,在从动锥齿轮齿面上便出现红色啮合印记。若正转、反转工作面的印记均位于齿高的中间偏小端,并占齿面宽度 60% 以上,则为正确啮合,如图 5-8 所示。

(a) 正转工作时　　(b) 逆转工作时

图 5-8 正确的啮合印记

3. 主减速器齿轮啮合间隙调整

主减速器齿轮啮合间隙调整是通过旋动调整螺母,改变从动锥齿轮相对于主动锥齿轮的轴向位置实现的。它的一端旋入多少圈数,另一端就要旋出多少圈数,以保证已经调整好的轴承预紧度不变。

【任务实施】

一、任务准备

(1) 实训设备:圆柱齿轮单级主减速器总成、圆锥齿轮单级主减速器总成或驱动桥总成。
(2) 实训工具:工具车、橡胶锤、百分表、磁力支座。

(3) 实训资料：实训工作页、维修手册、教材。

(4) 辅助材料：红丹油、手套、调整垫片。

二、任务实施

1. 车辆基本检查

(1) 实训车辆安全防护。

(2) 登记车辆基本信息。

(3) 车辆油、水、电基本检查。

2. 主减速器的调整

1) 齿面啮合印记调整

在主动锥齿轮上相隔120°的三处用红丹油在齿的正反面各涂2~3个齿，再用手对从动锥齿轮稍施加阻力并正、反向各转动主动齿轮数圈，观察从动锥齿轮上的啮合印记。若不符合要求，拆卸主减速器后按照"大进从，小出从，顶进主，根出主"原则进行调整。

2) 齿侧啮合间隙调整

调整啮合印记，移动主、从动锥齿轮后，需进行啮合间隙的检查。将百分表抵在从动锥齿轮正面的大端处，用手把住主动锥齿轮，然后轻轻往复摆转从动锥齿轮，即可显示间隙值；中、重型汽车应为0.15~0.50 mm，轻型车约为0.10~0.18 mm，使用极限1.00 mm。如果啮合间隙不符合要求，需要移动从动锥齿轮。当从动锥齿轮远离主动锥齿轮时，间隙变大；反之则变小。移动从动锥齿轮的方法是将一侧的轴承调整螺母旋入几圈，另一侧就旋出几圈。

3. 现场恢复

完成实训任务后，按照要求恢复设备、工具、总成，做好现场6S管理。

4. "1+X"任务实施

汽车驱动桥主减速器检修工作安全与作业准备【评分细则】							
序号	评分项	得分条件	分值	评分要求	自评	互评	师评
1	安全/6S/态度	□1.能遵守日常车间安全规定和作业流程 □2.能按照安全管理条例整理工具和设备 □3.能正确使用工具 □4.能正确使用设备 □5.能检查车间的通风条件是否良好 □6.能识别安全区域标记 □7.能确认灭火器和其他消防设备的位置和类型，并能正确使用灭火器和其他消防设备	20	未完成1项扣3分	□熟练 □不熟练	□熟练 □不熟练	□合格 □不合格

		□8.能识别眼睛清洗站的标识物并确认使用方法 □9.能识别疏散路线的标识物。能使用符合要求的护目镜、耳塞、手套和车间活动工作靴 □10.能在车间内穿着符合工作要求的服装 □11.能根据车间作业要求，留符合安全性要求的发型，并且不佩戴首饰					
2	专业技能	□1.能正确进行齿面啮合调整 □2.能正确进行齿侧啮合间隙测量和调整	40	未完成1项扣4分	□熟练 □不熟练	□熟练 □不熟练	□合格 □不合格
3	工具及设备的使用	□1.能识别维修工具的名称，了解其在汽车维修中的用途，并正确使用 □2.能正确清洁、储存及维修工具和设备 □3.能正确使用精密量具（如千分尺、百分表、表盘卡尺），并读数	20	未完成1项扣3分	□熟练 □不熟练	□熟练 □不熟练	□合格 □不合格
4	维修车辆准备事项	□1.能确认维修工单上所要求的维修项目及信息 □2.能正确固定主减速器总成 □3.能准备好实训用耗材	15	未完成1项扣3分	□熟练 □不熟练	□熟练 □不熟练	□合格 □不合格
5	任务实施完成情况	□1.字迹清晰 □2.语句通顺 □3.无错别字 □4.无涂改 □5.无抄袭	5	未完成1项扣3分	□熟练 □不熟练	□熟练 □不熟练	□合格 □不合格

任务 5.3　差速器的检修

【任务导入】

一辆科鲁兹轿车转弯困难,轮胎有异常磨损。维修技师初步判定为差速器故障,要求对该车差速器进行拆卸,初步观察其外观是否良好,对差速器零部件进行检测和维修。

【任务目标】

(1)掌握差速器的功用、结构和原理。
(2)掌握差速器的类型。
(3)掌握差速器齿轮啮合间隙调整的方法。

【知识准备】

一、差速器的功用、结构和原理

1. 差速器的功用

汽车在行驶过程中,车轮相对路面有滚动和滑动两种运动状态,滑动又有滑转和滑移两种情况。当汽车转弯行驶时,内外两侧车轮中心在同一时间内移过的曲线距离显然不同,即外侧车轮移过的距离大于内侧车轮。若两侧车轮都固定在同一刚性转轴上,两轮角速度相等,则此时外轮必然是边滚动边滑移,内轮必然是边滚动边滑转。同样,汽车在不平路面上直线行驶时,两侧车轮实际移过的曲线距离也不相等,左右车轮的实际转速必然不同,即使路面非常平直,但由于轮胎制造尺寸误差、磨损程度不同、承受的载荷不同或充气压力不等,各个轮胎的滚动半径实际上不可能相等,因此,只要各车轮角速度相等,车轮对路面的滑动就必然存在。

而车轮对路面的滑动不仅会加速轮胎磨损,增加汽车的动力消耗,而且可能导致转向性能和制动性能的降低。所以,在正常行驶条件下,应使车轮尽可能不发生滑动,差速器的作用就在于此。它将主减速器传来的动力传给左、右两个半轴,并在必要时允许左、右半轴以不同转速旋转,使左、右驱动车轮相对地面纯滚动而不是滑动。

2. 差速器的结构

差速器的结构如图 5-9 所示,由差速器壳、行星齿轮轴、行星齿轮、半轴齿轮、复合式推力垫片、螺纹套等组成。行星齿轮轴装入差速器壳后用止动销定位。行星齿轮和半轴齿轮的背面制成球面,与复合式推力垫片相配合,以减轻摩擦,提高耐磨性。螺纹套用于紧固半轴齿轮。差速器通过一对圆锥滚子轴承支承在差速器壳中,差速器壳上通过螺栓装有主减速器从动锥齿轮。

3. 差速器的原理

差速器的运动原理如图 5-10 所示,扭矩分配原理如图 5-11 所示。

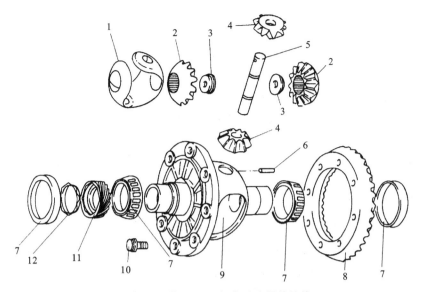

图 5-9 桑塔纳 2000 轿车差速器的结构

1—复合式推力垫片；2—半轴齿轮；3—螺纹套；4—行星齿轮；5—行星齿轮轴；6—止动销；7—圆锥滚子轴承；
8—主减速器从动锥齿轮；9—差速器壳；10—螺栓；11—车速表齿轮；12—车速表齿轮锁紧套筒

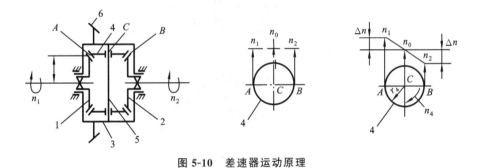

图 5-10 差速器运动原理

1、2—半轴齿轮；3—差速器壳；4—行星齿轮；5—行星齿轮轴；6—主减速器从动齿轮

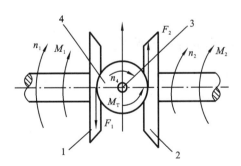

图 5-11 差速器扭矩分配原理

1、2—半轴齿轮；3—行星齿轮轴；4—行星齿轮

主减速器传来的动力（M_0）带动差速器壳和行星齿轮轴（转速为 n_0）转动，经过行星齿轮、半轴齿轮、半轴（转速分别为 n_1 和 n_2），最后传给两侧驱动车轮。

直线行驶时，有 $n_1 = n_2 = n_0, n_1 + n_2 = 2n_0$

$$M_1 = M_2 = M_0/2$$

设半轴齿轮的转速变化为 Δn，转向行驶（恶劣路面）时，有

$$n_1 = n_0 + \Delta n, n_2 = n_0 - \Delta n, n_1 + n_2 = 2n$$

$$M_1 = M_2 = M_0/2$$

结论：运动特性，$n_1 + n_2 = 2n_0$；扭矩等量分配特性，$M_1 = M_2 = M_0/2$。

为了提高汽车通过恶劣路面的能力，许多汽车采用了防滑差速器。当汽车某一侧驱动轮发生滑转时，差速器的差速作用即被锁止，并将大部分或全部扭矩分配给未滑转的驱动轮，充分利用未滑转车轮与地面之间的附着力，以产生足够的牵引力使汽车继续行驶。

二、差速器的类型

差速器按其功能可分为轮间差速器和轴间差速器。装在同一驱动桥两侧驱动轮之间的差速器称为轮间差速器，在多轴驱动汽车的驱动桥之间装有的差速器称为轴间差速器。

无论是轴间差速器还是轮间差速器，按其工作特性都可分为普通齿轮式差速器和防滑差速器两大类。防滑差速器常见的有强制锁止差速器、高摩擦自锁差速器和托森差速器（如图 5-12 所示）。

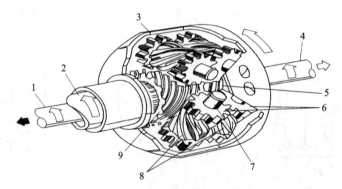

图 5-12　托森差速器的结构

1—差速器齿轮轴；2—空心轴；3—差速器壳；4—驱动轴凸缘盘；5—后轴蜗杆；
6—直齿圆柱齿轮；7—蜗轮轴；8—蜗轮；9—前轴蜗杆

三、差速器齿轮啮合间隙的调整

为减轻摩擦和磨损，差速器行星齿轮和半轴齿轮背面与差速器壳之间均装有推力垫片，使用中可通过更换推力垫片调整齿轮的啮合间隙。

【任务实施】

一、任务准备

(1) 实训设备：差速器总成、驱动桥总成或实车。
(2) 实训工具：工具车、百分表、磁力支座、废油回收机。
(3) 实训资料：实训工作页、维修手册、教材。
(4) 辅助材料：齿轮油、手套、复合推力调整垫片。

二、任务实施

1. 车辆基本检查

(1) 实训车辆安全防护。
(2) 登记车辆基本信息。
(3) 车辆油、水、电基本检查。

2. 差速器的检修调整

1) 差速器齿轮、差速器壳的检查
参照前面介绍的方法进行检查。
2) 差速器齿轮啮合间隙的调整
差速器齿轮啮合间隙的测量方法同主减速器啮合间隙的测量。通过更换推力垫片,来调整齿轮的啮合间隙。

3. 齿轮油的更换

主减速器与变速器一体时,齿轮油更换不做赘述。
对于后轮驱动或双桥驱动的汽车,齿轮油的更换步骤如下:
(1) 热车行驶,使齿轮油温热,充分搅拌,带起杂质;
(2) 清理放油螺栓和油位检查螺栓周围泥垢,防止添加时污染新油;
(3) 拧下油位检查螺栓,产生气压,加快旧齿轮油流出速度,拧下放油螺栓并放净旧齿轮油;
(4) 拧紧放油螺栓,从油位检查螺栓孔处加注符合使用要求的齿轮油,至油液从孔下边缘流出为止,拧紧油位检查螺栓;
(5) 启动行驶车辆,检查是否有漏油、异常高温情况。

4. 现场恢复

完成实训任务后,按照要求恢复车辆、仪器、设备,做好现场6S管理。

5. "1+X"任务实施

汽车驱动桥差速器检修工作安全与作业准备【评分细则】							
序号	评分项	得分条件	分值	评分要求	自评	互评	师评
1	安全/6S/态度	☐1.能遵守日常车间安全规定和作业流程 ☐2.能按照安全管理条例整理工具和设备 ☐3.能正确使用工具 ☐4.能正确使用设备 ☐5.能检查车间的通风条件是否良好 ☐6.能识别安全区域标记	20	未完成1项扣3分	☐熟练 ☐不熟练	☐熟练 ☐不熟练	☐合格 ☐不合格

		□7.能确认灭火器和其他消防设备的位置和类型,并能正确使用灭火器和其他消防设备 □8.能识别眼睛清洗站的标识物并确认使用方法 □9.能识别疏散路线的标识物。能使用符合要求的护目镜、耳塞、手套和车间活动工作靴 □10.能在车间内穿着符合工作要求的服装 □11.能根据车间作业要求,留符合安全性要求的发型,并且不佩戴首饰					
2	专业技能	□1.能正确进行差速器齿轮、壳的检查 □2.能正确进行差速器齿轮啮合间隙测量和调整 □3.能正确更换齿轮油	40	未完成1项扣4分	□熟练 □不熟练	□熟练 □不熟练	□合格 □不合格
3	工具及设备的使用	□1.能识别维修工具的名称,了解其在汽车维修中的用途,并正确使用 □2.能正确清洁、储存及维修工具和设备 □3.能正确使用精密量具(如千分尺、百分表、表盘卡尺),并读数	20	未完成1项扣3分	□熟练 □不熟练	□熟练 □不熟练	□合格 □不合格
4	维修车辆准备事项	□1.能确认维修工单上所要求的维修项目及信息 □2.能正确固定差速器总成 □3.能准备好实训用耗材	15	未完成1项扣3分	□熟练 □不熟练	□熟练 □不熟练	□合格 □不合格
5	任务实施完成情况	□1.字迹清晰 □2.语句通顺 □3.无错别字 □4.无涂改 □5.无抄袭	5	未完成1项扣3分	□熟练 □不熟练	□熟练 □不熟练	□合格 □不合格

任务 5.4　驱动桥综合故障检修

【任务导入】

驱动桥的主减速器、差速器、半轴、轴承和油封等长期承受载荷冲击,使其各配合副磨损严重、各零部件损坏,导致驱动桥出现过热、异响和漏油等故障现象。

【任务目标】

(1) 掌握驱动桥过热的原因并进行故障检修。
(2) 掌握驱动桥漏油的原因并进行故障检修。
(3) 掌握驱动桥异响的原因并进行故障检修。

【知识准备】

一、驱动桥过热的原因和故障检修

1. 驱动桥过热原因

汽车行驶一段里程后,用手探试驱动桥壳中部或主减速器壳,有无法忍受的烫手感觉。原因可能是以下几个方面:

(1) 齿轮油变质、油量不足或牌号不符合要求;
(2) 轴承调整过紧;
(3) 齿轮啮合间隙、行星齿轮与半轴齿轮啮合间隙太小;
(4) 推力垫片与主减速器从动齿轮背隙过小;
(5) 油封过紧和各运动副、轴承润滑不良而产生干(或半干)摩擦。

2. 故障诊断与排除方法

1) 检查驱动桥中各部分局部受热情况

(1) 油封处过热,则故障由油封过紧引起。
(2) 轴承处过热,则故障由轴承损坏或调整不当引起。
(3) 油封和轴承处均不过热,则故障由推力垫片与主减速器从动齿轮背隙过小引起。

2) 检查驱动桥中普遍过热情况

(1) 检查齿轮油油面高度,若油面太低,则故障由齿轮油油量不足引起;否则,检查齿轮油规格、黏度或润滑性能。

(2) 检查齿轮油性能和规格,若检查结果不符合要求,则故障由齿轮油变质或规格不符引起;否则,检查主减速器齿轮啮合间隙的大小。

(3) 松开驻车制动器,将变速器置于空挡,轻轻转动主减速器的凸缘盘,若转动角度太小,则故障由主减速器齿轮啮合间隙太小引起;若转动角度正常,则故障由差速器行星齿轮与半轴齿轮啮合间隙太小引起。

二、驱动桥漏油的原因和故障检修

1. 驱动桥漏油原因

从驱动桥加油口、放油口螺栓处或油封、各接合面处可见到明显漏油痕迹。原因可能是以下几个方面：

(1) 加油口、放油口螺栓松动或损坏；

(2) 油封磨损、硬化，油封装反，油封与轴颈不同轴，油封轴颈磨出沟槽；

(3) 接合平面变形、加工粗糙，密封衬垫太薄、硬化或损坏，紧固螺钉松动或损坏；

(4) 通气孔堵塞；

(5) 桥壳有铸造缺陷或裂纹；

(6) 齿轮油加注过多，运转中壳体内压增高，使齿轮油渗出。

2. 故障诊断与排除方法

根据漏油痕迹部位判断漏油的具体原因，按维修手册要求进行检修。

三、驱动桥异响的原因和故障检修

1. 驱动桥异响现象

(1) 汽车行驶时驱动桥有异响，脱挡滑行时异响减弱或消失。

(2) 汽车行驶时驱动桥有异响，脱挡滑行时仍有异响。

(3) 汽车直线行驶时无异响，而转弯时驱动桥有异响。

(4) 汽车上、下坡时后桥有异响，或上、下坡时驱动桥都有异响。

(5) 车轮有运转噪声或沉重的异响。

2. 驱动桥异响原因

(1) 圆锥和圆柱主从动齿轮、行星齿轮、半轴齿轮啮合间隙过大；半轴齿轮花键槽与半轴的配合松旷；主、从动锥齿轮啮合不良；圆锥和圆柱主从动齿轮啮合间隙不均；齿轮齿面损伤或轮齿折断。

(2) 主动锥齿轮轴承松旷；主动圆柱齿轮轴承松旷；差速器圆锥滚子轴承松旷；后桥中某个轴承预紧力过大，导致齿轮啮合间隙过小；主、从动锥齿轮调整不当，导致齿轮啮合间隙过小。

(3) 差速器行星齿轮半轴齿轮不匹配，使其啮合不良；行星齿轮、半轴齿轮磨损或折断；差速器十字轴轴颈磨损；行星齿轮支承垫圈磨损变薄；行星齿轮与差速器十字轴卡滞或装配不当（如行星齿轮支垫圈过厚），使行星齿轮转动困难；减速器从动齿轮与差速器壳的紧固铆钉松动。

(4) 驱动桥某一部位的齿轮啮合间隙过小，导致汽车上坡时有异响；后桥某一部位的齿轮啮合间隙过大，导致汽车下坡时有异响；后桥某一部位的齿轮啮合印记不当或齿轮轴支承轴承松旷，导致汽车上、下坡时都有异响。

(5) 车轮轮毂轴承损坏，轴承外圈松动；制动鼓内有异物；车轮轮辋破碎；车轮轮辋轮胎螺栓孔磨损过大，使轮辋固定不牢。

3. 故障诊断与排除方法

根据异响部位的不同判断异响的具体原因，按照维修手册要求进行检修。

思政案例

匠心独运为汽车造新"腿"

驱动桥是汽车的一个关键零部件,通常被比作汽车的"腿"。多年来,他一直潜心研究驱动桥国际前沿核心技术和新产品开发,不断对驱动桥结构、性能进行优化;他带领工作小组不断创新,研制出全系列8个商用车驱动桥产品平台,成为创新担当的汽车匠人。他就是2021年"山东省五一劳动奖章"获得者杨朝会。

杨朝会从一名普通的设计工程师做起,在技术岗位上锐意创新、主动担当,用户需求什么,他就开发什么。他经常进行实地调研,掌握第一手资料,为产品的技术创新和开发奠定基础。杨朝会主持研发了"高功率密度驱动桥"等50余项高端平台产品及关键零部件,创新性实现了车桥轻量化和高传动效能,获得国家授权专利100余项,先后荣获国家及省市级科技进步奖励13项。在他主持研发的车桥产品中,有151台套应用到国庆70周年阅兵彩车,在世界面前彰显了大国实力。

课后习题

一、填空题

1. 驱动桥一般由_____、_____、_____、_____组成。
2. 驱动桥的功用是将由万向传动装置传来的发动机扭矩传给驱动车轮,并经_____、改变_____方向,使汽车行驶,而且允许左右驱动车轮以不同的转速旋转。
3. 对于发动机横向布置的汽车,单级主减速器采用一对_____齿轮即可。
4. 从动锥齿轮的调整包括从动锥齿轮的_____调整和主、从动锥齿轮之间的_____的调整。
5. 为了提高汽车通过坏路面的能力,可采用_____差速器。
6. 防滑差速器特意增加内摩擦力矩,使转得慢的驱动轮(驱动桥)获得的扭矩_____,转得快的驱动轮(驱动桥)获得的扭矩_____,提高了汽车通过坏路面的能力。
7. 驱动桥壳既是传动系统的组成部分,同时也是_____的组成部分。

二、选择题

1. 汽车行驶时驱动桥有异响,脱挡滑行时异响减弱或消失,说明(   )。
   A. 圆锥和圆柱主从动齿轮、行星齿轮、半轴齿轮啮合间隙过大
   B. 主动锥齿轮轴承松旷
   C. 差速器行星齿轮半轴齿轮不匹配
   D. 车轮轮毂轴承损坏,轴承外圈松动

2. 汽车直线行驶时无异响,当汽车转弯时驱动桥处有异响,说明(   )。
   A. 主、从动锥齿轮啮合不良
   B. 差速器行星齿轮半轴齿轮不匹配,使其啮合不良
   C. 制动鼓内有异物
   D. 齿轮油加注过多

3. 汽车行驶时驱动桥有异响,脱挡滑行时也有异响,说明（　　）。
A.半轴齿轮花键槽与半轴的配合松旷
B.主动圆柱齿轮轴承松旷
C.差速器十字轴轴颈磨损
D.轴承处过热

三、判断题
1. 整体式驱动桥与非独立悬架配用。（　　）
2. 断开式驱动桥与非独立悬架配用。（　　）
3. 要先进行轴承预紧度的调整,再进行锥齿轮啮合的调整。（　　）
4. 锥齿轮啮合调整时,先调整啮合间隙,再调整啮合印记,否则将加剧齿轮磨损。（　　）
5. 汽车直线行驶时,两半轴存在转速差。（　　）
6. 汽车转向行驶时,两侧驱动车轮所受到的地面阻力相同。（　　）
7. 普通锥齿轮差速器的扭矩分配特性,即扭矩等量分配特性。（　　）
8. 全浮式半轴支承,半轴只在两端承受扭矩,不承受其他任何反力和弯矩。（　　）
9. 半浮式半轴支承,半轴只在两端承受扭矩,不承受其他任何反力和弯矩。（　　）
10. 半浮式半轴支承结构简单,但半轴受力情况复杂且拆装不便,多用于反力、弯矩较小的各类轿车上。（　　）

项目 6

车桥与车架的构造与检修

项目导读

作为悬架系统中两个重要的组成部分,车桥位于悬架与车轮之间,其两端安装车轮,通过悬架与车架(或车身)相连,其功用是传递车架(或车身)与车轮之间各种载荷的作用;而车架是整个汽车的基体,是汽车的装配基础,发动机、变速器、传动机构、操纵机构、车身等总成和部件都安装在车架上。车架除了承受静载荷外,还要承受汽车行驶时产生的各种动载荷。

本项目通过两个任务的学习,使学生了解车桥、车架的结构和工作原理,熟悉车桥、车架的类型和应用,能识别常见故障,并能够进行故障诊断及检修。

任务 6.1 车桥的检修

【任务导入】

王先生的车行驶一定里程后,出现转向沉重、发抖、跑偏、不归位等现象,轮胎出现单边磨损、波状磨损、块状磨损、偏磨等不正常磨损,以及驾驶时车感漂浮、颠簸、摇摆等。维修技师考虑先进行车轮定位,检查一下车轮定位值,看是否偏差太多,再进行修理。

【任务目标】

(1)了解车桥的功用和分类。
(2)了解转向桥、转向驱动桥的结构和工作原理。
(3)掌握车轮的定位的方法。
(4)掌握车桥的检修方法。

【知识准备】

一、车桥的功用与分类

1. 车桥的功用

车桥位于悬架与车轮之间,其两端安装车轮,通过悬架与车架(或车身)相连,其功用是传递车架(或车身)与车轮之间的各种载荷。

2. 车桥的分类

车桥的结构形式与悬架结构以及传动系统的布置形式有关。

按悬架结构不同,车桥分为整体式和断开式两种。整体式车桥的中部是刚性实心或空心梁,与非独立悬架配用,如图 6-1 所示;断开式车桥为活动关节式结构,与独立悬架配用,如图 6-2 所示。

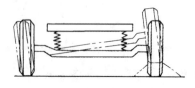

图 6-1　整体式车桥

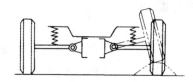

图 6-2　断开式车桥

按车桥上车轮的作用不同,车桥分为转向桥、驱动桥、转向驱动桥和支持桥四种类型。其中转向桥和支持桥都属于从动桥。

在后轮驱动的汽车中,前桥不仅用于承载,而且兼起转向作用,称为转向桥;后桥不仅用于承载,而且兼起驱动的作用,称为驱动桥。越野汽车和前轮驱动汽车的前桥,除了承载和转向的作用外,还兼起驱动作用,所以称为转向驱动桥。只起支承作用的车桥称为支持桥。支持桥除了不能转向外,其他功能和结构与转向桥的相同。

二、转向桥

转向桥能使装在前端的左右车轮通过偏转一定的角度来实现转向,还能承受垂直载荷和由道路、制动力等产生的纵向力和侧向力,以及这些力所形成的力矩。因此,转向桥必须有足够的强度和刚度,车轮转向过程中相对运动部件之间摩擦力应该尽可能小,并且保证汽车转向轻便和方向的稳定性。

转向桥主要由转向节、主销和轮毂等部分组成,如图 6-3 所示。

三、转向驱动桥

整体式转向驱动桥的结构如图 6-4 所示。转向驱动桥有一般驱动桥具有的主减速器、差速器和半轴等,也有一般转向桥所具有的转向节和主销等。为了满足既能转向又能驱动的需要,与车轮相连的半轴必须分成两段;与差速器相连的内半轴与与轮毂相连的外半轴,两者之间用等速万向节连接。另外,主销也同样分制成上下两段,固定在万向节的球形支座上,转向节轴制成中空,以便外半轴从中穿过。该结构广泛应用于全轮驱动的越野汽车和部分轿车上,既满足了转向的需要,又实现了转向节的传递扭矩功能。

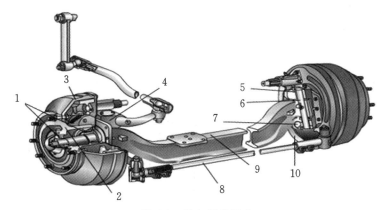

图 6-3 转向桥的组成

1—轮毂轴承;2—轮毂;3—制动鼓;4—转向节;5—衬套;6—主销;
7—止推轴承;8—转向横拉杆;9—前梁;10—梯形臂

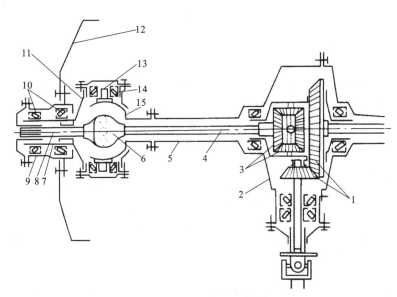

图 6-4 转向驱动桥示意图

1—主减速器;2—主减速器壳;3—差速器;4—内半轴;5—半轴套管;6—万向节;7—转向节轴颈;
8—外半轴;9—轮毂;10—轮毂轴承;11—转向节壳体;12—车轮;13—主销;14—主销轴承;15—球形支座

四、转向轮定位及四轮定位

1. 转向轮定位

所谓转向轮定位,就是汽车的前轮、转向节、车桥与车架的安装应保持一定的相对位置。转向轮定位参数有主销后倾、主销内倾、前轮外倾和前轮前束四个参数。

1) 主销后倾

主销安装到前轴上,其上部略向后倾的现象称为主销后倾,如图 6-5 所示。在汽车的纵向平面内(汽车的侧面),主销轴线与铅垂线之间的夹角 γ 称为主销后倾角。

主销后倾的作用是保持汽车直线行驶的稳定性,并使汽车转弯后能自动回正。

为了不使转向沉重,主销后倾角不宜过大,一般不超过 2°～3°。现代汽车为了提高行驶速度,普遍采用扁平低压胎,轮胎变形增加,引起稳定力矩增加,因此主销后倾角可以减小甚至接近于零,有的更为负值。

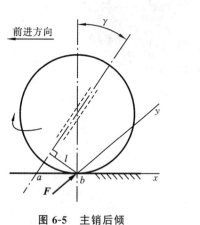

图 6-5 主销后倾

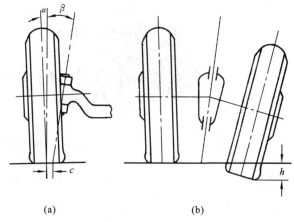

图 6-6 主销内倾

2) 主销内倾

主销安装到前轴上,其上部略向内倾的现象称为主销内倾,如图 6-6 所示。在汽车的横向铅垂平面内,主销轴线与铅垂线之间的夹角 β 称为主销内倾角。

主销内倾的作用是使车轮转向后能自动回正,且转向操纵轻便。主销内倾角 β 一般在 5°～8°,距离 c 一般为 40～60 mm。

3) 前轮外倾

前轮旋转平面上方略向外倾斜的现象称为前轮外倾,如图 6-7 所示。前轮旋转平面与汽车纵向铅垂面之间的夹角称为前轮外倾角 α。

前轮外倾的作用是提高转向操纵的轻便性和车轮行驶的安全性。前轮外倾角 α 一般为 1°。前轮外倾角不宜过大,否则会使轮胎产生偏磨损。

4) 前轮前束

俯视车轮,汽车的两个前轮的旋转平面并不完全平行,而是稍微带一些角度,这种现象称为前轮前束,如图 6-8 所示。在通过两前轮中心的水平面内,两前轮的前边缘距离 B 小于两前轮后边缘距离 A,A 与 B 之差称为前轮前束值。前端小、后端大,像内八字样的称为前束;而后端小、前端大,像外八字一样的称为后束或负前束。

前轮前束的作用是消除由车轮外倾而引起的前轮"滚锥效应"。车轮有了外倾角后,滚动时就类似于圆锥滚动,从而导致两侧车轮向外滚开。由于转向横拉杆和车桥的约束使车轮不可能向外滚开,车轮将在地面上出现边滚边向内滑移的现象,从而增加了轮胎的磨损。

前轮前束可通过改变横拉杆的长度来调整,一般前束值为 0～12 mm。有的汽车为了与负前轮外倾角相配合,其前轮前束也取负值即负前束。

2. 四轮定位

随着道路条件的改善,现代轿车的行驶速度越来越快,有许多高档轿车设置四轮定位,不仅要求前轮定位,还需要有后轮定位。其原因是,对前轮驱动汽车和独立后悬架汽车来

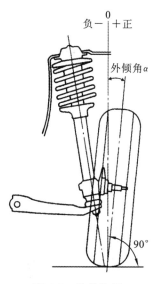
图 6-7 前轮外倾

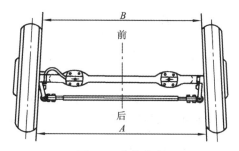
图 6-8 前轮前束

说,如果后轮定位不当,即使前轮定位良好,仍然会有不良的操纵性和轮胎早期磨损。为了防止高速行驶时汽车出现的"激转"及自动转向现象,在结构设计上应确保汽车具有不足转向特性。汽车后轮具有一定程度的外倾角和前束可使后轮获得合适的侧偏角,从而提高高速行驶的操纵稳定性。

1) 后轮外倾角

像前轮外倾角一样,后轮外倾角也对轮胎磨损和操纵性有影响。理想状态是四个车轮的运动外倾角均为零,这样的情况下,轮胎和路面接触良好,从而得到最佳的牵引性能和操纵性能。

后轮外倾角不是静态的,它随悬架的上下移动而变化。车辆加载后悬架下沉就会引起后轮外倾角改变。为了对载荷进行补偿,采用独立后悬架的大多数车辆常有一个较小的正后轮外倾角。滑柱筒破坏或错位、滑柱弯曲、上控制臂衬套破坏、上控制臂弯曲、弹簧压缩或悬架过载都会使后轮外倾角产生变成负外倾角的趋势。转向节弯曲、下控制臂弯曲会使后轮外倾角过大。后轮驱动车辆在扭矩过大、严重超载或道路损坏的情况下,即使是刚性的后桥壳也会变弯。

2) 后轮前束

如同前轮前束一样,后轮前束也是后轮定位的一个重要项目。如果前束不当,后轮轮胎也会被擦伤,另外还会引起转向不稳定及降低制动效能(对于防抱死制动系统,切记此点)。像后轮外倾角一样,后轮前束也不是一个静态量。悬架摇动和反弹时它就要起变化,滚动阻力和发动机扭矩对它也有影响。

对于前轮驱动车辆,前驱动轮宜前束,后从动轮宜负前束。后轮驱动车辆则相反,前轮宜负前束,独立悬架的后驱动轮应尽可能为前束。

如果后轮前束不符合技术要求,就要影响轮胎磨损和转向稳定性,其影响程度与前轮前束的相同。前束测量值在规定范围内,并不意味着车轮一定定位准确,尤其对后轮前束测量值来说更是如此。如果一侧后轮前端向内偏斜量与另一侧后轮前端向外偏斜量相等,虽然前束值在规定的范围内,但由于后轮与车纵轴线不平行,车辆还是会跑偏。

3) 车轮推力角

车轮推力角是后轮推力线与车辆几何中心线之间的夹角。车轮推力角是车轮定位的基础,理论上车轮推力角应该为 0°,若车轮推力角不为 0°,则行驶中需要调节转向来保持车辆直线行驶。可以通过调节后轮前束来校正车轮推力角。

【任务实施】

一、任务准备

(1) 实训设备:实训车辆、举升机、底盘拆装实训台或相似实训设备。
(2) 实训工具:汽车拆装手动工具、车桥拆装专用工具。
(3) 实训资料:实训工作页、维修手册、教材。
(4) 辅助材料:翼子板布和前格栅布、三件套、抹布、白板笔。

二、任务实施

1. 车辆基本检查

(1) 实训车辆安全防护。
(2) 登记车辆基本信息。
(3) 车辆油、水、电基本检查。

2. 车桥的检修

(1) 检查摆臂的衬套、后桥的衬套。
(2) 检查摆臂的球头是否存在严重的磨损。
(3) 检查摆臂、车桥等有无变形、裂纹,摆臂支承孔是否磨损严重,如有应更换新件。

3. 转向节、前轴的检查与调整

(1) 检查转向节轴端螺纹与螺母的配合情况,同时应检查转向节有无损伤或裂纹。检查裂纹最好使用电磁和超声波探伤仪。若无该设备,可采用铜锤敲击法进行检查。
(2) 检查转向节主销与衬套的配合间隙,该间隙一般不超过 0.15～0.20 mm。一般不解体的检查方法是:将车轮顶起,在前轴上夹持一个百分表,使其触针水平抵住制动底板下部,此时将百分表调到零位。然后放下被顶起的车轮,使其着地,此时百分表中读数的一半就是转向节主销与衬套的配合间隙值。
(3) 转向节与前轴的轴向间隙,可通过在转向节与前轴间增减调整垫片的方法进行调整。
(4) 前轴变形的检验,可用试棒和角尺法、拉线法、检验仪等。

4. 车轮定位的调整

1) 检查影响车轮定位的零部件

(1) 检查轮胎胎压是否正常(如图 6-9 所示),检查有无不规则磨损;
(2) 检查车轮和轮胎的径向跳动量是否正常;
(3) 检查车轮轴承是否存在游隙或间隙过大。

2）安装车轮卡具

拉起车辆的驻车制动，确保转向盘处于中间位置，将自动变速箱置于驻车挡或将手动变速箱置于空挡。安装车轮卡具，如图 6-10 所示。

图 6-9　轮胎胎压检测

图 6-10　安装车轮卡具

3）开始定位

启动定位程序，根据程序提示进行操作。四轮定位仪如图 6-11 所示。

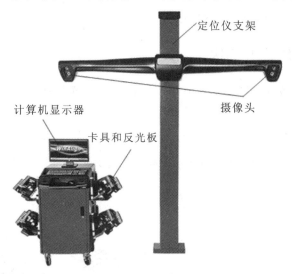

图 6-11　四轮定位仪

4）调整并输出

调整前束时，松开转向横拉杆锁紧螺母，通过转动横拉杆，将横拉杆调整至规定值。

任务 6.2　车架的检修

【任务导入】

王先生的车行驶一定里程后，车辆颠簸行驶时车底响声明显且偏大。经初步检查，发现副车架有碰撞磨损痕迹，修理人员按常规进行维护与修理。

【任务目标】

(1) 了解车架的功用和要求。
(2) 了解车架的类型和结构。
(3) 掌握车架的检修方法。

【知识准备】

一、车架的功用与要求

车架是跨接在汽车前后车桥上的框架式结构,是汽车的基体,俗称"大梁"。

1. 车架的功用

车架的功用是支承、连接汽车的各零部件,并承受车内外各种载荷的作用。

2. 车架的要求

车架的要求是:具有足够的强度和合适的刚度;结构简单、重量轻;有利于汽车的布置;结构形状应有利于降低汽车重心,获得较大的转向角。

二、车架的类型和结构

车架共有四种类型:边梁式车架、中梁式车架、综合式车架和无梁式车架。

1. 边梁式车架

边梁式车架由两根位于两边的纵梁和若干根横梁组成,如图 6-12 所示。采用边梁式车架有利于汽车的改装变形和发展多品种,因而广泛用在载货汽车、改装客车和特种车辆上。

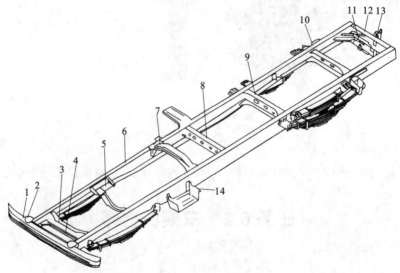

图 6-12 边梁式车架

1—保险杠;2—挂钩;3—前横梁;4—发动机前悬置横梁;5—发动机后悬置支架及横梁;
6—纵梁;7—驾驶室后悬置横梁;8—第四横梁;9—后钢板弹簧前支架横梁;
10—后钢板弹簧后支架横梁;11—角撑横梁组件;12—后横梁;13—拖钩;14—蓄电池托架

2. 中梁式车架

中梁式车架主要由一根贯穿于中央的纵梁和若干横向悬伸的托架构成,亦称为脊骨式车架,如图6-13所示。中梁式车架有较好的抗扭强度和较大的前轮转向角,结构上允许车轮有较大的跳动空间,适于装配独立悬架的越野汽车。

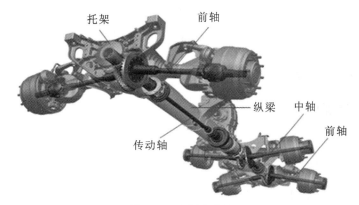

图 6-13 中梁式车架

3. 综合式车架

综合式车架前部是边梁式的,而后部是中梁式的,如图6-14所示。这种车架结构复杂,目前已很少应用。

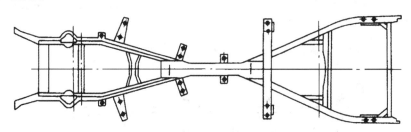

图 6-14 综合式车架

4. 无梁式车架的结构

无梁式车架是以车身兼代车架,绝大多数的总成和零部件都安装在车身上,作用于车身的各种力和力矩均由车身承受,如图6-15所示。

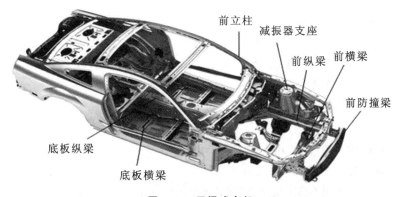

图 6-15 无梁式车架

【任务实施】

一、任务准备

(1) 实训设备：实训车辆、举升机、底盘拆装实训台或相似实训设备。
(2) 实训工具：汽车拆装手动工具、车架拆装专用工具。
(3) 实训资料：实训工作页、维修手册、教材。
(4) 辅助材料：翼子板布和前格栅布、三件套、抹布、白板笔。

二、任务实施

1. 车辆基本检查

(1) 实训车辆安全防护。
(2) 登记车辆基本信息。
(3) 车辆油、水、电基本检查。

2. 车架变形的检修

边梁式车架以钢板弹簧支座上的钢板销孔的轴线为基准，构成三个矩形框，如图 6-16 所示。测量每个矩形框的两条对角线的长度差及其位置误差，可判断车架在垂直方向和水平方向上的变形，这种划分矩形框的方法俗称"三段法"。其优点是除了定位精度高、测量准确外，还可以提高前、后桥的平行度和轴距的准确性。

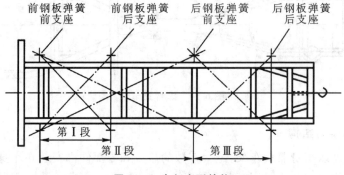

图 6-16 车架变形检修

1) 检验车架变形的技术要求

(1) 车架宽度应不超过基本尺寸±3 mm。
(2) 纵梁翼面与腹面的直线度公差不大于 3 mm/1000 mm，纵梁全长直线度公差不大于 1 mm/1000 mm，车架纵梁直线度的检测如图 6-17 所示。

2) 车架钢板弹簧座孔中心距及对角线的检测

如图 6-18 所示，技术要求如下：

(1) 用细钢丝作对角线，并用专用工具牵引。
(2) 两对角线长度相差不大于 5 mm。
(3) 各对角线交点对车架中心线的偏差不大于 2 mm。

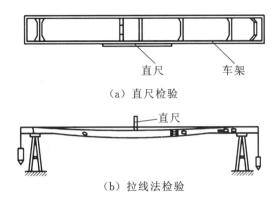

(a) 直尺检验

(b) 拉线法检验

图 6-17 车架纵梁直线度的检测

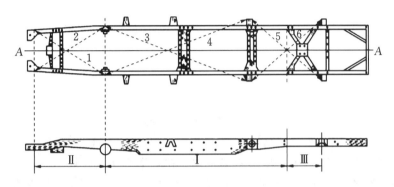

图 6-18 车架钢板弹簧座孔中心距及对角线的检测

3. 车架裂纹的焊修

车架的焊修宜选用成本低的快捷焊接法,但必须严格按照焊接工艺流程,否则将会影响焊接质量。其步骤如下:

(1) 认真清洁除锈,必须彻底清除接头两侧的旧漆层。
(2) 在裂纹两端打止裂口,开坡口。
(3) 选用碱性的低氢焊条。
(4) 采用直流电源、大电流。
(5) 电源反接。
(6) 多层多道焊。采用多层多道焊有利于获得很好的效果,同时用锤击减应,可适当降低焊速,以防止产生淬硬组织,配合大电流可提高生产效率。
(7) 在环境温度低于 0 ℃条件下焊接,接头周围应预热至 100 ℃。

4. 车架补块的应用

补块挖补法宜用于修理车架产生的腐蚀和纵梁腹面上的短裂纹,以及翼面和腹面过渡处的贯通性裂纹。

常用的补块形状有椭圆形和三角形,可从旧车架上割取。椭圆形补块用于修补腹面上的裂纹,三角形补块用于修补贯通性裂纹。

补孔用氧-乙炔气割而成,割口要求光洁,补块与补孔间隙为 2~2.5 mm。补块镶入补孔后,采用分段焊接法,按车架焊接规范焊接。

5. 覆板的应用

覆板紧贴在纵梁外侧的上翼面和腹面上,用于加强纵梁完全断裂或接近完全断裂处,以加强纵梁局部的强度,与纵梁铆接或焊接。对使用覆板的要求是:

(1) 覆板长度在 400~600 mm 范围内,只能焊接一层,禁止焊接多层,以防止局部刚度过大,影响纵梁的弹性。

(2) 使用覆板后,不得形成新的危险断面。

(3) 覆板翼面与腹面的过渡处和纵梁上翼面与腹面的过渡处不能贴合,覆板边缘比纵梁边缘小 5 mm。

(4) 只覆上翼面和腹面,不得覆下翼面。

(5) 腹面端面尖角处不得有裂纹。

6. 现场恢复

完成实训任务后,按照要求恢复车辆、仪器、设备,做好现场 6S 管理。

思政案例

汽修"老中医"张永忠

张永忠是重庆长安汽车公司高级技师。1983 年,张永忠从部队退役后来到重庆长安汽车公司,被分配到当时的 31 车间从事木工工作。在这个全新的领域里,他从一个个螺钉干起,从基本的零件名称学起,装配、磨合、调试,不分工种,什么都干,为长安汽车第一台"江陵"发动机的点火成功付出了无数的心血和汗水。哪里有问题,哪里就有他。他的足迹遍及祖国大江南北,哪里有发动机的"疑难杂症",他就在第一时间赶到哪里,挽袖上阵直至故障排除。

张永忠始终"干一行、爱一行、钻一行",经他手调修好的发动机已经数不清有多少台。在这期间,他先后获得"工厂十佳能手""公司一级技能师""重庆市劳动模范""中国兵装集团技能大师""全国技术能手"等荣誉。

汽修"老中医"张永忠用几十年的坚实步伐,向人们展示了一个从木工到中国汽车行业发动机维修专家的蜕变。

课后习题

一、填空题

1. 车桥通过_____和车架相连,两端安装_____。
2. 车桥的功用是_____。
3. 根据悬架结构的不同,车桥分为_____和_____两种,根据车轮作用的不同又分为_____、_____、_____和支持桥等四种。
4. 转向桥是利用_____使车轮可以偏转一定角度,以实现_____。
5. 转向桥主要由_____、_____、_____和_____等构成。

二、选择题

1. 采用非独立悬架的汽车,其车桥一般是( )。
   A.断开式　　　　　B.整体式　　　　　C.A、B均可　　　　D.与A、B无关
2. 转向轮定位参数有( )
   A.主销后倾　　　　B.主销内倾　　　　C.前轮外倾　　　　D.前轮前束
3. 车轮前束是为了调整( )所带来的不良后果而设置的。
   A.主销后倾角　　　B.主销内倾角　　　C.车轮外倾角　　　D.车轮内倾角
4. ( )具有保证车轮自动回正的作用。
   A.主销后倾角　　　B.主销内倾角　　　C.车轮外倾角　　　D.车轮前束
5. 车架的类型有( )。
   A.边梁式车架　　　B.中梁式车架　　　C.综合式车架　　　D.无梁式车架

三、判断题

1. 一般载货汽车的前桥是转向桥,后桥是驱动桥。　　　　　　　　　　　　(　)
2. 无论何种车型,一般主销后倾角均是不可调的。　　　　　　　　　　　　(　)
3. 主销后倾角一定都是正值。　　　　　　　　　　　　　　　　　　　　　(　)
4. 车轮外倾角一定大于零。　　　　　　　　　　　　　　　　　　　　　　(　)
5. 汽车两侧车轮辐板的固定螺栓一般都采用右旋螺纹。　　　　　　　　　　(　)

项目 7 车轮与轮胎的构造与检修

项目导读

汽车车轮总成是汽车行驶系统的重要部件，一般由车轮和轮胎两大部分组成。本项目讲解的车轮一般由轮毂、轮辋和轮辐等组成，功用是安装轮胎，承受轮胎与车桥之间的各种载荷的作用。

本项目通过两个任务的学习，使学生了解汽车车轮的基本组成、功用、分类、代号等知识，并掌握更换备胎和车轮动平衡的正确方法和规范操作。

◀ 任务7.1　车轮的认知 ▶

【任务导入】

王先生的车行驶一定里程后，最近经常出现转向盘发抖的现象。为了行车安全可靠，他开车来到4S店进行检查。维修技师首先通过路试确认了该故障现象，然后对车辆底盘进行了仔细检查，发现转向系统、悬架系统和制动系统均完好，初步判断为行驶系统的车轮总成发生故障。

【任务目标】

(1) 了解汽车车轮总成的组成和功用。
(2) 了解汽车汽车车轮的组成、功用和分类等。
(3) 掌握使用随车工具更换备胎的正确方法和规范操作。
(4) 掌握车轮动平衡的正确方法和规范操作。

【知识准备】

一、车轮总成的功用和组成

1. 车轮总成的功用

车轮总成的主要功用如下：

（1）支承整车质量；

（2）缓和由路面传递来的各种冲击载荷；

（3）通过轮胎和路面之间的附着作用，为汽车提供驱动力和制动力；

（4）产生平衡汽车转向离心力的侧向力，以便顺利转向，并通过轮胎产生的自动回正力矩，使车轮具有保持直线行驶的能力。

此外，车轮和轮胎（特别是轿车轮胎）还是汽车重要的安全件，几乎所有的汽车行驶性能都与轮胎有关。

2. 车轮总成的组成

车轮总成是汽车行驶系统的重要部件，主要包括车轮和轮胎两大部分，除此之外还有车轮饰板、平衡块等附属装置，其组成如图7-1所示。

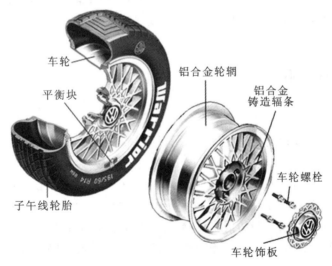

图7-1 汽车车轮总成的组成

二、车轮的功用和组成

1. 功用

车轮是介于轮胎和车桥之间承受负荷的旋转组件，其功用是安装轮胎，承受轮胎与车桥之间的各种载荷的作用。

2. 组成

车轮的组成如图7-2所示，包括轮毂、轮辋和轮辐。轮毂通过圆锥滚子轴承装在车桥或转向节轴径上,用于连接车轮与车桥。轮辋用于安装和固定轮胎。轮辐用于将轮毂和轮辋连接起来,并通过螺栓与轮毂连接起来。轮辋和轮辐可以是整体式的、永久连接式的或可拆卸式的。

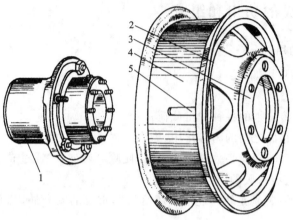

图 7-2 车轮的组成

1—轮毂;2—挡圈;3—轮辐(辐板式);4—轮辋;5—气门嘴出口

按照制造材料不同,车轮可分为铸铁的、钢制的和铝合金的。铸铁材质的车轮一般用于中型载货汽车,特点是造价低廉,但散热性不好;钢材质的车轮一般用于大型载货汽车,相对铸铁,它的特点是散热性较好,但造价相应地要高出不少;铝合金材质的车轮一般用于轿车、SUV 等车型。

三、车轮的构造

1. 轮辐

按轮辐结构不同,车轮可以分为辐板式车轮和辐条式车轮两种形式。

1) 辐板式车轮

目前,普通轿车和轻、中型货车普遍采用辐板式车轮。如图 7-2 所示,辐板式车轮由挡圈、轮辋、辐板和气门嘴出口等组成。车轮中用以连接轮毂和轮辋的钢质圆盘称为辐板,大多是冲压制成的,少数是与轮毂铸成一体的,后者主要用于重型汽车。

货车辐板式车轮如图 7-3 所示。辐板与轮辋通过焊接或铆接的方式固定成为一个整体,

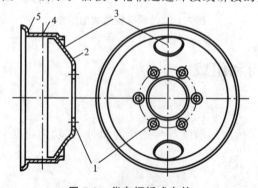

图 7-3 货车辐板式车轮

1—螺栓孔;2—辐板;3—辐板孔;4—气门嘴出口;5—轮辋

辐板通过螺栓安装在轮毂上,辐板上的孔可以减轻重量,有利于制动鼓的散热,方便接近气门嘴,同时可作为安装时的把手处。6个孔加工成锥形,以便在用螺栓把辐板固定在轮毂上时对正中心。

货车后桥负荷比前桥大得多,为使后轮轮胎不致过载,后桥一般装用双式车轮,在同一轮毂上安装了两套辐板和轮辋,如图7-4所示。

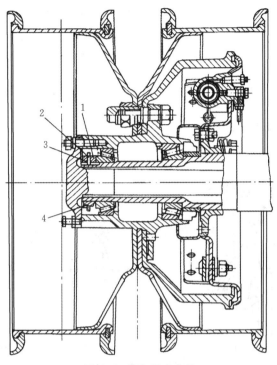

图 7-4 货车双式车轮
1—调整螺母;2—锁止垫片;
3—锁紧螺母;4—销钉

为了防止汽车在行驶中固定辐板的螺母自行松脱,汽车两侧车轮上的辐板固定螺栓一般采用旋向不同的螺纹,左侧用左旋螺纹,右侧用右旋螺纹。而有些载货汽车上,采用了球面弹簧垫圈,可以防止螺母的自行松脱,故汽车左右车轮上固定辐板的螺栓均可用右旋螺纹,从而减少了零件。

轿车的辐板所用板料较薄,常冲压成起伏多变的形状,以提高其刚度,如图7-5所示。目前轿车广泛采用铝合金车轮,且多为整体式的,即轮辋和轮辐铸成一体,如图7-6所示。铝合金车轮重量轻,尺寸精度高,生产工艺好,美观大方,可以明显改善车轮的空气动力学特性,降低汽车油耗。

2)辐条式车轮

按辐条结构的不同,辐条式车轮分为钢丝辐条式车轮和铸造辐条式车轮,如图7-7所示。钢丝辐条式车轮的结构与自行车车轮的完全一样,由于其价格昂贵且维修安装不便,故仅用于赛车和某些高级轿车上。辐条式车轮一般不能与无内胎轮胎组合使用。铸造辐条式车轮常用于重型货车上,辐条与轮毂铸成一体,轮辋用螺栓和特殊形状的衬块固定在辐条上,为了使轮辋和辐条很好的对中,在轮辋和辐条上都加工出配合锥面。

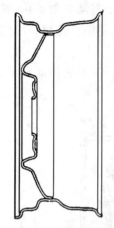
图 7-5 轿车辐板式车轮

图 7-6 轿车铝合金车轮

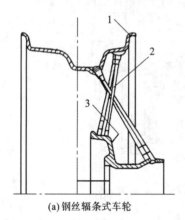
(a) 钢丝辐条式车轮

(b) 铸造辐条式车轮

图 7-7 辐条式车轮

1、4—轮辋；2、7—辐条；3、8—轮毂；5—衬块；6—螺栓；9—配合锥面

2. 轮辋

1）轮辋的类型和结构

轮辋用于安装和固定轮胎。按其结构不同，轮辋的常见结构形式有深槽轮辋、平底轮辋和对开式轮辋，如图 7-8 所示。此外，还有半深槽轮辋、深槽宽轮辋、平底宽轮辋、全斜底轮辋等。

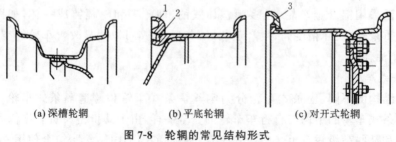

(a) 深槽轮辋　　(b) 平底轮辋　　(c) 对开式轮辋

图 7-8 轮辋的常见结构形式

1、3—挡圈；2—锁圈

深槽轮辋如图 7-8(a)所示,这种轮辋主要用于轿车及轻型越野车,适宜安装尺寸小、弹性较大的轮胎,因为尺寸较大、较硬的轮胎则很难装进这样的整体轮辋内。深槽轮辋有带肩的凸缘,用以安放外胎的胎圈,其肩部通常略向中间倾斜,倾斜部分的最大直径称为轮胎胎圈与轮辋的着合直径。为了便于外胎的拆装,断面的中部制成深凹槽。深槽轮辋的结构简单,刚度大,质量较小。

平底轮辋如图 7-8(b)所示,这种轮辋多用于货车。其挡圈是整体的,且用一个开口锁圈来防止挡圈脱出。安装轮胎时,先将轮胎套在轮辋上,而后套上挡圈,并将它向内推,直至越过轮辋上的环形槽,再将开口的弹性锁圈嵌入环形槽中。东风 EQ1090E 和解放 CA1091 型汽车均采用这种形式的轮辋。

对开式轮辋如图 7-8(c)所示,这种轮辋由内、外两部分组成,其内、外轮辋的宽度可以相等,也可以不相等,二者用螺栓连成一体。拆装轮胎时拆卸螺栓上的螺母即可。图 7-8(c)中所示挡圈是可拆的。有的无挡圈,而由内轮辋制成一体的轮缘代替挡圈,内轮辋与辐板焊接在一起。这种轮辋主要用于载重量较大的重型货车和大型客车。

近几年来,为了适应提高轮胎负荷能力的需要,国内外车型均朝宽轮辋的方向发展,如美国的货车已全部采用宽轮辋,欧洲各汽车公司也在积极普及宽轮辋车型,我国一些汽车企业也在进行由窄轮辋向宽轮辋的过渡。实验表明,采用宽轮辋可以提高轮胎的使用寿命,并可改善汽车的通过性和行驶稳定性。

2)国产轮辋规格的表示方法

国产轮辋规格用一组数字、字母和符号组合表示,分为五个部分,各部分的含义及具体内容如下:

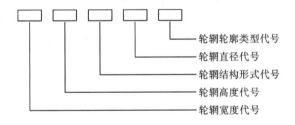

(1)轮辋宽度代号:以数字表示,一般取小数点后两位,单位为英寸(当以毫米表示时,要求轮胎与轮辋的单位一致)。

(2)轮辋高度代号:用一个或几个拉丁字母表示,如 C、D、E、F、J、K、L、V 等。常用代号及相应高度值(mm)见表 7-1。

表 7-1 轮辋的高度代号及高度值

单位:mm

高度代号	C	D	E	F	G	H	J	K
高度/mm	15.88	17.45	19.81	22.23	27.94	33.73	17.27	19.26
高度代号	L	P	R	S	T	V	W	
高度/mm	21.59	25.40	28.58	33.33	38.10	44.45	50.80	

(3) 轮辋结构形式代号:用符号"×"表示一件式轮辋,用"—"表示多件式轮辋。一件式轮辋是指轮辋为整体式的,只有一件,而多件式轮辋由轮辋体、挡圈、锁圈等多个部件组成。

(4) 轮辋直径代号:以数字表示,单位为 in(英寸,1 in=25.4 mm,当以 mm 表示时,要求轮胎与轮辋的单位一致)。

(5) 轮辋轮廓类型代号:用几个字母表示,每个代号所表示的轮辋轮廓类型如图 7-9 所示。

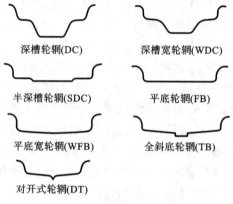

图 7-9 轮辋轮廓类型及代号

对于不同形式的轮辋,以上代号不一定同时出现。例如,解放 CA1091 型汽车轮辋的规格为 6.5—20,表明该轮辋宽度为 6.5 in,轮辋直径为 20 in,属于多件式轮辋;上海桑塔纳 2000 轿车轮辋的规格为 5.5J×13,表明其轮辋宽度为 5.5 in,轮辋高度为 17.27 mm,轮辋直径为 13 in,属于一件式轮辋;上海桑塔纳 2000GSi 轿车轮辋的规格为 6J×14,表明其轮辋宽度为 6 in,轮辋高度为 17.27 mm,轮辋直径为 14 in,属于一件式轮辋。

【任务实施】

一、任务准备

(1) 实训设备:实训车辆。
(2) 实训工具:汽车轮胎拆装专用工具。
(3) 实训资料:实训工作页、维修手册、教材。
(4) 辅助材料:手电、抹布、白板笔。

二、任务实施

1. 车辆基本检查

(1) 实训车辆安全防护。
(2) 登记车辆基本信息。
(3) 车辆油、水、电基本检查。

2. 更换车辆备胎

(1) 将车辆靠边停放在平整路面上,打开危险警示灯,车辆挂入空挡(自动挡车辆挂入 P

挡),拉紧手刹后熄火。如果路面不水平,须用木块或砖头挡住车轮,防止车辆滑移。

(2) 打开后备厢,取出三角警示牌,放置在车辆后方 50~100 m 之间,如图 7-10 所示。如果车辆在高速公路上,应该让乘客立即从右侧车门下车并撤离到安全地点,在车后 150 m 以外放置三角警示牌。

(3) 评估周围环境,确保自身安全的情况下,取出车辆备胎、轮胎扳手、千斤顶、手套等,如图 7-11 所示。佩戴手套,依次检查备胎及工具是否完好,如果工具缺失或备胎损坏,无法完成备胎更换工作,应立即通知 4S 店进行施救。

图 7-10 放置三角警示牌

图 7-11 备胎及随车工具

(4) 使用轮胎扳手,将受损车轮的轮胎螺栓拧松一圈左右。

(5) 将千斤顶放置在受损车轮附近的支撑点下方,前轮向后约半脚位置或后轮向前约一脚半位置的凸起处是举升车辆最安全的地方,如图 7-12 所示,某些车型此处是凹槽或者支车胶块。千斤顶托盘顶住凸起处,顺时针转动摇把,使受损车轮离地。

(6) 使用轮胎扳手,拆卸所有轮胎螺栓,取下受损车轮。

(7) 装上备胎,使用轮胎扳手按对角线顺序拧紧轮胎螺栓。

(8) 逆时针转动千斤顶摇把,使车辆缓慢降下,移除千斤顶。使用轮胎扳手按对角线顺序最终拧紧轮胎螺栓,如图 7-13 所示。轿车轮胎螺栓拧紧力矩为 120 N·m。

图 7-12 车辆举升位置

图 7-13 拧紧轮胎螺栓

(9) 将受损轮胎、千斤顶、轮胎扳手等装入后备厢,清理场地,收回三角警示牌,将车辆开至最近的 4S 店或修理厂检修受损车轮。

3. 车轮动平衡

（1）举升车辆，拆下待平衡的车轮，如图7-14所示。

（2）清理轮胎上的石子、泥块等杂物并拆除旧平衡块，如图7-15所示。

图7-14　拆下待平衡的车轮

图7-15　清理轮胎异物

（3）检查轮胎气压并调整至规定值。

（4）选择合适的锥度盘和夹具将轮胎固定，保证轮胎不偏心，固定后轮胎不左右摇晃，如图7-16所示。

图7-16　固定轮胎

（5）使用距离尺和轮辋宽度尺分别测量轮辋边缘到操作台的距离和轮辋宽度，如图7-17所示。根据轮胎上的标识读取轮辋直径，并记录数值。

图7-17　测量轮辋边缘到操作台的距离和轮辋宽度

（6）输入刚刚测量的三个数据,如图 7-18 所示。

（7）放下防护罩,按下启动键,等待车轮转动完全停止后,从指示装置读出车轮内、外动不平衡量。慢慢旋转轮胎,直到动平衡机指示灯变成绿色,如图 7-19 所示。停止转动车轮,在车轮正上方中间位置的轮辋边缘安装相应克数的动平衡块,如图 7-20 所示。

图 7-18　输入测量数据

图 7-19　转动车轮至指示灯变成绿色

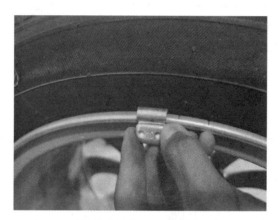

图 7-20　安装动平衡块

（8）放下防护罩,再次按下启动键,等待车轮转动完全停止后,从指示装置读出车轮内、外动不平衡量,并按同样的方法进行调节调节,直到不平衡量小于 5 g。

（9）从动平衡机上取下轮胎,关闭电源,清理场地,将轮胎装回车辆。

4. 现场恢复

完成实训任务后,按照要求恢复车辆、仪器、设备,做好现场 6S 管理。

任务 7.2　轮胎的检修

【任务导入】

王先生的车已经行驶了 50000 km,为了行车安全可靠,他开车来到 4S 店进行检查。维修技师通过仔细检查,发现王先生的车轮胎已经磨损到达极限,需要更换轮胎。

【任务目标】

(1) 了解汽车轮胎的功用和类型。
(2) 了解汽车轮胎的结构和组成。
(3) 能够正确识读轮胎的规格标识。
(4) 掌握轮胎的更换方法。

【知识准备】

一、轮胎的功用和类型

1. 功用

现代汽车都采用充气式轮胎,轮胎安装在轮辋上,直接与路面接触,它的功用如下。
(1) 支承汽车的重量,承受路面传来的各种载荷的作用。
(2) 与汽车悬架共同来缓和汽车行驶中所受到的冲击,并衰减由此而产生的振动,以保证汽车有良好的乘坐舒适性和行驶平顺性。
(3) 保证车轮和路面有良好的附着性,以提高汽车的动力性、制动性和通过性。

2. 类型

(1) 按轮胎内空气压力的大小,轮胎分为高压胎(0.5~0.7 MPa)、低压胎(0.2~0.5 MPa)和超低压胎(0.2 MPa 以下)三种。低压胎弹性好,减振性能强,壁薄散热性好,与地面接触面积大,附着性好,因而广泛用于轿车。超低压胎在松软路面上具有良好的通过能力,多用于越野汽车及部分高级轿车。
(2) 按轮胎有无内胎,轮胎分为有内胎轮胎和无内胎轮胎(俗称真空胎)两种,目前轿车上普遍采用无内胎轮胎。
(3) 按胎体帘布层结构的不同,轮胎分为斜交轮胎和子午线轮胎。目前,子午线轮胎在汽车上广泛应用。

二、轮胎的结构

1. 有内胎轮胎

有内胎轮胎由外胎、内胎和垫带等组成,使用时安装在汽车车轮的轮辋上,如图 7-21 所示。

内胎是一个环形的橡胶管,上面装有气门嘴,以便充入或排出空气,为使内胎在充气状态下不产生褶皱,其尺寸应稍小于外胎的内壁尺寸。外胎是用以保护内胎使之不受外来损害的、强度高而富有弹性的外壳。垫带是一个环形的橡胶带,它垫在内胎与轮辋之间,以保护内胎不被轮辋和胎圈磨伤。

2. 无内胎轮胎

无内胎轮胎俗称真空胎,在外观上与普通轮胎相似,但是没有内胎及垫带。它的气门嘴用橡胶垫圈和螺母直接固定在轮辋上,空气直接充入轮胎中,其密封性由外胎和轮辋来保证,如图7-22所示。

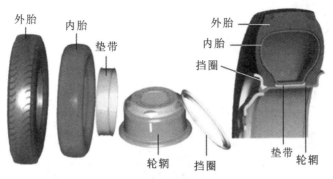

图7-21 有内胎轮胎

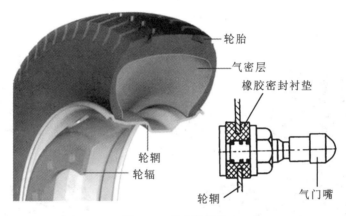

图7-22 无内胎轮胎

无内胎轮胎的内壁有一层橡胶密封层,有的在该层下面还有一层自黏层,能自行将刺穿的孔黏合。在胎圈外侧也有一层橡胶密封层,用以加强胎圈与轮辋之间的气密性。无内胎轮胎一旦被刺破,穿孔不会扩大,故漏气缓慢,胎压不会急剧下降,仍能继续行驶一定距离,可消除爆胎的危险。因无内胎,这种轮胎摩擦生热少、散热快,适用于高速行驶。此外,无内胎轮胎结构简单,质量较小,维修方便,但其密封层和自黏层易漏气,修理也较困难。无内胎轮胎必须配用深槽轮辋,故目前在轿车上应用较多。

3. 外胎的结构

外胎由胎冠、胎侧、胎肩、带束层、帘布层和胎圈等部分组成,如图7-23所示。

1) 胎冠

胎冠是轮胎滚动时与地面接触的重要部分,其磨损程度是决定轮胎寿命的重要因素,故胎冠通常用耐磨的橡胶制成。为使轮胎与地面有良好的附着性能,防止纵、横向滑移,在胎冠上制有各种形状的凹凸花纹,如图7-24所示,主要有普通花纹、组合花纹、越野花纹等。

2) 胎侧

胎侧又称胎壁,它由数层橡胶构成,覆盖轮胎两侧,保护帘布层免受外部损伤。它不承受很大的应力,同时不接触地面,一般不会受到磨损,所以它的厚度较小。但由于在行驶过程中,胎侧不断承受屈曲和伸缩,故要求它具有良好的耐疲劳性能和耐日光老化性能。胎侧上标有厂家名称、轮胎尺寸及其他资料等。

图 7-23 外胎的结构

图 7-24 轮胎花纹

3）胎肩

胎肩是较厚的胎冠和较薄的胎侧之间的过渡部分，一般也制有各种花纹，以提高该部位的散热性能。

4）带束层

带束层夹在胎面和帘布层之间，用胶片和两层或数层挂胶稀帘布制成，如图 7-25 所示。其作用是加强胎面与帘布层之间的结合，防止汽车紧急制动时胎面与帘布层脱离，并缓和汽车行驶时所受到的路面冲击。

5）帘布层

帘布层是轮胎的骨架，也称为"胎体"，主要用于承受载荷，保持外胎的形状和尺寸，并使其具有足够的强度。帘布层通常由成双数的多层帘布用橡胶贴合而成，相邻层的帘线交叉排列。帘布层数越多，轮胎的强度越高，但弹性下降。帘线可以是棉线、人造丝、尼龙和钢丝等。

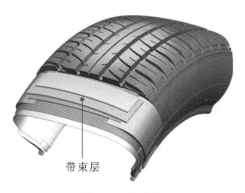

图 7-25 带束层

按照帘布层帘线排列方式的不同,外胎可以分为斜交轮胎和子午线轮胎,如图 7-26 所示。

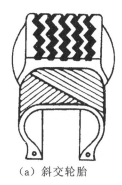 

（a）斜交轮胎　　　　　　（b）子午线轮胎

图 7-26 轮胎的结构形式

斜交轮胎帘布层的帘线按一定角度交叉排列,帘线与轮胎横断面的交角通常为 52°～54°。子午线轮胎帘布层帘线排列的方向与轮胎横断面一致,即垂直于轮胎胎面中心线,类似于地球仪上的子午线。子午线轮胎胎侧比斜交轮胎的软,在径向上容易变形,可以增加轮胎的接地面积,即使在充足气后,两侧壁上也有一个特殊的凸起部。

与斜交轮胎相比,子午线轮胎具有行驶里程长、滚动阻力小、节约燃料、承载能力大、减振性能好、附着性能好、不易爆胎等优势,目前在汽车上应用广泛。

6）胎圈

胎圈由钢丝圈、帘布层包边和胎圈包布组成,作用是将胎体帘布层的两侧边缘固定,以保持内部气压,同时也防止轮胎从轮辋上脱落。

三、轮胎规格的标识方法

充气轮胎尺寸的标记如图 7-27 所示。D 表示轮胎外径,d 表示轮胎内径或轮辋直径,B 表示轮胎宽度,H 表示轮胎高度。

1. 斜交轮胎的规格

我国和大多数国家一样,斜交轮胎的规格用 B-d 表示,载货汽车斜交轮胎和轿车斜交轮胎的尺寸 B、d 均以英寸(in)为单位,例如 9.00-20 表示轮胎宽度为 9.00 英寸、轮胎内径为

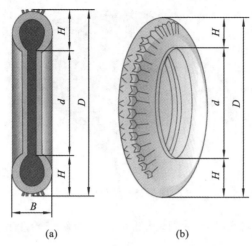

图 7-27 斜交轮胎的尺寸标注

D—轮胎外径；d—轮胎内径或轮辋直径；
B—轮胎宽度；H—轮胎高度

20 英寸的斜交轮胎。

2. 子午线轮胎的规格

子午线轮胎的规格以"205/55 R16 91V"为例进行说明，如图 7-28 所示。

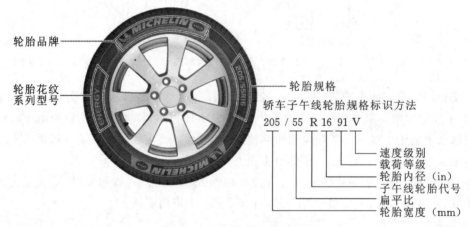

图 7-28 子午线轮胎参数规格

205 表示轮胎宽度为 205 mm，货车子午线轮胎的宽度一般以 in 为单位。

55 表示扁平比为 55%，扁平比为轮胎高度 H 与宽度 B 之比，常见的有 55、60、65、70、75、80 等。

R 表示子午线轮胎，即"Radial"的第一个字母。

16 表示轮胎内径为 16 in，即 406.4 mm。

91 表示载荷等级，即最大载荷质量。载荷等级为 91 的轮胎的最大载荷质量为 615 kg。常见的载荷等级及对应的最大载荷质量见表 7-2。

表 7-2 载荷等级及对应的最大载荷质量

载 荷 等 级	最大载荷质量/kg	载 荷 等 级	最大载荷质量/kg
71	345	99	775
72	355	100	800
73	365	101	825
74	375	102	850
75	387	103	875
76	400	104	900
77	412	105	925
78	425	106	950
79	437	107	975
80	450	108	1 000
81	462	109	1 030
82	475	110	1 060
83	487	111	1 095
84	500	112	1 129
85	515	113	1 164
86	530	114	1 200
87	545	115	1 237
88	560	116	1 275
89	580	117	1 315
90	600	118	1 355
91	615	119	1 397
92	630	120	1 440
93	650	121	1 485
94	670	122	1 531
95	690	123	1 578
96	710	124	1 627
97	730	125	1 677
98	750		

V 表示速度级别,表明轮胎能行驶的最高车速。常见的速度级别及对应的最高车速见表 7-3。

表 7-3 速度等级及对应的最高车速

速 度 等 级	最高车速/(km/h)	速 度 等 级	最高车速/(km/h)
L	120	T	190
M	130	Q	160
N	140	R	170
P	150	S	180

续表

速 度 等 级	最高车速/(km/h)	速 度 等 级	最高车速/(km/h)
U	200	Z	240 以上
H	210	W	270 以下
V	240	Y	300 以下

另外,在轮胎规格前加"P"表示轿车轮胎;在胎侧标有"REINFORCED"表示经强化处理,"RADIAL"表示子午线轮胎,"TUBELESS"(或 TL)表示无内胎(真空胎),"M+S"(mud and snow)表示适用于泥地和雪地,"→"表示轮胎旋向,不可装反。DOT 是美国交通部认证的意思,通常后面还带有一串的数字字母,其分别代表的是轮胎的产地信息和工厂代码,最后面的四位数是轮胎的生产日期。前两位代表的是生产周,后两位代表的是生产年份。

四、轮胎的常见异常磨损

1. 胎肩和胎面中间磨损

1) 故障现象

如图 7-29 所示,轮胎的胎肩和胎面出现了磨损。

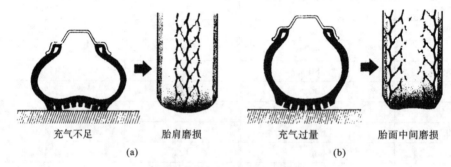

充气不足　　　胎肩磨损　　　充气过量　　　胎面中间磨损
(a)　　　　　　　　　　　(b)

图 7-29　胎肩或胎面中间磨损

2) 故障原因

集中在胎肩上或胎面中间的磨损,主要是由于未能正确保持充气压力所致。如果轮胎充气压力过低,轮胎的中间便会凹入,将载荷转移到胎肩上,使胎肩磨损快于胎面中间。另一方面,如果充气压力过高,轮胎中间便会凸出,承受较大的载荷,使轮胎中间磨损快于胎肩。

3) 故障排除

(1) 检查是否超载。

(2) 检查充气压力。如果充气过量或充气不足,应调整充气压力。

(3) 调换轮胎位置。

2. 内侧或外侧磨损

1) 故障现象

如图 7-30 所示为轮胎的内侧或外侧磨损。

2)故障原因

(1)在过高的车速下转弯会造成转弯磨损。转弯时轮胎滑动,便产生了斜形磨损。这是较常见的轮胎磨损原因之一。驾驶员所能采取的唯一补救措施,就是在转弯时减低车速。

(2)悬架部件变形或间隙过大会影响前轮定位,造成不正常的轮胎磨损。

(3)如果轮胎面某一侧的磨损快于另一侧的磨损,其主要原因可能是外倾角不正确。由于轮胎与路面接触面积大小因载荷而异,对具有正外倾角的轮胎而言,其外侧直径要小于其内侧直径。因此胎面必须在路面上滑动,以便其转动距离与胎面的内侧相等。这种滑动便造成了外侧胎面的过量磨损。反之,具有负外倾角的轮胎,其内侧胎面磨损较快。

图 7-30 内侧或外侧磨损

3)故障排除

(1)询问驾驶员是否高速转弯,如果是则要避免。

(2)检查悬架部件。如松动则将其紧固;如变形和磨损,应修理或更换。

(3)检查外倾角。如不正常,应校正。

(4)调换轮胎位置。

3. 前束和后束磨损(羽状磨损)

1)现象

如图 7-31 所示,车轮胎面出现了羽状磨损。

2)故障原因

胎面的羽状磨损,主要是由于前束调节不当所致,过量的前束会迫使轮胎向外滑动,并使胎面的接触面在路面上朝内拖动,造成前束磨损。胎面呈明显的羽毛形,用手指从轮胎的内侧至外侧划过胎面,便可加以辨别。另一方面,过量的后束会将轮胎向内拉动,并使胎面的接触面在路面上朝外拖动,造成后束磨损。

3)故障排除

(1)检查前束和后束。如果前束过量或后束过量,应该加以调整。

(2)调换轮胎位置。

4. 前端和后端磨损

1)故障现象

如图 7-32 所示为前端和后端磨损。

图 7-31 胎面羽状磨损

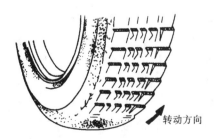

图 7-32 前端和后端磨损

2）故障原因

（1）前端和后端磨损是一种局部磨损，常常出现在具有横向花纹和区间花纹的轮胎上，胎面上的区间发生斜向磨损（与鞋跟的磨损方式相同），最终变成锯齿状。

（2）具有纵向折线花纹的胎面，磨损时会产生波状花纹。

（3）非驱动轮的轮胎只受制动力的影响，而不受驱动力的影响，因此往往会有前后端形式的磨损，如反复使用和放开制动器，便会使轮胎每次发生短距离滑动而磨损，前后端磨损的形式便与这种磨损相似。

（4）如果是驱动轮的轮胎，则驱动力所造成的磨损会在制动力所造成的磨损的相反方向上出现，所以驱动轮轮胎极少出现前后端磨损。客车和大货车由于制动时产生了大得多的摩擦力，故具有横向花纹的轮胎，便会出现与非驱动轮相似的前后端磨损。

3）故障排除

（1）检查充气压力，如果充气不足，就将其充至规定值。

（2）检查车轮轴承，如果磨损或松动，应更换或调整。

（3）检查外倾角和前束，如果不正确，应加以调整。

（4）检查轴颈或悬架部件，如果损坏，应修理或更换。

（5）调换轮胎位置。

【任务实施】

一、任务准备

（1）实训设备：实训车辆。

（2）实训工具：扒胎机。

（3）实训资料：实训工作页、维修手册、教材。

（4）辅助材料：手电筒、抹布、白板笔。

二、任务实施

1. 车辆基本检查

（1）实训车辆安全防护。

（2）登记车辆基本信息。

（3）车辆油、水、电基本检查。

2. 更换车辆轮胎

（1）举升车辆，拆下需更换轮胎的车轮，如图7-33所示。

（2）清除扒胎机上及附近妨碍作业的器具及杂物，并检查机器各部分是否正常。

（3）使用气门芯扳手拆卸气门芯，如图7-34所示。将轮胎内的空气全部放掉，并清除车轮上的平衡块和其他杂物。

（4）将车轮置于压铲和靠胎胶皮中间，使车轮外侧边缘紧贴压铲挤压片，并用手扶稳压铲操纵杆，踩下踏板，使轮胎边缘和轮辋分离，如图7-35所示。反复多次进行，直至轮胎内外侧边缘均与轮辋分离。操作时注意避开气门嘴，以免损坏气门嘴及胎压监测装置等部件。

图 7-33　拆卸车轮

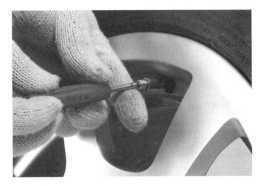

图 7-34　拆卸气门芯

（5）将车轮放在扒胎机工作台上并夹紧，用轮胎拆装润滑膏在轮胎及轮辋边缘处进行涂抹，以防拆装对轮胎造成损坏，如图 7-36 所示。

图 7-35　分离轮胎和轮辋

图 7-36　涂抹润滑膏

（6）操作拆装机头使其与轮辋边缘接触，使用撬棍撬起轮胎外侧边缘，使其位于拆装机头上，如图 7-37 所示。踩踏旋转踏板使轮胎顺时针旋转，直至轮胎外侧与轮辋全部分离。

（7）使用撬棍撬起轮胎内侧边缘，使其位于拆装机头上。踩踏旋转踏板使轮胎顺时针旋转，直至轮胎内侧与轮辋全部分离，取下轮胎。

（8）取下车轮并用抹布和毛刷清洁，如有必要，更换新的气门嘴。

（9）将车轮放在扒胎机工作台上并夹紧，用轮胎拆装润滑膏在新轮胎及轮辋边缘处涂抹，以防拆装对轮胎造成损坏。

（10）将新轮胎外侧朝上放在车轮上，调整拆装机头与轮辋边缘接触，踩踏旋转踏板使轮胎顺时针旋转，直至轮胎内侧全部压入轮辋。重复以上操作，将轮胎外侧压入轮辋，如图 7-38 所示。

图 7-37　撬起轮胎外侧边缘至拆装机头上

图 7-38　压入轮胎外侧

(11)踩踏放松踏板,释放固定爪,取下轮胎并调整胎压至规定值,将轮胎安装回车上。

3. 现场恢复

完成实训任务后,按照要求恢复车辆、仪器、设备,做好现场6S管理。

思政案例

"大国工匠年度人物"王树军

2018年"大国工匠年度人物"的荣誉授予了潍柴集团首席技师王树军。在平时的工作中,他发现铰孔装置很容易漏铰等问题。经过一番摸索研究后,他成功设计制造出了一款气缸盖气门导管孔自动铰孔装置。这种装置克服了机器在运作过程中出现的漏铰及铰孔质量差等问题,极大地提高了生产效率。因为这项发明,王树军成功获得国家实用新型发明专利,每年创造的效益超过500万元。同时王树军全身心投入产业高端装备研制工作,不被功名利禄所左右,坚守岗位打造自己的一颗"中国心"。他攻克的技术中,尤其是针对进口高精加工中心光栅尺气密保护装置,填补了国内空白,成为中国工匠成功挑战进口设备缺陷的美谈。他独创的垂直投影逆向复原法,解决了进口加工中心定位精度为千分之一度的数控转台锁紧故障,打破了国外技术封锁和垄断,振奋了人心。

20多年来,在以王树军为代表的无数工人和技术人员的共同努力下,潍柴集团的发展越来越好,成为国内鼎鼎有名的柴油发动机制造企业。他是维修工,也是设计师,更像是永不屈服的战士! 临危请命,只为国之重器不能受制于人。他展示出中国工匠的风骨,在尽头处超越,在平凡中非凡,他的钻研精神值得我们学习。

课后习题

一、填空题

1. 车轮通常由_____、_____和_____组成。
2. 汽车轮胎主要由_____、_____、_____、_____、_____、_____、_____几部分组成。
3. 汽车轮胎按胎体结构不同可分为_____和_____,现代汽车绝大多数采用_____。
4. 按胎内_____的高低,充气轮胎可分为_____、_____和_____三种;按组成结构不同,又分为_____和_____两种。

二、选择题

1. 胎面对轮胎有(   )功用。
   A. 保护胎体   B. 承受重力   C. 传导外力   D. 增强抓地力
2. 钢丝带束层对轮胎有(   )功用。
   A. 防止刺穿   B. 提高耐屈性   C. 稳定胎面   D. 保护胎面
3. 轮胎平衡所探讨的是(   )。
   A. 动平衡   B. 静平衡   C. 动平衡与静平衡 D. 共振
4. 轮胎的扁平比是指(   )。

A.胎高÷胎宽　　　　　B.胎高×胎宽　　　　　C.胎宽÷胎高　　　　　D.以上都不是

5.轮胎的使用性能包括（　　）。

A.载荷能力、实用性能、缓冲性能、附着性能、安全性能、滚动阻力、经济性

B.载荷能力、耐磨性能、缓冲性能、附着性能、安全性能、滚动阻力、经济性

C.载荷能力、耐磨性能、实用性能、附着性能、安全性能、滚动阻力、经济性

D.载荷能力、耐磨性能、缓冲性能、附着性能、安全性能、经济性

三、判断题

1.紧固轮胎螺栓时，应一次性把轮胎螺栓100%打紧。　　　　　　　　　（　　）

2.轮胎耐磨性能取决于轮胎的结构、花纹、胎面、使用条件。　　　　　　（　　）

3.胎体由多层硅胶帘布接一定交叉贴合而成。　　　　　　　　　　　　　（　　）

4.轮胎的前束调整不当，会导致轮胎不均匀磨损，缩短其使用寿命。　　　（　　）

5.更换裂纹的挡圈或轮辋时，里侧车轮也必须进行双胎放气。　　　　　　（　　）

6.换轮胎时必须更换新的密封环。　　　　　　　　　　　　　　　　　　（　　）

7.温度与轮胎的寿命成正比关系。　　　　　　　　　　　　　　　　　　（　　）

8.子午线轮胎的胎体与胎圈是垂直相交的。　　　　　　　　　　　　　　（　　）

项目 8

悬架系统的构造与检修

> **项目导读**
>
> 　　悬架系统是车身、车架和车轮之间的一个连接结构系统,其作用是把路面作用于车轮上的各种反力及其所造成的力矩传递到车架(或车身)上,同时减少汽车振动,以保证汽车稳定正常行驶。
> 　　本项目通过三个任务的学习,使学生了解汽车悬架系统的组成和工作原理,熟悉典型悬架系统的类型和应用,能识别悬架系统的常见故障,并能够进行故障诊断及检修。

◀ 任务 8.1　悬架的认知 ▶

【任务导入】

　　汽车行驶过程中的工况特别复杂,有路况良好的道路,也有凹凸不平的道路。尤其是凹凸不平的路面对汽车产生的冲击,会严重影响汽车驾驶的舒适性和稳定性。为了解决这个问题,悬架显得尤为重要。

　　王先生的车行驶一定里程后,车辆颠簸行驶时出现过分颠簸、摇摆不定等现象,令人极为不适。经初步检查,发现是悬架系统出现故障,修理人员按常规进行维护与修理。

【任务目标】

(1) 了解汽车悬架的基本组成及功用。
(2) 掌握弹性元件和减振器的结构与工作原理。
(3) 掌握汽车悬架的分类。
(4) 能够对各类悬架系统有全面的认知。

【知识准备】

一、汽车悬架的功用和组成

悬架是车架(或车身)与车桥(或车轮)之间所有传力连接装置的总称。悬架的主要功用是传递作用在车轮和车身之间的一切力和力矩,如支撑力、制动力和驱动力等,并且缓和由不平路面传给车身的冲击载荷,衰减由此引起的振动,保证乘员的舒适性,减小货物和车辆本身的动载荷,以保证汽车稳定正常行驶。

悬架主要由弹性元件、减振器和导向机构组成,其中:

(1) 弹性元件起缓冲作用。弹性元件主要用来承受垂直力并转化为弹性势能,从而减缓汽车在凹凸路面行驶引起的冲击。

(2) 减振器起减振作用。减振器用来吸收与释放弹性元件的弹性势能(通常通过热能形式排出),从而迅速缓和车身的振动,防止车身因弹性元件伸缩造成的反复颠簸。

(3) 导向机构起传递作用。导向机构用来传递纵向力矩、侧向力和由此产生的力矩,保证车轮相对于车或车身有一定的运动规律。

在轿车和客车中,为了防止车身在转向行驶等情况下发生过大的横向倾斜,在悬架中还设有辅助弹性元件——横向稳定器。图8-1所示为汽车悬架系统典型结构示意图。

图 8-1　汽车悬架系统典型结构示意图

二、悬架的主要零部件

1. 弹性元件

弹性元件使车架(或车身)与车桥(或车轮)之间做弹性连接,可以缓和由于不平路面带来的冲击,并承受和传递垂直载荷。

汽车悬架系统中常见的弹性元件有钢板弹簧、螺旋弹簧、扭杆弹簧、空气弹簧等,如图8-2所示。

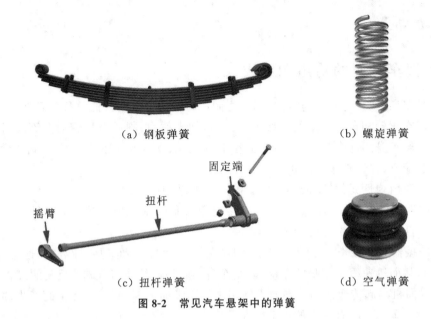

图 8-2 常见汽车悬架中的弹簧

1) 钢板弹簧

钢板弹簧广泛应用于汽车的非独立悬架中,其构造如图 8-3 所示。

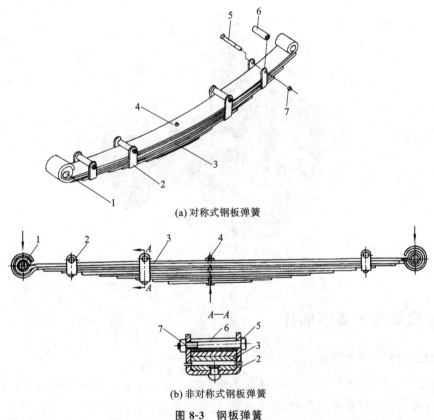

图 8-3 钢板弹簧

1—卷耳;2—弹簧夹;3—钢板弹簧;4—中心螺栓;5—螺栓;6—套管;7—螺母

钢板弹簧由若干片长度不等的合金弹簧钢片叠加而成,构成一根近似等强度的弹性梁。最长的一片称为主片,其两端卷成卷耳,内装衬套,以便用弹簧销与固定在车架上的支架或吊耳作铰链连接。

各弹簧片用中心螺栓连接,并保证各片的相对位置。中心螺栓距两端卷耳中心的距离可以是相等的,称为对称式钢板弹簧,如图8-3(a)所示;也可以是不相等的,称为非对称式钢板弹簧,如图8-3(b)所示。

为了防止汽车在行驶过程中各弹簧片分开,在钢板弹簧上装有若干弹簧夹,以免主片独自承载。弹簧夹通过铆钉与最下片弹簧片相连,弹簧夹两边通过螺栓相连,螺栓上有套管,装配时要求螺母朝向轮胎,以免螺栓脱落时刮伤轮胎,甚至飞崩伤人。

若钢板弹簧在载荷作用下变形,则各片之间会相对滑动而产生摩擦,这可以衰减车架的振动。但摩擦会加速弹簧片的磨损,所以在装配钢板弹簧时,各片之间要涂抹石墨润滑脂或装有塑料垫片以减磨。

钢板弹簧除了作为弹性元件,它还起到了减振器和导向机构的功用。钢板弹簧各片之间的相对滑动、产生摩擦,可以衰减车架的振动,即起到减振器的功用。另外,钢板弹簧还可以承受纵向、横向载荷,所以又起到了导向机构的功用。所以在很多轻、中型货车中,后悬架只有钢板弹簧,而不用减振器和导向机构。

2) 螺旋弹簧

螺旋弹簧广泛应用于独立悬架,有些轿车的后轮非独立悬架也采用螺旋弹簧做弹性元件。由于螺旋弹簧只能承受垂直载荷,且变形时不产生摩擦力,所以悬架中必须装有减振器和导向机构。

螺旋弹簧由特殊的弹簧钢棒卷制而成,可以制成圆柱形或圆锥形,也可以制成等螺距或不等螺距。圆柱形等螺距螺旋弹簧的刚度是不变的,圆锥形或不等螺距螺旋弹簧的刚度是可变的。

3) 扭杆弹簧

扭杆弹簧是由弹簧钢制成的杆件,如图8-4所示。扭杆的断面通常为圆形,少数为矩形或管形,其两端制成花键、方形、六角形等形状,以便一端固定在车架上,另一端固定在悬架的摆臂上。摆臂与车轮相连,当车轮跳动时,摆臂绕扭杆轴线摆动,使扭杆产生扭转弹性变形,以保证车轮与车架的弹性联系。

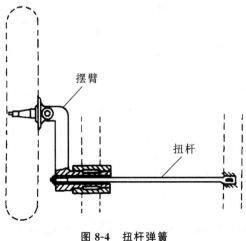

图8-4 扭杆弹簧

扭杆弹簧在制造时便具有一定的预应力,且左、右扭杆弹簧预应力方向是不同的,所以左、右扭杆弹簧不能互换或装错。为此,左、右扭杆上标有不同的标记。

4) 气体弹簧

气体弹簧包括空气弹簧和油气弹簧两种。空气弹簧如图 8-5 所示,又有囊式空气弹簧和膜式空气弹簧两种形式。

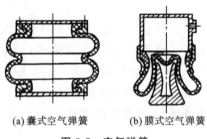

(a) 囊式空气弹簧　　(b) 膜式空气弹簧

图 8-5　空气弹簧

空气弹簧在一个密封的容器中充入压缩气体(气压为 0.5~1 MPa),利用气体的可压缩性实现其弹簧作用,气囊具有理想的弹性特性,它的变形与载荷关系特性线为曲线,可根据需要进行设计。

橡胶空气弹簧工作时,内腔充入压缩空气,形成一个压缩空气柱。随着振动载荷量的增加,弹簧的高度降低,内腔容积减小,橡胶弹簧的刚度增加,内腔空气柱的有效承载面积加大,此时橡胶空气弹簧的承载能力增加。当振动载荷量减小时,橡胶空气弹簧的高度升高,内腔容积增大,橡胶空气弹簧的刚度减小,内腔空气柱的有效承载面积减小,此时橡胶空气弹簧的承载能力减小。这样,橡胶空气弹簧在有效的行程内,高度、内腔容积、承载能力随着振动载荷的递增与减小而发生了平稳的柔性传递,实现振幅与振动载荷的高效控制。另外,可以用增、减充气量的方法,调整弹簧的刚度和承载力的大小,还可以附设辅助气室,实现自控调节。

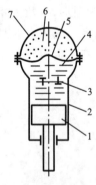

图 8-6　油气弹簧
1—活塞;2—工作缸;
3—阻尼阀;4—油液;
5—隔膜;6—气体;7—球形室

油气弹簧的结构如图 8-6 所示,油气弹簧的球形室固定在工作缸上,球形室的内腔用橡胶油气隔膜隔开,充入高压氮气的一侧为气室,与工作缸相通并充满油液的一侧为油室。工作缸内装有活塞、阻尼阀及其阀座。

当载荷增加且车架与车桥相互靠近时,活塞上移,使工作缸内容积减小,油压升高,油液顶开阻尼阀进入球形室,推动隔膜向气室方向移动,使气室容积减少,氮气压力升高,油气弹簧的刚度增大。当载荷减小时,在高压氮气的作用下隔膜向油室方向移动,室内油液经阻尼阀流回工作缸,推动活塞下移,这时气室容积增大,氮气压力下降,弹簧刚度减小。当氮气压力通过油液传递作用在活塞上的力与载荷平衡时,活塞便停止移动。随着载荷的变化,气室内氮气也随之变化,相应地活塞处于工作缸中不同位置。可见,油气弹簧具有变刚度的特性。

2. 减振器

目前,汽车中广泛使用液压减振器,其基本原理如图 8-7 所示。当车架与车桥做往复相对运动时,减振器中的油液反复经过活塞上的阀孔,由于阀孔的节流作用及油液分子间的内摩擦力,便形成了衰减振动的阻尼力,使振动的能量转变为热能,并由油液和减振器壳体吸收,然后散到大气中。

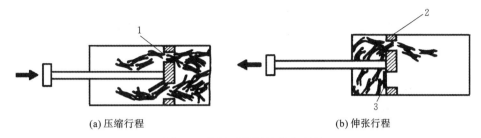

图 8-7 液压减振器的基本原理

1—量孔;2—活塞;3—阀门

阀门越大,阻尼力越小,反之亦然。相对运动速度越大,阻尼力越大,反之亦然。阻尼力越大,振动的衰减越快,但悬架弹性元件的缓冲效果不能发挥,乘坐也不舒适,因此弹性元件的刚度与减振器的阻尼力要合理搭配,才能保证乘坐舒适性和操纵稳定性的要求。

目前,汽车上应用最广泛的是双向作用筒式减振器。近年来,在高级轿车上有的采用充气式减振器。

1) 双向作用筒式减振器

双向作用筒式减振器的基本组成如图 8-8 所示,它有三个同心钢筒,外面的钢筒是防尘罩,其上部的吊耳与车架相连。中间是储油缸筒,内装有一定量的油液,其下端的吊耳与车桥相连。里面是工作缸筒,其内装满油液。它还有四个阀,即压缩阀、伸张阀、流通阀和补偿阀。流通阀和补偿阀是一般的单向阀,其弹簧很弱,当阀上的油压作用力与弹簧弹力同向时,阀处于关闭状态,完全不通油液;而当油压作用力与弹簧弹力反向时,只要很小的油压,阀便能开启。压缩阀和伸张阀是卸载阀,其弹簧刚度较强,预紧力较大,只有当油压增高到一定程度时,阀才能开启;而当油压减低到一定程度时,阀即自行关闭。

双向作用筒式减振器的工作原理可用压缩和伸张两个行程加以说明。

(1) 压缩行程。

当车桥移近车架(或车身)时,减振器受压缩,活塞下移,使其下方腔室容积减小,油压升高。具有一定压力的油液顶开流通阀进入活塞上方腔室。由于活塞杆占去上腔室的部分容积,使上腔室增加的容积小于下腔室减小的容积,因此还有一部分油液不能进入上腔室而只能压开压缩阀,流回储油缸筒。油液流经上述阀孔时,受到一定的节流阻力,为克服这种阻力而消耗了振动能量,使振动衰减。

(2) 伸张行程。

当车桥相对远离车架(或车身)时,减振器受拉伸,活塞上移,使其上腔室油压升高。上腔室的油液便推开伸张阀流入下腔室。同样由于活塞杆的存在,上腔室减小的容积小于下腔室增力的容积,因而从上腔室流出来的油液不足以充满下腔室所增加的容积,使下腔室产生一定的真空度,这时储油缸筒中的油液在真空度作用下推开补偿阀,流进下腔室进行补充。

从上面的原理可以得知,这种减振器在压缩、伸张两个行程都能起减振作用,因此称为双向作用减振器。

2) 充气式减振器

充气式减振器如图 8-9 所示,其结构特点是在缸筒的下部装有一个浮动活塞,高压的氮气充在浮动活塞与缸筒一端形成的密闭气室里。在浮动活塞的上面是减振器油液,O 形密封圈把油和气完全分开,因此活塞也称为封气活塞。在工作活塞上装有压缩阀和伸张阀,这两个阀都是由一组厚度相同、直径不等、由大到小而排列的弹簧钢片组成。

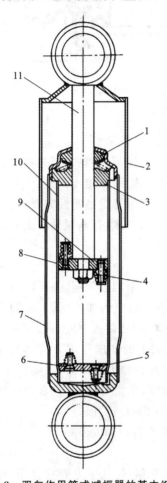
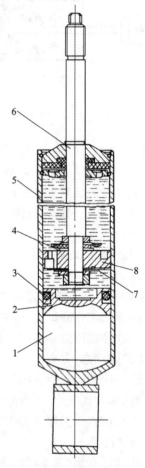

图 8-8 双向作用筒式减振器的基本组成

1—油封;2—防尘罩;3—导向座;4—流通阀;
5—补偿阀;6—压缩阀;7—储油缸筒;8—伸张阀;
9—活塞;10—工作缸筒;11—活塞杆

图 8-9 充气式减振器的基本组成

1—密封气室;2—浮动活塞;3—O 形密封圈;
4—压缩阀;5—工作缸;6—活塞杆;
7—工作活塞;8—伸张阀

当车轮上下跳动时,工作活塞在油液中做往复运动,使工作活塞的上、下腔之间产生油压差,压力油便推开压缩阀或伸张阀而来回流动。由于阀孔对压力油产生较大的阻尼力,使振动衰减。

三、汽车悬架的分类

1. 按悬架结构分类

按悬架结构的不同,悬架可以分为非独立悬架和独立悬架,如图 8-10 所示。非独立悬架的两侧车轮安装在一根整体式车桥上,车轮和车桥一起通过弹性悬架悬挂在车架(或车身)下面,所以一侧车轮发生位置变化后会导致另一侧车轮的位置也发生变化。独立悬架的两侧车轮分别独立地与车架(或车身)弹性相连,与其配用的车桥为断开式车桥,所以两侧车轮的运动是相对独立、互不影响的。

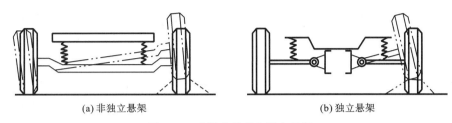

(a) 非独立悬架　　　　　(b) 独立悬架

图 8-10　非独立悬架与独立悬架

2. 按控制方式分类

按控制方式的不同,悬架可分为被动悬架、半主动悬架和主动悬架三大类。主动悬架按照弹性元件介质可分为主动油气悬架和主动空气悬架。其中,主动空气悬架最为常见,弹性元件采用的是空气弹簧,减振器采用的是阻尼可变减振器,可根据不同路况实时调节悬架性能,从而实现舒适性与操控性。主动悬架按其是否包含动力源,可分为全主动悬架、慢主动悬架和馈能型主动悬架。馈能型主动型悬架又可分为机械式和电磁式两种。

3. 电控悬架

汽车不同的行驶状态对悬架有不同的要求。一般行驶时需要柔软一点的悬架以求舒适感,当急转弯及制动时又需要硬一点的悬架以求稳定性,两者之间有矛盾。另外,汽车行驶的不同环境对车身高度的要求也是不一样的。一成不变的悬架无法满足这种矛盾的需求,只能采取折中的方式去解决。在电子技术发展的带动下,工程师设计出了一种可以在一定范围内调整的电子控制悬架来满足这种需求,这种悬架称为电控悬架。

根据控制理论的不同,半主动悬架和主动悬架都属于电控悬架;按传力介质的不同,电控悬架可分为气压式电控悬架和油压式电控悬架两种。

电控悬架的液压控制形式是较先进的形式,主动悬架就属于这一类形式,它采用一种有源方式来抑制路面对车身的冲击力及车身倾斜力。电控悬架的气压控制形式又称为自适应悬架,它通过在一定范围内的调整来应对路面的变化。不管是主动悬架还是自适应悬架,它们都有电控元件(ECU),有 ECU 就必然要有"耳目"做辅助,也就是要有传感器。传感器是电控悬架重要的零部件,一旦失灵整个悬架系统工作就会不正常。目前比较常见的是电控空气悬架。

四、各类悬架的认知

1. 被动悬架

被动悬架是指刚度和阻尼基本一定的悬架。被动悬架具有通过弹簧储存能量并通过阻尼器消散能量的能力。其参数通常是固定的,用来实现一定程度的路况处理、载重和乘坐舒适性。

被动悬架系统是一个开环控制系统。被动悬架的特点是不能通过任何机械部件来调节,带来的问题是,如果阻尼设计太重或悬架太硬,它会将大量的路况信息输入转移到汽车上;如果阻尼设计太轻或悬挂太软,它将减少车辆的稳定性,使汽车产生摆动。也就是说,被动悬架的性能取决于路面状况。

2. 半主动悬架

半主动悬架,悬架的刚度和阻尼当中有一项可调,可按储存在计算机内部弹簧和减振器的优化参数指令来调节弹簧的刚度和减振器的阻尼状态。如果阻尼可调,则通常采用阻尼可变减振器,即 CDC 减振器或 MRD 电磁减振器;如果刚度可调,则通常采用空气弹簧来替代传统的螺旋弹簧(这种情况需要悬架提供能量输入)。但是,由于半主动悬架通常不用能量输入装置,所以调节弹簧刚度难度较大,通常采用的是调节减振器阻尼的方式,即采用阻尼可变减振器。

半主动悬架由无动力源且只有可控的阻尼元件组成。半主动悬架结构简单,工作时几乎不消耗车辆动力,而且还能获得与全主动悬架相近的性能,故有较好的应用前景,通常在商用车上也有单独应用空气弹簧的情况,其不追求舒适性而追求通过性。

半主动悬架按阻尼级又可分成有级式和无级式两种。有级式半主动悬架将阻尼级分成两级、三级或更多级,可由驾驶员选择或根据传感器信号自动进行选择所需要的阻尼级。

图 8-11 所示是一种无级式半主动悬架示意图,微处理机从速度、位移、加速度等传感器接收信号,计算出系统相应的阻尼值,并发出控制指令到步进电动机,经阀杆调节阀门,使其改变节流孔的通道截面积,从而改变系统的阻尼级。

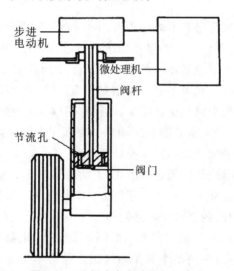

图 8-11 无级式半主动悬架示意图

3. 主动悬架

主动悬架系统的刚度和阻尼特性能根据汽车的行驶条件(车辆的运动状态和路面状况等)进行动态自适应调节,使悬架系统始终处于最佳减振状态,从而提高乘坐舒适性和操纵稳定性。主动悬架结构示意图如图 8-12 所示。

主动悬架具有诸多优点:可以控制车身高度,提高通过性,兼顾汽车的平顺性与操纵稳定性等,当承载质量发生变化或道路条件发生变化时,主动悬架可以调整自身参数,使车身的离地高度保持在合理的数值上,从而提高汽车的操纵稳定性、平顺性和通过性。

主动悬架的主要缺点是:结构和控制复杂,全主动悬架的硬件要求高、耗能大、成本高,

图 8-12 主动悬架结构示意图

其他几类主动悬架也会增加整车重量和成本;再就是,潜在耐用性较低,尤其是空气弹簧核心材料为橡胶,老化程度通常高于钢制的螺旋弹簧。

被动悬架、半主动悬架、主动悬架这三类悬架的区别如表8-1所示。

表 8-1 三类悬架的区别

悬架类型	被动悬架	半主动悬架	主动悬架
示意图	螺旋弹簧、液压减振器、轮胎	加速度传感器、伺服驱动器、控制器、加速度传感器、轮胎	螺旋弹簧、控制器、轮胎
弹性元件	传统钢制弹簧	螺旋弹簧(通常)	空气弹簧
减振器类型	普通液压减振器	阻尼可调减振器(通常为CDC或MRD)	阻尼可调减振器(通常为CDC或MRD)
阻尼是否可调	否	是(通常)	是
刚度是否可调	否	否(通常)	是
缓振能力	低	中	高
耐用性	高	中	中
成本	低	中	高

前边提到,按系统是否包含动力源,主动悬架可分为全主动悬架、慢主动悬架和馈能型主动悬架,馈能型主动悬架又可分为机械式和电磁式两种。

4. 全主动悬架

全主动悬架又称为带宽主动悬架,能根据汽车的运动和路面状况,适时地调节悬架的刚度和阻尼,使其处于最佳减振状态。全主动悬架可以在车身振动的全频段范围内兼顾汽车的平顺性与操纵稳定性;能够实时地控制车身高度,改善通过性;能够降低车轮载荷波动,提高附着性能,改善操纵性,同时减轻轮胎的磨损。但是全主动悬架的缺点是结构和控制复杂,硬件要求高、耗能大、成本高,这些缺点限制了全主动悬架在汽车上的推广应用。

5. 慢主动悬架

慢主动悬架又称为有限带宽主动悬架,其传感器仅在一窄带频率范围内工作,所以它降低了系统的成本及复杂程度,比全主动悬架便宜。尽管如此,它的主动控制仍然覆盖了主要的车身振动,包括纵向、俯仰、侧倾以及转向控制等要求的频率范围,改善了车身共振频率附近的行驶性能,提高了对车身姿态的控制,性能可达到与全主动悬架很接近的程度。

6. 馈能型主动悬架

馈能型主动悬架是一种集馈能和减振功能于一体的主动悬架。这种悬架带有能量回收装置,可以将悬架间被减振器所消耗的振动能量转换为可供汽车其他耗能部件使用的能量,同时保持汽车良好的行驶平顺性。馈能型主动悬架在馈能实现途径上分为机械式馈能和电磁式馈能两种。

7. 主动悬架控制策略

主动悬架主要包含执行机构和控制策略两大部分。执行机构完全按照控制策略的要求来输出主动力,因此主动悬架设计的关键就是选取能够为车辆提供良好性能的控制策略。不同的控制策略,将会导致不同的悬架特性和减振效果。常见的主动悬架控制策略包括最优控制、预瞄控制、自适应控制、模糊控制、神经网络控制。

【任务实施】

实训 1　悬架的认知

一、任务准备

(1) 实训设备:实训车辆、举升机。
(2) 实训工具:汽车底盘拆装专用工具。
(3) 实训资料:实训工作页、维修手册、教材。
(4) 辅助材料:翼子板布和前格栅布、三件套、抹布、白板笔。

二、任务实施

通过查阅资料,了解汽车的悬架类型,写出配置下列悬架系统的车型,并写出该车型所属的悬架类型在哪一个悬架上应用(前悬架、后悬架还是前后悬架),每种类型悬架对应车型不少于4个,完成表8-2。

表 8-2　车型悬架匹配表

悬架类型	非独立悬架		独立悬架		主动悬架		半主动悬架		被动悬架	
车型 1										
前悬架/后悬架/前后悬架										
弹性元件类型	前悬架	后悬架	前悬架	后悬架	前悬架	后悬架	前悬架	后悬架	前悬架	后悬架
悬架类型	非独立悬架		独立悬架		主动悬架		半主动悬架		被动悬架	
车型 2										
前悬架/后悬架/前后悬架										
弹性元件类型	前悬架	后悬架	前悬架	后悬架	前悬架	后悬架	前悬架	后悬架	前悬架	后悬架
悬架类型	非独立悬架		独立悬架		主动悬架		半主动悬架		被动悬架	
车型 3										
前悬架/后悬架/前后悬架										
弹性元件类型	前悬架	后悬架	前悬架	后悬架	前悬架	后悬架	前悬架	后悬架	前悬架	后悬架
悬架类型	非独立悬架		独立悬架		主动悬架		半主动悬架		被动悬架	
车型 4										
前悬架/后悬架/前后悬架										
弹性元件类型	前悬架	后悬架	前悬架	后悬架	前悬架	后悬架	前悬架	后悬架	前悬架	后悬架

实训 2　悬架的检查与保养

一、任务准备

(1) 实训设备:实训车辆、举升机。
(2) 实训工具:汽车底盘拆装专用工具。
(3) 实训资料:实训工作页、维修手册、教材。
(4) 辅助材料:翼子板布和前格栅布、三件套、抹布、白板笔。

二、任务实施

1. 车辆基本检查

(1) 实训车辆安全防护。
(2) 登记车辆基本信息。

(3) 车辆油、水、电基本检查。

2. 作业项目

(1) 悬架系统部件螺栓的紧固。

(2) 悬架系统部件的检查。

(3) 稳定杆隔振垫、横向稳定杆的更换。

3. 现场恢复

完成实训任务后,按照要求恢复车辆、仪器、设备,做好现场 6S 管理。

4. "1＋X"任务实施

悬架系统检查与保养【评分细则】							
序号	评分项	得分条件	分值	评分要求	自评	互评	师评
1	安全/6S/态度	□1.能进行工位 6S 操作 □2.能进行设备和工具安全检查 □3.能进行车辆安全防护操作 □4.能进行工具清洁、校准、存放操作 □5.能进行三不落地操作	15	未完成1项扣3分	□熟练 □不熟练	□熟练 □不熟练	□合格 □不合格
2	专业技能	作业1 □1.能正确检查及紧固减振器 □2.能正确检查及紧固万向节 □3.能正确检查及紧固稳定杆 □4.能正确检查及紧固稳定杆拉杆 □5.能正确检查及紧固控制臂 □6.能正确检查及紧固副车架和车身 □7.能正确检查螺旋弹簧变形情况 □8.能正确检查减振器顶胶轴承磨损情况	50	未完成1项扣5分	□熟练 □不熟练	□熟练 □不熟练	□合格 □不合格

		作业 2 ☐1.能正确拆装车轮 ☐2.能正确拆装稳定杆拉杆 ☐3.能正确更换稳定杆隔振垫 ☐4.能正确拆卸更换横向稳定杆 作业 3 ☐1.能正确查询螺栓扭力规格 ☐2.能正确查询悬架部件的检查方法 ☐3.能正确查询悬架部件的结构图 ☐4.能正确查询悬架部件的拆卸步骤					
3	工具及设备的使用	☐1.能正确使用举升机 ☐2.能正确使用气枪及气管 ☐3.能正确使用维修工具	10	未完成1项扣5分	☐熟练 ☐不熟练	☐熟练 ☐不熟练	☐合格 ☐不合格
4	维修车辆准备事项	☐1.能判断各悬架部件衬套是否正常 ☐2.能判断各悬架部件球头是否正常 ☐3.能判断各悬架部件间隙是否正常 ☐4.能判断各减振器是否正常	10	未完成1项扣5分	☐熟练 ☐不熟练	☐熟练 ☐不熟练	☐合格 ☐不合格
5	任务实施完成情况	☐1.字迹清晰 ☐2.语句通顺 ☐3.无错别字 ☐4.无涂改 ☐5.无抄袭	5	未完成1项扣1分	☐熟练 ☐不熟练	☐熟练 ☐不熟练	☐合格 ☐不合格
	总分						

任务 8.2　典型悬架系统

【任务导入】

在任务 8.1 中,我们学习了悬架系统的大概分类,实际上悬架的类型较多,各有各的特点,本任务我们对各类典型悬架进行全面的学习。

【任务目标】

(1) 掌握汽车各类典型悬架的特点和组成。
(2) 掌握各类典型悬架的结构和原理。

【知识准备】

一、非独立悬架

非独立悬架广泛应用于货车的前、后悬架和轿车的后悬架。

非独立悬架的优点:①左右轮在弹跳时会相互牵连,车轮角度的变化量小,使轮胎的磨损小;②车身高度降低时不容易改变车轮的角度,使操控的感觉保持一致;③构造简单,制造成本低,容易维修;④占用的空间较小,可降低车辆底盘的高度。其缺点:①左右轮弹跳时会相互牵连,而降低乘坐的舒适性及操控的安全性;②构造简单,使设计的自由度小,操控的安稳性较差。在现代轿车中,非独立悬架只有在成本控制比较严格的车型上才会使用,更多的是用于货车和大客车上。

按照采用弹性元件的不同,常见的非独立悬架可分为钢板弹簧式、螺旋弹簧式、拖曳臂式、扭转梁式等非独立悬架。

1. 钢板弹簧式非独立悬架

钢板弹簧式非独立悬架如图 8-13 所示。悬架中部用 U 形螺栓将钢板弹簧固定在车桥上,前端为固定铰链,也称为死吊耳。钢板弹簧销钉将钢板弹簧前端卷耳与钢板弹簧前支架连接在一起,前端卷耳孔中为减少磨损装有衬套。后端卷耳通过钢板弹簧吊耳销与后端吊

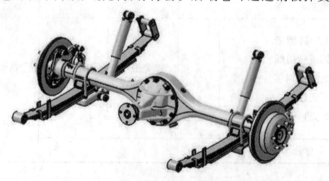

图 8-13　钢板弹簧式非独立悬架

耳与吊耳架相连,后端可以自由摆动,形成活动吊耳。当车架受到冲击弹簧变形时,两卷耳之间的距离有可能变化,达到缓冲减振的效果。

钢板弹簧悬架的优点就在于良好的承载性。目前,这种悬架广泛用于货车的前、后悬架中,如图8-14所示。还有一部分硬派越野车也使用这种结构的悬架。这种悬架的钢板弹簧一般纵向布置,所以也称为纵置板簧式非独立悬架。

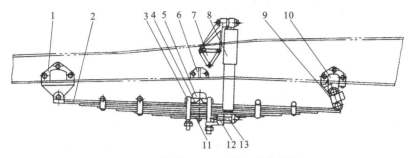

图 8-14 解放 CA1091 汽车的前悬架

1—钢板弹簧前支架;2—前钢板弹簧;3—U形螺栓(骑马螺栓);4—盖板;5—缓冲块;6—限位块;
7—减振器上支架;8—减振器;9—吊耳;10—吊耳架;11—中心螺栓;12—减振器下支架;13—减振器连接销

钢板弹簧式非独立悬架分为多片簧钢板弹簧式和少片簧钢板弹簧式两种形式,如图8-15所示。

（a）多片簧钢板弹簧式

（b）少片簧钢板弹簧式

图 8-15 钢板弹簧式非独立悬架的两种形式

多片簧钢板弹簧式非独立悬架由多片长度不等、宽度一样的钢片所叠加起来。多片簧钢板弹簧的各片钢板叠加成倒三角形钢板弹簧状,最上端的钢板最长,最下端的钢板最短,钢板的片数与支承客车的重量相关,钢板越多越厚越短,则弹簧的刚度就越强。但是,当钢板弹簧使用时间长了以后,各片之间就会互相滑动摩擦产生噪声。钢板间的相对摩擦还会引起弹簧变形,造成行驶不平顺。

少片簧钢板弹簧式非独立悬架由两端薄中间厚、等宽等长的钢片所叠加起来。少片簧钢板弹簧式的钢板截面变化大,从中间到两端的截面逐渐不同,因此轧制工艺比较复杂,价格也比多片簧的贵。与多片簧钢板弹簧式比较,在相同刚度(即相同承载能力)的情况下,少片簧钢板弹簧式比多片簧钢板弹簧式轻约50%左右,不仅降低了油耗,还增加了行驶平顺性。而且少片簧钢板弹簧式单片之间为点接触,减少了相对摩擦及振动,增加了乘坐舒适性。

上述悬架系统的刚度是一定的,不能随着簧载质量的变化而变化,而有些中型货车后悬架,其钢板弹簧由主、副钢板弹簧叠合而成,刚度是可变的,以适应装载质量的不同,如图8-16所示。

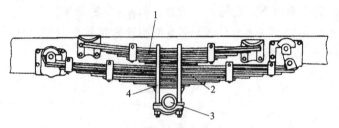

图 8-16 变刚度钢板弹簧悬架

1—副钢板弹簧;2—主钢板弹簧;3—车桥;4—U形螺栓

当汽车空载或实际装载质量不大时,副钢板弹簧不承受载荷而由主钢板弹簧单独工作。在重载或满载情况下,车架相对车桥下移,使车架上副簧滑板式支座与副簧接触,主、副簧共同参加工作,一起承受载荷而使悬架刚度增大,以保证车身振动频率不致因载荷增大而变化过大。

南京依维柯轻型货车的后悬架采用渐变刚度的钢板弹簧,如图8-17所示。主簧由五片较薄的钢板弹簧片组成,副簧由五片较厚的钢板弹簧片组成,它们用中心螺栓固定在一起,主簧在上,副簧在下。当载荷较小时,仅主簧起作用,而当载荷增加到一定值时,副簧开始与主簧接触,悬架刚度随之相应提高,弹簧特性变为非线性。当副簧全部接触后,弹簧特性又变为线性的。这种渐变刚度钢板弹簧的特点是副簧逐渐地起作用,因此悬架刚度的变化比较平稳,从而改善了汽车行驶平顺性。

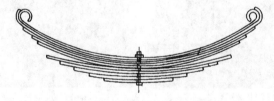

图 8-17 渐变刚度钢板弹簧悬架

2. 螺旋弹簧式非独立悬架

螺旋弹簧式非独立悬架是一种复合式悬架,如图8-18所示。装有该类后悬架的轿车,其后桥的结构形式对后悬架的刚度特性有重要影响。螺旋弹簧作为弹性元件,只能承受垂直载荷,悬架系统需要加设导向机构和减振器,因此螺旋弹簧一般只用于轿车后悬架。

在使用螺旋弹簧式非独立悬架的车上,左右两个螺旋弹簧的间距应尽可能大,以提高悬架的横向刚度,同时在非独立悬架中需要安装减振器,而减振器内安装缓冲块,当车辆在行驶中上下跳动时,可减少车身冲击和振动。

如图8-19所示为上海桑塔纳2000的后悬架。两根纵向推力杆的中部与后桥焊接为一体,前端通过带橡胶的支承座与车身作铰链连接,后端与轮毂相连接。纵向推力杆用以传递纵向力及其力矩。整个后桥、纵向推力杆及车轮可以绕支承座的铰支点连线相对于车身作上、下纵向摆动。螺旋弹簧的上端装在弹簧上座中,下端则支承在减振器外壳上的弹簧下座上,它只承受垂直力。减振器的上端与弹簧上座一起装在车身底部的悬架支座中,下端则与纵向推力杆相连接。

图 8-18　螺旋弹簧式非独立悬架

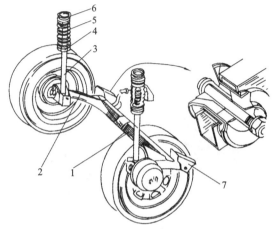

图 8-19　螺旋弹簧非独立悬架（桑塔纳 2000 后悬架）

1—后桥；2—纵向推力杆；3—减振器；4—弹簧下座；
5—螺旋弹簧；6—弹簧上座；7—支承座

3. 拖曳臂式非独立悬架

拖曳臂式非立悬架也称为 H 型纵向摆臂式悬架，如图 8-20 所示。目前，国内大多数 A 级以下和低端 SUV 车型的后悬架一般都采用这种结构，主要是因为其占用车身空间相对较小、制造成本低，并且不会让车身整体在运动中发生外倾角变化。同时，减振器也不会发生应力弯曲而加剧轮胎磨损。

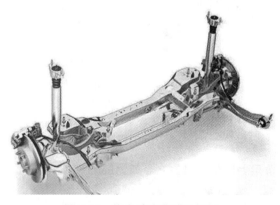

图 8-20　拖曳臂式非独立悬架

拖曳臂式非立悬架是专为后轮设计的悬架结构,它的组成非常简单:用粗壮的上、下摆动式拖臂实现车轮与车身或车架之间的硬性连接,再用液压减振器和螺旋弹簧来实现软性连接,以达到吸振和支承车身的作用,而圆柱形或方形扭转横梁连接至左右车轮。

从其构造来看,由于左右纵摆臂被横梁连接,因此该悬架结构还保持着整体桥式悬架的特性,这就使得纵向拖臂所连接的车轮在运动过程中外倾角不会发生变化,因此会使前轮出现转向不足的现象,不过连接左右纵臂的横梁在连接处可刚性转动,这便在一定程度上让左右车轮在小范围内分别运转而不干扰到另一侧车轮。

4. 扭力梁式非独立悬架

扭力梁式非独立悬架是汽车后悬架类型的一种,如图 8-21 所示。采取这种悬架系统的汽车一般平稳性和舒适性较差,但是比起整体桥的舒适性有了质的提升,而且承载力大,不仅应用在载重汽车和普通客车上,在普通私家车上运用也是很广泛。

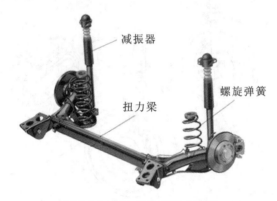

图 8-21 扭力梁式非独立悬架

扭力梁式非独立悬架的缺点:一是车身侧倾很难控制;二是容易造成后侧轮胎的磨损和打滑。通过加入瓦特连杆结构可以在一定程度上解决扭力梁悬架的缺点。这种结构是在扭力梁中间位置加入一个活动销,与两根连杆分别固定于两侧车轮,如图 8-22 所示。

图 8-22 瓦特连杆结构

二、独立悬架

现代汽车,特别是轿车上广泛采用独立悬架,独立悬架能使两侧车轮各自独立地与车架或车身弹性连接。

独立悬架具有以下优点:
(1) 由于左右车轮的运动相对独立、互不影响,可以减少行驶时车架或车身的振动,同时可以减弱转向轮的偏摆。
(2) 独立悬架的非簧载质量小,可以减小来自路面的冲击和振动,提高了行驶的平顺性。簧载质量是指汽车上由弹性元件支承的质量,而非簧载质量是指弹性元件下吊挂的质量。对于非独立悬架,整个车桥和车轮都属于非簧载质量;对于独立悬架,只有部分车桥是非簧载质量,而主减速器、差速器、壳体等都装在车架或车身上,成了簧载质量,所以独立悬架的非簧载质量要比非独立悬架的小。
(3) 独立悬架是与断开式车桥配用,可以降低汽车的重心,提高汽车行驶的平顺性。
(4) 重量轻,有利于车辆轻量化设计。
(5) 可用刚度小的较软弹簧,提升了汽车的舒适性。

独立悬架的缺点是:结构复杂,成本高,维修不便。同时由于结构复杂,会占用车内一些空间。

独立悬架的结构类型很多,一般可按车轮的运动方式分为三类,如图 8-23 所示。

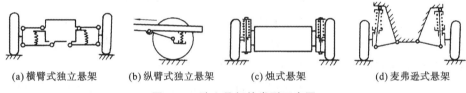

(a) 横臂式独立悬架　　(b) 纵臂式独立悬架　　(c) 烛式悬架　　(d) 麦弗逊式悬架

图 8-23　独立悬架的类型示意图

(1) 横臂式独立悬架:车轮在汽车横向平面内摆动的悬架,如图 8-23(a)所示。
(2) 纵臂式独立悬架:车轮在汽车纵向平面内摆动的悬架,如图 8-23(b)所示。
(3) 车轮沿主销移动的独立悬架,包括烛式悬架和麦弗逊式悬架,分别如图 8-23(c)(d)所示。

1. 横臂式独立悬架

横臂式独立悬架分为单横臂式和双横臂式两种,如图 8-24 所示。

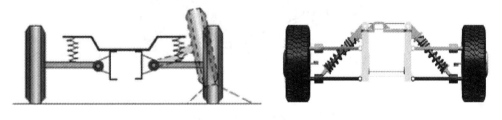

(a) 单横臂式　　　　　　　(b) 双横臂式两种

图 8-24　横臂式独立悬架

1) 单横臂式独立悬架

单横臂式独立悬架结构简单,侧倾中心高,有较强的抗侧倾能力。但随着现代汽车速度的提高,侧倾中心过高会引起车轮跳动时轮距变化大,轮胎磨损加剧,而且在急转弯时左右车轮垂直力转移过大,导致后轮外倾增大,减少了后轮侧偏刚度,从而产生高速甩尾的严重工况。单横臂式独立悬架多应用在后悬架上,但由于不能适应高速行驶的要求,在车速不高的重型越野汽车上也有采用的,目前应用不多。

2) 双横臂式独立悬架

双横臂式独立悬架按照两个横摆臂是否等长,分为等长的和不等长的两种,如图 8-25 所示。

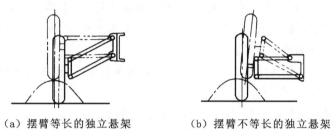

(a) 摆臂等长的独立悬架　　　　(b) 摆臂不等长的独立悬架

图 8-25　双横臂式独立悬架示意图

摆臂等长的独立悬架当车轮上下跳动时,虽然车轮平面不倾斜、主销轴线的方向也不发生变化,但轮距发生较大的变化,这将引起车轮的侧滑和轮胎的磨损。

摆臂不等长的独立悬架当车轮上下跳动时,虽然车轮平面、主销轴线、轮距都发生变化,但都可以控制在允许范围内,所以这种形式的双横臂式独立悬架应用较多,红旗 CA7560、凌志 LS400 等轿车的前桥都采用这种不等长双横臂式独立悬架。

如图 8-26 所示为凌志 LS400 的前悬架,由上下横摆臂、稳定杆、螺旋弹簧、减振器等组成,其上、下横摆臂是不等长的。

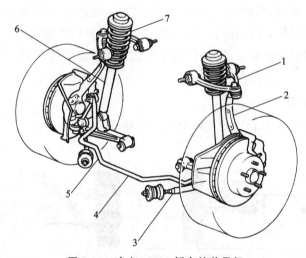

图 8-26　凌志 LS400 轿车的前悬架

1—上横摆臂;2—转向节;3—支承杆;4—稳定杆;5—下横摆臂;6—减振器;7—螺旋弹簧

2. 纵臂式独立悬架

纵臂式独立悬架也分为单纵臂式和双纵臂式两种。

1) 单纵臂式独立悬架

单纵臂式独立悬架如果用于前轮,车轮上下跳动时会使主销后倾角变化很大,如图 8-27

所示。所以单纵臂式独立悬架都用于后轮,如图8-28所示。纵摆臂是一片宽而薄的钢板,一端与半轴套管铰接,另一端带有套筒,套筒通过花键与扭杆弹簧的外端相连,扭杆的内端固定在车架上。

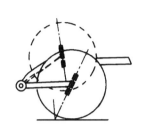

图8-27 单纵臂式独立悬架示意图

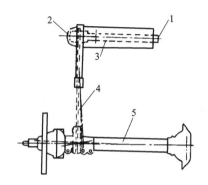

图8-28 用于后轮的单纵臂式独立悬架
1—扭杆弹簧;2—套筒;3—套管;4—纵摆臂;5—半轴套管

2)双纵臂式独立悬架

如图8-29所示为用于前轮的双纵臂式独立悬架。转向节和两个纵摆臂做铰链连接,在车架的两根管式横梁的内部装有由若干层矩形端面的薄弹簧钢片叠成的扭杆弹簧。两根扭杆弹簧的内端用螺栓固定在横梁中部,而外端则插入纵臂轴的矩形孔中。纵臂轴用衬套支承在管式横梁内,轴和纵臂刚性地连接。

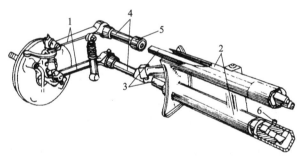

图8-29 用于前轮的双纵臂式独立悬架
1—纵臂;2—横梁;3—扭杆弹簧;4—摆臂轴;5—衬套;6—螺钉

这种悬架当车轮上下跳动时,车轮外倾角、轮距和主销后倾角都不发生变化,所以适用于前轮。

3. 车轮沿主销移动的独立悬架

车轮沿主销移动的独立悬架可以分为两种形式:一种是车轮沿固定不动的主销移动的烛式独立悬架,另一种是车轮沿摆动的主销轴线移动的麦弗逊式独立悬架。

1)烛式独立悬架

如图8-30所示为烛式独立悬架,主销的上下两端刚性地固定在车架上。套在主销上的套管固定在转向节上。套管的中部固定装着螺旋弹簧的下支座。筒式减振器的下端与转向节相连,上端与车架相连。悬架的摩擦部分套着防尘罩。通气管与防尘罩内腔相通,以免防尘罩中空气被密封而影响悬架的弹性。

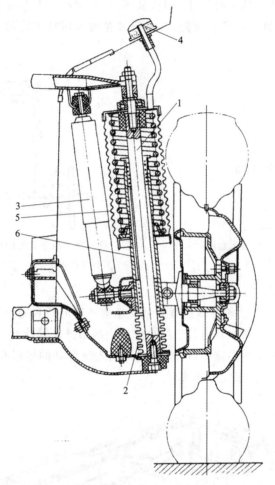

图 8-30 烛式独立悬架
1—主销；2、4—防尘罩；3—套筒；5—减振器；6—通气管

汽车在不平路面行驶时，车轮、转向节一起沿主销的轴线移动。螺旋弹簧只承受垂直载荷，而车轮所受的纵向力、侧向力及其力矩则由转向节、套筒经主销传给车架，使得套筒与主销之间的磨损严重。

2）麦弗逊式独立悬架

麦弗逊式独立悬架目前在轿车中应用很广泛，结构简图如图 8-31 所示。它由减振器、螺旋弹簧、横摆臂、横向稳定杆等组成。减振器与套在它外面的螺旋弹簧合为一体，构成悬架的弹性支柱，支柱上端与车身挠性连接，支柱的下端与转向节刚性连接。横摆臂的外端通过球头销与转向节的下部连接，内端与车身铰接。

麦弗逊式独立悬架的优点是：结构简单紧凑，无上横臂，重量较轻，占用空间小，给发动机及转向系统的布置留足了空间。车轮跳动时前轮定位参数变化小，拥有良好的响应性和操控性，相对来说减振性能较强，适合布置大型发动机以及装配在小型车身上。

麦弗逊式独立悬架的缺点是：稳定性差，抗侧倾和抗制动"点头"能力弱，行驶在不平路面时，车轮容易自动转向，故驾驶者必须用力保持转向盘的方向，当受到剧烈冲击时，滑柱易

 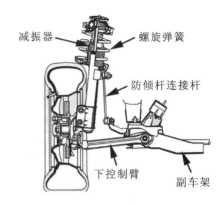

图 8-31　麦弗逊式独立悬架的结构示意图

造成弯曲,因而影响转向性能。同时,其耐用性不高,减振器容易漏油,需要定期更换。

前轮采用麦弗逊式独立悬架时,前轮定位各参数的变化较小,除前束可调整外,其他参数有的车型不可调整,有的车型则可以调整。常见的调整部位及调整方法如下。

(1) 改变转向节与横摆臂外端的位置。如图 8-32(a)所示,松开转向节球头销与横摆臂的连接螺栓,左右横向移动球头销及转向节,可以改变车轮外倾角。桑塔纳 2000 轿车即采用这种结构形式。

(2) 改变弹性支柱上支座的位置。如图 8-32(a)所示,悬架的弹性支柱上支座用螺栓固定在车身上,松开螺栓,左右横向移动上支座,可以调整车轮外倾角。一汽奥迪 100 型轿车即采用这种结构形式。

(3) 改变转向节上端的位置。如图 8-32(b)所示,由减振器和螺旋弹簧组成的弹性支柱下端通过上、下两个螺栓与转向节上端固定,其中上螺栓经偏心凸轮将两者连接在一起。转动上螺栓可使偏心凸轮转动,从而带动转向节上端左右横向(A 向)移动,进而改变车轮外倾角。丰田花冠轿车即采用这种结构形式。

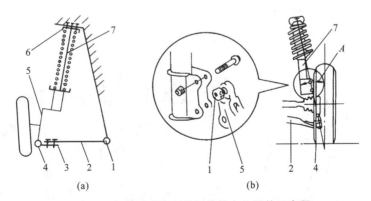

图 8-32　麦弗逊式独立悬架前轮定位调整示意图
1—偏心轴销;2—横摆臂;3—螺栓;4—球头销;5—转向节;6—上支座;7—减振器

4. 多连杆式独立悬架

多连杆式独立悬架由连杆、减振器和减振弹簧组成,就是用各种连杆装置使车轮与车身相连。它的连杆比一般悬架的要多,一般都把四连杆或更多连杆结构的悬架称为多连杆式悬架,目前较常见的是4~5根连杆相连。多连杆式独立悬架如图8-33所示。

图8-33 多连杆式独立悬架

多连杆式独立悬架的优点是:不仅可以保证拥有一定的舒适性,而且由于连杆较多,可以使车轮和地面尽最大可能保持垂直,尽最大可能减小车身的倾斜,最大可能维持轮胎的贴地性。高档轿车由于空间充裕且注重舒适性能和操控稳定性,所以大多使用多连杆式独立悬架。

多连杆式独立悬架的缺点是:结构相对复杂,材料成本、研发实验成本以及制造成本远高于其他类型的悬架,而且其占用空间大,中小型车出于成本和空间考虑极少使用这种悬架。

5. 双叉臂式独立悬架

双叉臂式独立悬架又称双A臂式独立悬架,如图8-34所示。双叉臂式独立悬架拥有上下两个叉臂,两个A字形叉臂可以精确定位前轮的各种参数,前轮转弯时,上下两个叉臂能同时吸收轮胎所受的横向力,支柱只承载车身重量,加上两个叉臂的横向刚度较大,转弯侧倾较小。双叉臂式悬架一般采用上下不等长叉臂,上短下长。其目的一是让车轮在上下运动时能自动改变外倾角,减小轮距变化,减小轮胎磨损;二是能自适应路面,轮胎接地面积大,贴地性能好。

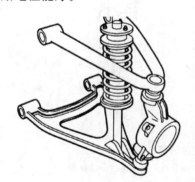 

图8-34 双叉臂式独立悬架

双叉臂式独立悬架的优点非常多,主要体现在横向刚度大、抗侧倾性能优异、抓地性能好以及路感清晰。A字形叉臂精确控制定位参数,大幅提升了车轮贴地性能,较强的横向刚性又提供了很好的侧向支撑,因此大大提升了车辆的抗侧倾性能,对于车辆的操控性能来说,这种结构的优越性不言而喻。它是法拉利、兰博基尼和玛莎拉蒂这些超级跑车的首选,现今的 F1 赛车所使用的悬架结构依旧能看到双叉臂式的影子。

双叉臂式独立悬架的缺点:一是结构很复杂,占用空间较大,制造成本较高,因此并不适用于小型车前悬架;二是悬架定位参数设定复杂,需要精确计算和调校,对于制造商的技术实力要求也比较高;三是维修保养时的复杂程度高,在定位悬架及四轮定位时,参数也较难确定。

双叉臂式独立悬架和麦弗逊式独立悬架的共同点为:下控制臂都由一根 V 字形或 A 字形的叉形控制臂构成,液压减振器充当支柱,支承整个车身。不同处则在于:双叉臂式独立悬架多了一根连接支柱减振器的上控制臂,有效增强了悬架整体的可靠性和稳定性。

三、电控悬架

1. 电控悬架的功能

电控悬架系统(EMS)能够根据车身高度、车速、转向角度及速率、制动等信号,由电控单元(ECU)控制悬架执行机构,使悬架系统的刚度、减振器的阻尼力及车身高度等参数得以改变,从而使汽车具有良好的乘坐舒适性、操纵稳定性以及通过性。电控悬架系统的最大优点就是它能使悬架随不同的路况和行驶状态做出不同的反应。

电控悬架的基本功能是调整车高、控制减振器阻尼力和控制弹簧刚度。

1)调整车高

自动高度控制:无论负载多少,都可以保持汽车高度一定,车身保持水平,从而使前照灯光束方向保持不变。车辆负载增加后,自动高度调整的过程中,车身高度的变化状态为原车高—高度降低—恢复原车高,如图 8-35 所示。

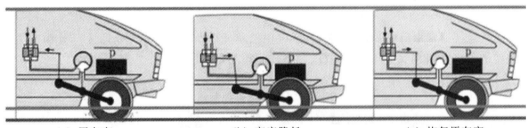

(a)原车高　　　　　　(b)高度降低　　　　　　(c)恢复原车高

图 8-35　车身高度的变化状态图

高速感应控制:当汽车在坏路面上行驶时(车速在 40~90 km/h),可以使车身高度升高,防止车桥与路面相碰,提高通过性;当汽车高速行驶时(车速超过 90 km/h),又可以使车身高度降低,减少空气阻力,提高操纵稳定性。

点火开关 OFF 控制:驻车时,点火开关关闭后,降低车身高度,便于乘客上下车。

2)控制减振器阻尼力

通过对减振器阻尼系数的调整,可以防止汽车急速起步或急加速时"后蹲",防止汽车紧急制动时"点头",防止汽车急转弯时车身横向摇动,防止汽车换挡时车身纵向摇动等,提高行驶平顺性和操纵稳定性。

3) 控制弹簧刚度

与减振器一样,在各种工况下,通过对弹簧弹性系数的调整,来改善汽车的乘坐舒适性与操纵稳定性。

以上电控悬架的基本功能,有些车型只具有其中的一个或两个,而有些车型同时具有以上三个。

2. 电控悬架的组成

虽然现代汽车电控悬架系统的结构形式多种多样,但它们的基本组成却是相同的。即由感应汽车运行状况的各种传感器、开关、ECU 及执行机构等组成。

传感器一般有车身高度传感器、车速传感器、加速度传感器、转向盘转角传感器、节气门位置传感器等。传感器和开关将路面输入的模拟信号转换为数字信号传送给 ECU,ECU 将传感器输入的电信号进行分析处理后输出控制信号给执行元件,执行元件的机械动作改变减振器的阻尼系数,调整弹簧的高度和刚度。

1) 转向盘转角传感器

在电控悬架中,ECU 根据车速传感器信号和转向盘转角传感器信号来判断汽车转向时侧向力的大小和方向,以控制车身的侧倾。转向盘转角传感器用于检测转向盘的中间位置、转动方向、转动角度和转动速度。现代汽车多采用光电式转向盘转角传感器。

2) 加速度传感器

当车轮打滑时,ECU 不能以转向角和车速正确判断车身侧向力的大小。为了直接测出车身横向加速度和纵向加速度,可以利用加速度传感器。横向加速度传感器主要用于检测汽车转向时,汽车因离心力的作用而产生的横向加速度,并将产生的电信号输送给 ECU。

3. 空气悬架

1) 空气悬架的组成

空气悬架通常由空气弹簧、减振器、空气供给单元以及传感器/ECU 四大部分构成。空气悬架的组成如图 8-36 所示,奥迪 Q7 的空气悬架如图 8-37 所示。

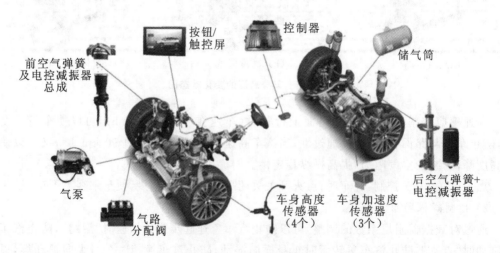

图 8-36 空气悬架的组成

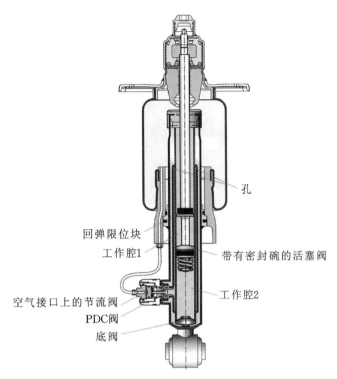

图 8-37 奥迪 Q7 的空气悬架

空气悬架的核心部件是空气弹簧、减振器与空气供给单元。

(1) 空气弹簧。

空气弹簧的结构原理如图 8-38 所示。空气弹簧通常由气囊和滚动活塞组成,气囊内充满压缩空气,活塞则与车桥相连或与悬架支柱集成在一起,ECU 计算空气弹簧是否应充气或排气,通过内部气室当中空气的进入与排出调节弹簧长度(车身高度)与刚度,以达到预设的底盘高度。空气弹簧主要有囊式、膜式、复合式三种。

(2) 减振器。

减震器通常为阻尼可调减振器,根据设计方案可与空气弹簧相集成(减振器上增加空气弹簧模块)或分离。阻尼可调减振器主要分为 CDC 减振器与 MRC 电磁减振器,前者通过控制阀改变减振器内部两个腔室间油液穿过小孔的大小来改变阻尼,后者通过磁流变液体通电后磁化的效果来改变阻尼,通常而言 MRC 电磁减振器响应速度更快,成本也更高。更好的减振效果不仅取决于减振器的设计,也涉及更加精确智能的控制策略。电磁减振器结构图如图 8-39 所示。

(3) 空气供给单元。

空气供给单元主要由空气压缩机、储气罐、气体分配阀、空气管路等组成。更好性能的空气供给单元需要做到:① 更好的散热性能与降噪;② 更紧凑的空间设计,空气供给单元通常位于发动机舱或后备厢;③ 更低能耗,尤其对于电动车而言;④ 更长使用寿命,高材料强度实现更多循环测试可靠性。

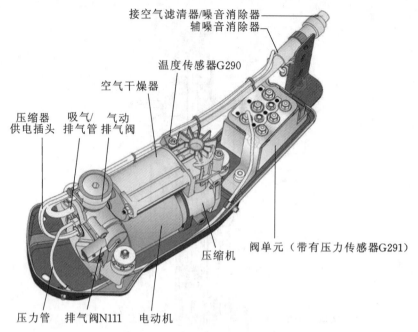

图 8-38 空气弹簧结构原理图

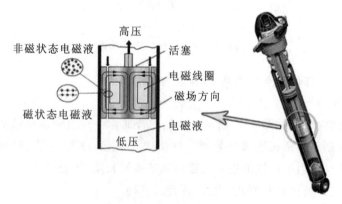

图 8-39 电磁减振器结构图

2）空气悬架的状态

空气悬架有如下三个调节状态。

（1）保持状态。当车辆被举升机举起，离开地面时，空气悬架系统将关闭相关的电磁阀，同时 ECU 记忆车身高度，使车辆落地后保持原来高度。

（2）正常状态，即发动机运转状态。行车过程中，若车身高度变化超过一定范围，空气悬架系统将每隔一段时间调整车身高度。

（3）唤醒状态。当空气悬架系统被遥控钥匙、车门开关或行李厢盖开关唤醒后，系统将通过车身水平传感器检查车身高度。如果车身高度低于正常高度一定程度，储气罐将提供压力使车身升至正常高度。同时，空气悬架可以调节减振器软硬度，包括软态、正常及硬态三个状态（或者标注成舒适、普通、运动三个模式等），驾驶者可以通过车内的控制钮进行控制。

3)空气悬架的优点

(1)空气悬架可通过改变刚度性能,从而动态维持舒适度。

(2)空气悬架可通过调节悬架高度,改变车辆通过性与驾驶性。

(3)空气悬架的主动控制功能可与视觉感知相结合,满足未来自动驾驶需求。

4)空气悬架的缺点

(1)空气悬架制作工艺复杂,组成部件众多,导致其成本太高。

(2)空气悬架维修费用高昂,而减振器相比传统减振器更容易损坏,压缩机充气时间过长会过热而损坏;气管为硬塑料材质,容易折断或漏气,外装式的气囊在车底剐蹭可能会爆炸。

(3)空气悬架车身调节靠 ECU 控制,车身的悬架数据非固定值。因此,有些时候车身高度来回地改变,很容易引起跑偏的问题。

(4)空气悬架一旦损坏车身会下塌,车辆不能行驶。

(5)空气悬架通常依赖于传感器识别路况,主动调节存在延迟与失误等情况。

未来随着自动驾驶程度的提升,视觉融合技术更加发达,根据路况信息提前判断与调整悬架从而实现完全主动智能控制或成为大势所趋。

4. 油气悬架

油气悬架(油气弹簧悬架)是以气体(通常是为惰性气体氮气)作为弹性介质,以油液传递压力的一种悬架,如图 8-40 所示。

图 8-40　油气悬架示意图

1)油气悬架的结构与原理

根据是否可控,油气悬架可分为被动式、半主动式和主动式三种,电控油气悬架属于半主动式或主动式悬架。根据悬架间的连接关系,油气悬架可分为独立式和互连式两种。

互连式油气悬架,就是按照悬架系统总体设计目标,采用液压软管将各个独立的油气悬架缸进行合理的连通,使得油液可以在各个悬架缸中按照一定的要求流动,产生所期望的刚度与阻尼特性。互连式油气悬架不仅具有独立式油气悬架的优点,而且各个相连的悬架可相互抑制,使整车保持平衡状态。互连式油气悬架相对独立式油气悬架有较低的振动频率,较高的侧倾角刚度。互连式油气悬架的连通形式大致可以分为四类：桥间平行互连形式、左右交叉互连形式、混合互连形式、X 型互连形式。因为具有良好的性能，互连式油气悬架在大件运输的液压平板运输车上有着广泛的应用。

根据结构形式（蓄能器形式）的不同，油气悬架可分为单气室油气悬架、双气室油气悬架、两级气压式油气悬架三种，如图 8-41 所示。

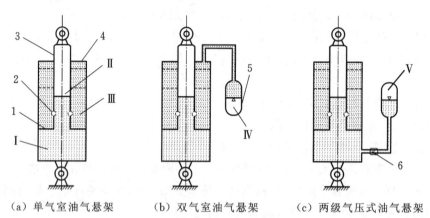

（a）单气室油气悬架　　（b）双气室油气悬架　　（c）两级气压式油气悬架

图 8-41　油气悬架按储能器形式分类

1—阻尼孔；2—单向阀；3—活塞和活塞杆组件；4—缸筒；5—蓄能器；6—控制器

油气悬架的阻尼力由油液流经阻尼孔产生，弹性力由压缩惰性气体（氮气）产生，随着油液流速的增加，阻尼孔提供的阻尼力呈非线性增长，车辆的振动得以迅速削减。

对于单气室油气悬架，压缩行程时，Ⅰ腔受到压缩，体积缩小，Ⅰ腔里的油液通过单向阀流向Ⅲ腔，同时Ⅱ腔里的氮气也受到压缩，从而产生弹性力，由于气体的压缩特性，压缩行程越大，Ⅰ腔提供的弹性力越大，即悬架的刚度越大。复原行程时，活塞杆组件抽离缸筒，使得Ⅰ腔体积增大，Ⅲ腔体积缩小，油液通过阻尼孔从Ⅲ腔流回Ⅰ腔，并产生阻尼力，油液的流速越快，阻尼力越大，振动削减越快。

双气室油气悬架的压缩行程与单气室的类似，油液从Ⅰ腔流向Ⅲ腔，Ⅰ腔的氮气受到压缩而产生弹性力。在复原行程中，油液从Ⅲ腔流回Ⅰ腔，阻尼孔产生阻尼力，此外Ⅳ腔的气体受到压缩产生弹性力，使得振动削减更快。

两级气压式油气悬架的两个气室为串联状态，Ⅴ腔气室的使用受到了控制器的控制，当车辆处于轻载状态，Ⅴ腔气室不参与工作，当车辆载荷超过一定值时，Ⅴ腔蓄能器与油缸接通，使油气悬架刚度降低，系统的振动频率减小，车辆的平顺性提高。

图 8-42 所示是以油气弹簧为弹性元件的电控主动悬架，四个车轮上的油气弹簧通过油路相连，形成全封闭式环路控制系统。它将车身或车轮的振动量经传感器变换成一种信息传给控制阀，使控制阀调整弹性元件的高度和刚度，以达到调节车身高度、保证良好行驶平顺性的目的。当车身发生倾斜时，布置在前、后轴上的四个控制阀控制油路系统，保持车身高度不变，使汽车具有抗侧倾、抗纵倾的作用。

2）油气悬架的特点

（1）油气悬架的优点。

相对于传统的汽车悬架，油气悬架有着与之差异较大的结构形式。因其特殊的结构形

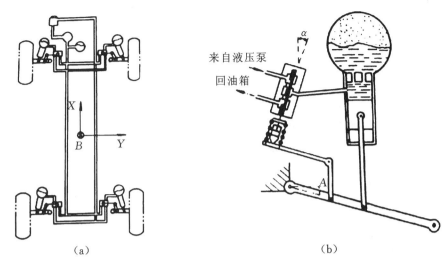

图 8-42 油气弹簧为弹性元件的电控主动悬架

式,使得油气悬架具备与传统悬架不同的结构特点和性能表现,主要体现在以下几点。

① 非线性刚度特性。油气悬架工作中的弹性力主要由蓄能器里的惰性气体受压缩而产生,根据油气压缩理论可知,当油气悬架需要传递的力增大,其产生的弹性力迅速增加,这使得油气悬架具备非线性的刚度特性,使得车辆在恶劣路面行驶时也具有良好的平顺性。

② 非线性阻尼特性。油气悬架的主要阻尼元件为安装在油缸内的阻尼孔,油气悬架工作时,油液通过阻尼孔,产生阻力而达到减振目的,油液流经阻尼孔的速度越快,节流阀产生的阻力越大,呈非线性增长,这使得油气悬架能够有效、快速地衰减车辆振动。

③ 承载能力强。油气悬架采用气体做弹性元件,蓄气室为钢筒,这使得油气悬架单位储能比大,具有较强承载能力。这一特点,使得油气悬架常应用于重型车辆上。

④ 自由调整车身高度。油气悬架具有自由调节车辆车身高度的功能,使得车辆具备较好的通过性和行驶稳定性。

⑤ 刚性闭锁特性。根据油液的不可压缩性(压缩性很小,可以忽略),在需要的时候,可以切断蓄能器的油路,从而使得油气悬架处于刚性闭锁状态。

⑥ 油气弹簧纵向尺寸小,对整车总布置有利,有的自卸汽车采用了烛式独立悬架,能使转向轮偏转角达 45°,大大减小了汽车的转弯半径。

⑦ 改变缸筒工作腔的油量和气室的充气压力,可以得到不同的变刚度特性,从而使油气弹簧的主要部件可以在不同吨位的汽车上通用。

⑧ 节省空间。与其他形式的悬架相比,油气悬架的体积小,重量轻,便于安装布置,节省空间。

(2) 油气悬架的缺点。

① 加工不易;

② 维修困难;

③ 制造成本高;

④ 需要额外配置液压、电子、电气等诸多控制组件来辅助。

【任务实施】

一、任务准备

(1) 实训设备：实训车辆、举升机、底盘拆装实训台或相似实训设备。
(2) 实训工具：汽车底盘拆装专用工具。
(3) 实训资料：实训工作页、维修手册、教材。
(4) 辅助材料：翼子板布和前格栅布、三件套、抹布、白板笔。

二、任务实施

1. 车辆基本检查

(1) 实训车辆安全防护。
(2) 登记车辆基本信息。
(3) 车辆油、水、电基本检查。

2. 作业项目

(1) 控制臂及连杆拆装。
(2) 前桥及稳定杆、连杆拆装。
(3) 后桥及稳定杆、连杆拆装。
(4) 后减振器及弹簧拆装。

3. 现场恢复

完成实训任务后，按照要求恢复车辆、仪器、设备，做好现场 6S 管理。

4. "1+X" 任务实施

前悬架系统部件检修【评分细则】							
序号	评分项	得分条件	分值	评分要求	自评	互评	师评
1	安全/6S/态度	□1.能进行工位 6S 操作 □2.能进行设备和工具安全检查 □3.能进行车辆安全防护操作 □4.能进行工具清洁、校准、存放操作 □5.能进行三不落地操作	15	未完成 1 项扣 3 分	□熟练 □不熟练	□熟练 □不熟练	□合格 □不合格

2	专业技能	作业1 ☐1.能正确拆装车轮 ☐2.能正确固定发动机 ☐3.能正确拆装前桥控制臂 ☐4.能正确拆装稳定杆拉杆 ☐5.能正确拆装前桥及附件 ☐6.能正确拆装稳定杆 ☐7.能正确紧固前桥与车身螺栓 作业2 ☐1.能正确查询螺栓扭力规格 ☐2.能正确查询控制臂拆装步骤 ☐3.能正确查询前桥拆装步骤 ☐4.能正确协助拆装前桥及控制臂	50	未完成1项扣5分	☐熟练 ☐不熟练	☐熟练 ☐不熟练	☐合格 ☐不合格
3	工具及设备的使用	☐1.能正确使用控制臂球头拆装工具 ☐2.能正确使用发动机固定工具 ☐3.能正确使用维修工具	10	未完成1项扣5分	☐熟练 ☐不熟练	☐熟练 ☐不熟练	☐合格 ☐不合格
4	维修车辆准备事项	☐1.能分析控制臂是否正常 ☐2.能分析稳定杆及连杆是否正常 ☐3.能分析前桥及连杆是否正常	10	未完成1项扣5分	☐熟练 ☐不熟练	☐熟练 ☐不熟练	☐合格 ☐不合格
6	任务实施完成情况	☐1.字迹清晰 ☐2.语句通顺 ☐3.无错别字 ☐4.无涂改 ☐5.无抄袭	5	未完成1项扣1分	☐熟练 ☐不熟练	☐熟练 ☐不熟练	☐合格 ☐不合格
	总分						

后悬架系统部件检修【评分细则】							
序号	评分项	得分条件	分值	评分要求	自评	互评	师评
1	安全/6S/态度	☐1.能进行工位6S操作 ☐2.能进行设备和工具安全检查 ☐3.能进行车辆安全防护操作 ☐4.能进行工具清洁、校准、存放操作 ☐5.能进行三不落地操作	15	未完成1项扣3分	☐熟练 ☐不熟练	☐熟练 ☐不熟练	☐合格 ☐不合格
2	专业技能	作业1 ☐1.能正确拆装车轮 ☐2.能正确拆装后桥控制臂 ☐3.能正确拆装后桥减振器及弹簧 ☐4.能正确拆装稳定杆拉杆 ☐5.能正确拆装后桥及附件 ☐6.能正确拆装稳定杆 ☐7.能正确紧固后桥与车身螺栓 作业2 ☐1.能正确查询部件定位图 ☐2.能正确查询控制臂拆装步骤 ☐3.能正确查询后桥拆装步骤 ☐4.能正确查询减振器及弹簧拆装步骤 ☐5.能正确查询螺栓扭力规格 ☐6.能正确协助拆装后桥及控制臂 ☐7.能正确协助拆装减振器及弹簧	50	未完成1项扣5分	☐熟练 ☐不熟练	☐熟练 ☐不熟练	☐合格 ☐不合格

3	工具及设备的使用	☐1.能正确使用控制臂球头拆装工具 ☐2.能正确使用发动机固定工具 ☐3.能正确使用维修工具	10	未完成1项扣5分	☐熟练 ☐不熟练	☐熟练 ☐不熟练	☐合格 ☐不合格
4	维修车辆准备事项	☐1.能分析控制臂是否正常 ☐2.能分析稳定杆及连杆是否正常 ☐3.能分析后桥及连杆是否正常	10	未完成1项扣5分	☐熟练 ☐不熟练	☐熟练 ☐不熟练	☐合格 ☐不合格
5	任务实施完成情况	☐1.字迹清晰 ☐2.语句通顺 ☐3.无错别字 ☐4.无涂改 ☐5.无抄袭	5	未完成1项扣1分	☐熟练 ☐不熟练	☐熟练 ☐不熟练	☐合格 ☐不合格
总分

任务8.3 悬架系统的故障诊断与检修

【任务导入】

一辆行驶里程约95000 km的别克林荫大道轿车,尾部趴下去后起不来,导致底盘后部离地间隙很小,严重影响了车辆的通过性。该车装备了电控悬架系统,通过气压调节减振支杆,使车辆在承受较大负载时能够自动调整后部的高度。如果你是维修技师,该如何诊断并排除该车故障呢?

【任务目标】

(1) 掌握非独立悬架、独立悬架及电控悬架常见的故障现象和原因。
(2) 能够对前后悬架、空气悬架进行部件检修。
(3) 能够对非独立悬架、独立悬架、空气悬架和电控悬架进行故障诊断分析。

【知识准备】

一、非独立悬架的常见故障与检修

钢板弹簧和螺旋弹簧主要是目视检查,检查是否有裂纹、断裂,钢板弹簧上的元件是否

有脱落或松动等,还可检查螺旋弹簧的自由长度是否符合标准。如果出现问题一般是更换。

1. 钢板弹簧折断

钢板弹簧折断,尤其是主片折断,会因弹力不足等原因使车身歪斜。前钢板弹簧一侧主片折断时,车身在横向平面内倾斜;后钢板弹簧一侧主片折断时,车身在纵向平面内倾斜。

2. 钢板弹簧弹力过小或刚度不一致

当某一侧的钢板弹簧由于疲劳导致弹力下降,或者更换的钢板弹簧与原弹簧刚度不一致时,会使车身倾斜。

3. 钢板弹簧销、衬套和吊耳磨损过量

这种情况下,会出现以下故障现象:① 不太严重的车身倾斜;② 行驶跑偏;③ 汽车行驶时摆振;④ 异响。

4. U形螺栓松动或折断

这种情况下,会由于车辆移位倾斜,导致汽车跑偏。

二、独立悬架和减振器的常见故障与检修

1. 独立悬架总成常见故障与检修

独立悬架总成主要由螺旋弹簧、上下摆臂、横向稳定杆及减振器等组成,总成铰接点多。当汽车产生这些现象时,应对悬架系统进行仔细检查,即可发现故障部位及原因:①异响,尤其在不平路面上转弯时;②车身倾斜,汽车在转弯时车身过度倾斜等;③前轮定位参数改变;④轮胎异常磨损;⑤车辆摆振及行驶不稳。

1) 车身侧倾过大

(1) 横向稳定杆弹力减弱,或连接杆损坏,应更换稳定杆或连接杆。

(2) 横向稳定杆或下悬架臂磨损及损坏,应更换。

(3) 减振器损坏,应更换。

排除方法:检查并更换减振器,更换稳定杆或连接杆,更换横向控制杆或下悬架控制臂,进行四轮定位或轮胎充气到正常气压。

2) 悬架太软或太硬

(1) 轮胎尺寸或帘布层数不合规定,应更换合乎规定型号的轮胎。

(2) 轮胎充气压力不正确,应调整气压至规定范围。

(3) 减振器损坏,应予以更换。

(4) 弹性元件弹力减弱、磨损或损坏,应予以更换。

3) 车辆在平地上停放时车身倾斜

(1) 一侧悬架弹簧弹力减弱,应予以更换。

(2) 横向稳定杆连接杆损坏或磨损,应予以更换。

(3) 悬架臂衬套磨损,应予以更换。

4) 悬架有不正常噪声

(1) 悬架臂球头节润滑不良或磨损,应予以润滑或更换。

(2) 减振器、减振器支架或减振器胶套损坏,应予以更换。

(3) 稳定杆连接杆损坏或磨损,应予以更换。

(4) 悬架连接有松动处,应重新拧紧。

(5) 悬架臂衬套磨损,应予以更换。

(6) 传动轴变形,万向节磨损严重导致悬架万向节传动轴有噪声,应校正或更换传动轴,更换万向节。

5) 悬架异响

(1) 下摆臂的前后橡胶衬套磨损、老化或损坏,应更换衬套。

(2) 螺旋弹簧失效或弯折,更换螺旋弹簧。

(3) 减振器活塞杆与缸筒磨损严重,应更换减振器。

(4) 减振器、转向节、下摆臂的连接螺栓松动,应紧固松动的螺栓。

6) 行驶不稳定

(1) 弹性元件弹性减弱,应予以更换。

(2) 减振器损坏,应予以更换。

(3) 稳定杆弹力下降、损坏或稳定杆连接杆磨损,应更换相应零件。

(4) 悬架臂衬套磨损,应予以更换。

(5) 悬架臂球头节磨损,应予以更换。

(6) 转向系统故障,应予以检修。

(7) 车轮定位不当,应重新调整。

(8) 车轮损坏或不平衡,应换新车轮或重新平衡。

7) 悬架前轮摆动或跑偏故障

(1) 轴承损坏,车轮轮毂产生偏距,应更换轴承或轮毂。

(2) 车轮的钢圈螺栓松动,应按规定力矩紧固钢圈螺栓。

(3) 车轮不平衡,前轮定位角不正确,应进行车轮动平衡测试和调整,校正前轮的前束和外倾角。

(4) 下摆臂或转向横拉杆的球头销磨损或松动,应更换球头销。

(5) 左右前减振器损坏或变形,应更换前减振器。

(6) 转向节、减振器及下摆臂的紧固螺栓松动,应按规定力矩紧固螺栓。

(7) 两前轮的气压不一致,应充气到正常气压。

8) 转向沉重或转向盘回位不良

(1) 车轮定位不当或轮胎气压异常,应进行四轮定位或轮胎充气到正常气压。

(2) 悬架控制臂球节润滑不良、咬死或损坏,应润滑或更换悬架控制臂球节。

2. 减振器常见故障与检修

减振器的常见故障为衬套磨损和泄漏,衬套磨损后,因松旷易产生响声。车辆行驶过程中,如减振器发出异常的响声,则说明该减振器已损坏,必须更换。一般减振器是不进行修理的,如有很小的渗油现象不必调换,如漏油较多可通过拉伸和压缩减振器来检查渗油现象。漏出的减振器油不能再加入减振器内重新使用,漏油的减振器不能再使用。

1) 漏油

用手电筒透过轮拱检查减振器,当发现减振器外部出现漏油现象时,则表明减振器已经损坏。

(1) 活塞杆磨损漏油。

故障原因：活塞杆工作面是车辆行驶过程中减振器工作最为频繁的区域，如活塞杆安装过程中遭到碰伤或产生位置偏差，以及油封处脏物、泥沙堆积过多，都会导致连杆工作面过度磨损或单边磨损，从而导致漏油。

应对措施：使用专用工具规范安装，过减速带、洼坑路时减速慢行。

(2) 防尘套损坏漏油。

故障原因：防尘套因磨损或外力撞击而损坏，导致泥沙等异物进入活塞杆工作区以及油封口引起漏油。

应对措施：每隔 20000 km 检查一次附属零件，发现损坏后及时更换。

2) 底盘松散

当车辆在颠簸路段行驶时，如果车身出现过分颠簸、摇摆不定等现象，一般是减振器出现问题。

3) 异响

当车辆在颠簸路段行驶时，如果减振器发出异响，则极有可能是减振器出现损伤，主要是锁紧螺母松动异响。

故障原因：锁紧螺母的锁紧结构为一次性设计，重复拆装会丧失锁紧效果。同时不正确的拆装，也会损坏锁紧螺母的锁紧结构，从而引起松动导致异响。

应对措施：更换新减振器的同时也应更换新的锁紧螺母，并用专用工具拧紧。

4) 轮胎磨损不均匀

如果减振器损坏，车辆在行驶过程中将会振动不平稳，导致车轮出现侧倾等现象，从而使接触地面的轮胎部分磨损严重，未接触的部分则不受影响。久而久之轮胎磨损不均匀，车辆行驶不稳定，同时还增加了颠簸不适感。

【任务实施】

实训 1　独立悬架故障诊断分析

一、任务准备

(1) 实训设备：实训车辆（可设置减振器漏油故障、过颠簸路段异响故障、原地转动转向盘异响故障）。

(2) 实训工具：维修工具、预紧式扭力扳手、铁撬棍。

(3) 实训资料：实训工作页、维修手册、教材。

(4) 辅助材料：翼子板布和前格栅布、三件套、抹布、白板笔。

二、任务实施

1. 车辆基本检查

(1) 实训车辆安全防护。

(2) 登记车辆基本信息。

(3) 车辆油、水、电基本检查。

2. 作业项目

(1) 独立悬架故障诊断分析。

(2) 独立悬架故障检测数据诊断分析报告。

3. 现场恢复

完成实训任务后,按照要求恢复车辆、仪器、设备,做好现场6S管理。

4. "1+X"任务实施

独立悬架故障诊断分析【评分细则】							
序号	评分项	得分条件	分值	评分要求	自评	互评	师评
1	安全/6S/态度	□1.能进行工位6S操作 □2.能进行设备和工具安全检查 □3.能进行车辆安全防护操作 □4.能进行工具清洁、校准、存放操作 □5.能进行三不落地操作	15	未完成1项扣3分	□熟练 □不熟练	□熟练 □不熟练	□合格 □不合格
2	专业技能	□1.能正确与客户沟通,确认独立悬架系统故障现象 □2.能正确制定独立悬架系统诊断思路 □3.能正确查询独立悬架部件结构图 □4.能正确初步检查独立悬架系统部件 □5.能制定独立悬架系统故障诊断策略 □6.能正确定位独立悬架系统故障范围 □7.能正确检查独立悬架系统机械部件 □8.能正确制定独立悬架系统维修方案	50	未完成1项扣5分	□熟练 □不熟练	□熟练 □不熟练	□合格 □不合格

		□9.能正确维修独立悬架系统故障点 □10.能正确与客户确认独立悬架系统故障症状排除					
3	工具及设备的使用	□1.能正确使用预紧式扭力扳手 □2.能正确使用铁撬棍 □3.能正确使用维修工具	10	未完成1项扣5分	□熟练 □不熟练	□熟练 □不熟练	□合格 □不合格
4	维修车辆准备事项	□1.能分析故障现象 □2.能判断故障范围 □3.能分析故障原因	10	未完成1项扣5分	□熟练 □不熟练	□熟练 □不熟练	□合格 □不合格
5	任务实施完成情况	□1.字迹清晰 □2.语句通顺 □3.无错别字 □4.无涂改 □5.无抄袭	5	未完成1项扣1分	□熟练 □不熟练	□熟练 □不熟练	□合格 □不合格
	总分						

实训 2　非独立悬架故障诊断分析

一、任务准备

(1) 实训设备：实训车辆(可设置车身摆动故障、过颠簸路段异响故障、车身倾斜故障)。
(2) 实训工具：维修工具、预紧式扭力扳手、铁撬棍、听诊器。
(3) 实训资料：实训工作页、维修手册、教材。
(4) 辅助材料：翼子板布和前格栅布、三件套、抹布、白板笔。

二、任务实施

1. 车辆基本检查

(1) 实训车辆安全防护。
(2) 登记车辆基本信息。
(3) 车辆油、水、电基本检查。

2. 作业项目

(1) 非独立悬架故障诊断分析。

(2) 非独立悬架故障检测数据诊断分析报告。

3. 现场恢复

完成实训任务后,按照要求恢复车辆、仪器、设备,做好现场 6S 管理。

4. "1+X"任务实施

序号	评分项	得分条件	分值	评分要求	自评	互评	师评
		非独立悬架故障诊断分析【评分细则】					
1	安全/6S/态度	□1.能进行工位 6S 操作 □2.能进行设备和工具安全检查 □3.能进行车辆安全防护操作 □4.能进行工具清洁、校准、存放操作 □5.能进行三不落地操作	15	未完成 1 项扣 3 分	□熟练 □不熟练	□熟练 □不熟练	□合格 □不合格
2	专业技能	□1.能正确与客户沟通确认非独立悬架系统故障现象 □2.能正确制定非独立悬架诊断思路 □3.能正确查询非独立悬架部件结构图 □4.能正确初步检查非独立悬架部件 □5.能制定非独立悬架故障诊断策略 □6.能正确定位非独立悬架故障范围 □7.能正确检查非独立悬架机械部件 □8.能正确制定非独立悬架维修方案 □9.能正确维修非独立悬架系统故障点 □10.能正确与客户确认非独立悬架系统故障症状排除	50	未完成 1 项扣 5 分	□熟练 □不熟练	□熟练 □不熟练	□合格 □不合格

3	工具及设备的使用	☐1.能正确使用维修工具 ☐2.能正确使用铁撬棍 ☐3.能正确使用预紧式扭力扳手 ☐4.能正确使用听诊器	10	未完成1项扣5分	☐熟练 ☐不熟练	☐熟练 ☐不熟练	☐合格 ☐不合格
4	维修车辆准备事项	☐1.能分析故障现象 ☐2.能判断故障范围 ☐3.能分析故障原因	10	未完成1项扣5分	☐熟练 ☐不熟练	☐熟练 ☐不熟练	☐合格 ☐不合格
5	任务实施完成情况	☐1.字迹清晰 ☐2.语句通顺 ☐3.无错别字 ☐4.无涂改 ☐5.无抄袭	5	未完成1项扣1分	☐熟练 ☐不熟练	☐熟练 ☐不熟练	☐合格 ☐不合格
	总分						

思政案例

培养"质量意识"

"质量意识"是一个企业从领导决策层到每一个员工,对质量和质量工作的认识和理解的程度。"质量意识"对质量行为起着极其重要的影响和制约作用。

雷锋在部队里是一名汽车兵。雷锋认为,一个合格的汽车驾驶员,也应该是一个合格的汽车修理工,要自己设法学会排除各种故障,确保行车安全。有一次出车前,他和战友检查车辆,发现一个豆粒大小的火花塞帽不见了。战友着急出车,便找来一个新的火花塞帽换上。雷锋坚决不同意,他说如果火花塞帽掉进气缸里,行车后就会发生事故。于是,他将车辆机件拆开,经过细心查找,果真在气缸里找到了那个火花塞帽。从这个故事里我们可以看到,雷锋不仅是位驾驶员,还是个"修车达人"。雷锋对待自己的职业毫不马虎,没有侥幸心理,有深刻的"质量意识"。

课后习题

一、填空题

1. 汽车悬架系统的作用是使汽车平顺、安全地行驶,并具有_____和_____。
2. 进行汽车悬架系统外观检查时,要检查弹簧_____,衬套_____,减振器_____,稳定杆或衬套_____,以及控制臂或支柱_____。
3. 状况良好的减振器应该在_____振动周期中衰减车体的振动。

4. 汽车减振器的作用是_____。
5. 如果减振器发生故障,会导致_____困难,_____很容易撞击限位块。
6. 如果减振器发生故障,会导致_____,汽车在_____或_____引起剧烈跳动。

二、选择题

1. 当车辆上下振动时产生异常噪声,下列除了(　　)外,都可能产生此故障。
   A. 控制臂衬套磨损　　　　　　　　B. 横拉杆端头磨损
   C. 减振器磨损　　　　　　　　　　D. 弹簧垫块磨损

2. 技术员甲说,如果汽车螺旋弹簧刚度太小或弹性衰减,轮胎将过早磨损。技术员乙说,如果汽车螺旋弹簧刚度太小或弹性衰减,定位和转向角将受影响。谁正确?(　　)
   A. 甲正确　　　　　　　　　　　　B. 乙正确
   C. 两人均正确　　　　　　　　　　D. 两人均不正确

3. 技术员甲说,安装前螺旋弹簧应先将隔垫装于弹簧顶端,再将弹簧安装在下底座内。技术员乙说,弹簧上端应与弹簧座的凹陷处对准。谁正确?(　　)
   A. 甲正确　　　　　　　　　　　　B. 乙正确
   C. 两人均正确　　　　　　　　　　D. 两人均不正确

4. 技术员甲说,中间边杆弯曲会引起前拉杆头松动及轮胎磨损故障。技术员乙说,中间边杆弯曲会引起后倾角和外倾角变化,超出规范值。谁正确?(　　)
   A. 甲正确　　　　　　　　　　　　B. 乙正确
   C. 两人均正确　　　　　　　　　　D. 两人均不正确

5. 两名技术员正在讨论主动悬架系统中液压管路损坏的故障形式。技术员甲说,如果管路弯曲或堵塞,悬架系统将不影响计算机输出。技术员乙说,如果管路破裂,整个系统将不能正常工作。谁正确?(　　)
   A. 甲正确　　　　　　　　　　　　B. 乙正确
   C. 两人均正确　　　　　　　　　　D. 两人均不正确

项目 9 转向系统的构造与检修

项目导读

汽车转向系统是用来改变或恢复汽车行驶方向的专设机构,主要由转向操纵机构、转向器和转向传动机构三部分组成。本项目通过两个任务,使学生认识汽车转向系统的结构总成,掌握两种转向器的结构与工作原理,以及认识转向系统的操纵机构。

◀ 任务 9.1 汽车转向系统的认知 ▶

【任务导入】

一辆科鲁兹轿车入厂检修,车主描述为转向不灵敏,要很大的力气才能转动转向盘。前台服务人员经过试车后认为,该车主要故障为转向沉重,遂开具派工单,请维修技师主要检查动力转向液压系统、自由行程、机械转向部分等。请查找实际故障原因,确定故障部位,并进行检修。

【任务目标】

(1) 熟练掌握转向系统的组成、功能与工作原理,着重掌握两种转向器的结构、工作原理等。

(2) 熟练掌握液压式动力转向系统的组成、工作原理,着重掌握液压常流式动力转向控制阀的工作原理。

(3) 能够独立完成机械转向系统(液压转向系统)的拆装工作,流程合理。

(4) 能够对两种转向器进行基本的检修与调整。

(5) 能够判断转向系统的常见故障,能够对故障原因进行分析,确定故障位置,完成基本的故障处理。

【知识准备】

一、转向系统的功能、类型与组成

1. 转向系统的功能

汽车转向系统的功能就是按照驾驶员的意愿控制汽车的行驶方向和保持汽车稳定的直线行驶。它是能够实现转向轮偏转和回位的一套机构。当汽车需要改变行驶方向时，必须使转向轮绕主销轴线偏转一定角度，直到新的行驶方向符合驾驶员的要求时，再将转向轮恢复到直线行驶的位置。

2. 转向系统的类型

汽车转向系统按照转向动力源的不同分为两大类：机械转向系统和动力转向系统。机械转向系统以驾驶员的体力作为转向动力源，是完全靠驾驶员手动操纵的转向系统；动力转向系统除了驾驶员的体力外，还借助了其他形式的动力作为辅助动力源，可以减少驾驶员转动转向盘的操纵力，从而减轻驾驶员的劳动程度。动力转向系统又可分为液压动力转向系统和电控动力转向系统，以及气压动力转向系统。

3. 转向系统的组成

1）机械转向系统

机械转向系统由转向操纵机构、转向器和转向传动机构三大部分组成，如图 9-1 所示。

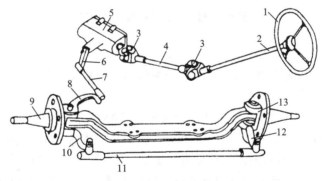

图 9-1　机械转向系统的组成

1—转向盘；2—转向轴；3—转向万向节；4—转向传动轴；5—转向器；6—转向摇臂；7—转向直拉杆；
8—转向节臂；9—左转向节；10—左转向梯形臂；11—转向横拉杆；12—右转向梯形臂；13—右转向节

转向操纵机构由转向盘、转向轴、万向节、转向传动轴等组成，它的作用是将驾驶员转动转向盘的操纵力传给转向器。转向器（也常称为转向机）是完成由旋转运动到直线运动（或近似直线运动）的一组齿轮机构，同时也是转向系统中的减速传动装置，较常用的有齿轮齿条式、循环球曲柄指销式、蜗杆曲柄指销式、循环球-齿条齿扇式、蜗杆滚轮式等，这里主要介绍前几种。转向传动机构的功用是将转向器输出的力和运动传到转向桥两侧的转向节，包括转向摇（垂）臂、转向直（纵）拉杆、转向节臂、转向梯形臂、转向横拉杆等。

2）动力转向系统

随着汽车前轴负荷的增大及超低压轮胎的使用，转向力矩随之增大，为减轻驾驶员的劳动强度,在转向系统中增设转向助力机构,形成动力转向系统。

动力转向系统是兼用驾驶员体力和发动机动力为转向动力的转向系统。它是在机械转向系统的基础上加设一套转向动力装置而形成的。在正常情况下,汽车转向所需能量只有一小部分由驾驶员提供,而大部分是由发动机通过转向助力装置提供的。但在转向助力装置失效时,一般还应能由驾驶员独立承担汽车转向任务。

图9-2所示为轿车的动力转向系统示意图,在原机械式齿轮齿条转向器的基础上增加了储油罐、液压泵、转向控制阀及转向动力缸。发动机驱动液压泵对液压油进行加压,压力油通过转向控制阀、转向动力缸,作用于转向器的齿轮、齿条上来实现转向。

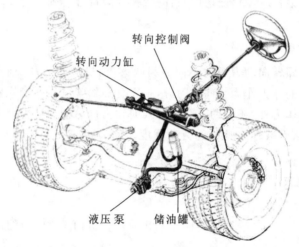

图9-2 轿车动力转向系统示意图

3) 电控动力转向系统

电控动力转向系统根据动力源不同,可分为液压式电控动力转向系统和电子式电控动力转向系统。

液压式电控动力转向系统是在液压动力转向系统的基础上增设了控制液体流量的电磁阀、车速传感器和ECU等。ECU根据检测到的车速信号,控制电磁阀使转向动力放大倍率实现连续可调,从而满足高低速时转向助力的要求。

电子式电控动力转向系统是利用直流电动机作为动力源,ECU根据转向参数和转速等信号,控制电动机扭矩的大小和方向。电动机的扭矩由电磁离合器通过减速机构减速增大后,加在汽车的转向机构上,得到一个与工况相适应的转向作用力。

电控动力转向系统可以使驾驶员在汽车低速行驶时操纵轻便、灵活;而在中高速行驶时又可以增加转向操纵力,使驾驶员的手感增强,从而获得良好的转向路感和提高转向操纵的稳定性。

二、转向系统的基本结构

1. 转向操纵机构

转向操纵机构将驾驶员转动转向盘的操纵力传给转向器,同时为了驾驶员的舒适性,还要求具有可调节性,以满足不同驾驶员的要求。同时为了防止车辆撞击后对驾驶员的损伤,还要求转向操纵机构具有一定的安全保护功能。

如图 9-3 所示,转向操纵机构由转向盘、转向轴、转向管柱、万向节及转向传动轴等组成。

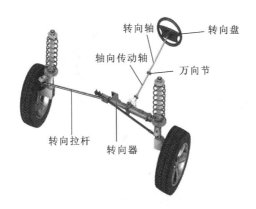

图 9-3 转向操纵机构示意图

1) 转向盘

如图 9-4 所示,转向盘由轮圈、轮辐和轮毂组成。轮辐一般为三根辐条或四根辐条,也有两根辐条的。轮毂的细牙内花键与转向轴连接。转向盘内部由成形的金属骨架构成,骨架外面一般包有柔软的合成橡胶、树脂或皮革,这样可使转向盘具有良好的手感。转向盘上都有喇叭按钮,有些汽车的转向盘上还装有车速控制开关和安全气囊。

图 9-4 转向盘结构示意图

2) 转向轴

转向轴分为上、下两段,中间用柔性联轴器连接。联轴器的上、下凸缘盘靠两个销子与销孔扣合在一起,销子通过衬套与销孔配合。当发生猛烈撞车时,车身、车架产生严重变形,导致转向轴、转向盘等部件后移。与此同时,在惯性作用下驾驶员身体向前冲,致使转向轴的上、下凸缘盘的销子与销孔脱开,从而可缓和冲击,吸收冲击能量,有效地减轻驾驶员受伤的程度。

3) 转向管柱

缓冲吸能式转向操纵机构从结构上能使转向轴和转向管柱在受到冲击后,轴向收缩并吸收冲击能量,从而有效地缓和转向盘对驾驶员的冲击,减轻其所受到伤害的程度。

转向管柱的类型主要有网状转向管柱和钢球滚压转向管柱两种。

(1) 网状转向管柱。

如图 9-5 所示,网状转向管柱的部分管壁制成网格状,使其在受到压缩时很容易产生轴向变形,并消耗一定的变形能量,避免转向盘对驾驶员的挤压伤害。

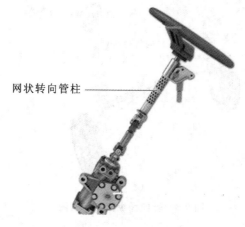

图 9-5 网状转向管柱

(2) 钢球滚压转向管柱。

图 9-6 所示为钢球滚压转向管柱。转向轴分为上转向轴和套在轴上的下转向轴两部分,二者用塑料销钉连成一体。转向管柱也分为上转向管柱和下转向管柱两部分,上、下转向管柱之间装有钢球,下转向管柱的外径与上转向管柱的内径之间的间隙比钢球直径稍小。上、下转向管柱连同转向管柱托架通过特制橡胶垫固定在车身上,橡胶垫则利用塑料销钉与托架连接。

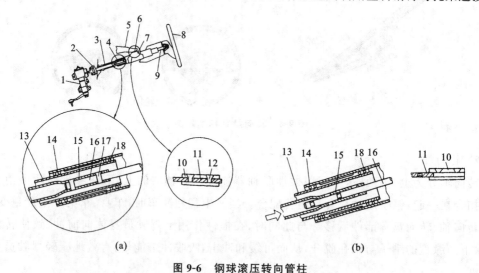

图 9-6 钢球滚压转向管柱

1—转向器总成;2—挠性联轴节;3、13—下转向管柱;4、14—上转向管柱;5—车身;6、10—橡胶垫;
7、11—转向管柱托架;8—转向盘;9、16—上转向轴;12、17—塑料销钉;15—下转向轴;18—钢球

当发生第一次碰撞时,连接上、下转向轴的塑料销钉被切断,下转向轴便套在上转向轴上向上滑动。在这一过程中,上转向轴和上转向管柱的空间位置没有因冲击而上移,故可使

驾驶员免受伤害。第二次碰撞时,连接橡胶垫与转向管柱托架的塑料销钉被切断,托架脱离橡胶垫,即上转向轴和上转向管柱连同转向盘、托架一起,相对于下转向轴和下转向管柱向下滑动,从而减轻对驾驶员胸部的冲击。在上述两次冲击过程中,上、下转向管柱之间产生相对滑动。因为钢球的直径稍大于上、下转向管柱的间隙,所以滑动中带有对钢球的挤压,冲击能量就在这种边滑动边挤压的过程中被吸收。

2. 转向器

1) 转向系统的角传动比

转向系统的角传动比为转向盘的转角与同侧转向轮转向角度之比。

角传动比对转向的影响:转向系统的角传动比越大,说明相同的转向角度,转向盘转过的圈数越多,这就意味着增矩的作用越大,转向操纵力越轻便,同时也会使转向操纵的灵敏性变差,所以转向系统的角传动比不能过大。相反,转向系统的角传动比越小,操纵灵敏性越好,但转向会变得很沉重。单纯的机械转向系统很难保证既轻便又灵敏,所以越来越多的车辆采用了动力转向系统。一般而言,汽车转向系统的角传动比,货车在 13.6~35.2 之间,轿车在 10.2~24.2 之间。

2) 转向盘的自由行程

在驾驶汽车过程中,向左或向右打方向,不使转向轮发生偏转而转向盘所能转过的角度,称为转向盘的自由行程。

转向盘的自由行程主要是由转向系统各传动件之间的装配间隙和弹性形变所引起的。当汽车处于直线行驶时,转向盘自由行程表现为转向盘为消除间隙而克服弹性形变所转过的角度。而这些间隙将随零件的磨损而增大,所以在汽车维护中应定期检查转向盘的自由行程。

转向盘的自由行程对于缓和路面冲击、使驾驶员操纵柔和、防止驾驶员过度紧张等是有利的。但自由行程不宜过大,以免过分影响转向灵敏性和产生转向摇摆现象。

转向盘的自由行程一般不应超过 10°~15°,当超过 25°~30°时,必须进行调整。

3) 转向器的类型及结构

汽车转向器又名转向机、方向机,它是汽车转向系统中最重要的部件。它的作用是增大转向盘传到转向传动机构的力和改变力的传递方向。

转向器的传动效率是指转向器输出功率与输入功率之比。功率由转向轴输入、转向摇臂输出的情况下求得的传动效率称为正效率,而在传动方向与此相反时求得的效率称为逆效率。

按照转向器中传动副的结构形式,转向器分为齿轮齿条式、循环球式、蜗杆曲柄指销式和蜗杆滚轮式几种。按照传动效率的不同,转向器还可以分为可逆式转向器、极限可逆式转向器和不可逆式转向器。

可逆式转向器的正、逆传动效率都很高,这种转向器有利于汽车后转向轮的自动回正,转向盘的"路感"很强,也就是说在坏路面行驶时会出现"打手"现象,所以主要应用于经常在良好路面行驶的车辆。

不可逆式转向器的逆传动效率很低,驾驶员无法得到路面的反馈信息,没有"路感",转向轮也不能自动回正,所以很少采用。

极限可逆式转向器保持了一定的逆传动效率,但正传动效率远大于逆传动效率。采用这种转向器转向轮能够自动回正,也保持一定的"路感",只有在路面冲击力很大时才能部分地传到转向盘,主要应用于中型越野汽车、工矿用自卸汽车等。

(1)齿轮齿条式转向器。图 9-7 所示为齿轮齿条式转向器,它主要由转向器壳体、转向齿轮、转向齿条等组成。转向器通过壳体两端用螺栓固定于车架上。汽车转向时,转向盘带动转向齿轮随之转动,齿轮带动转向齿条轴向移动,转向齿条通过转向横拉杆、转向节带动转向轮偏转。

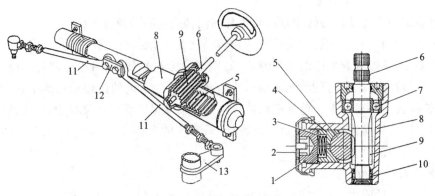

图 9-7　齿轮齿条式转向器

1—调整螺塞;2—罩盖;3—压簧;4—压簧垫块;5—转向齿条;6—齿轮轴;7—球轴承;
8—转向器壳体;9—转向齿轮;10—滚柱轴承;11—转向横拉杆;12—拉杆支架;13—转向节

(2)循环球式转向器。图 9-8 所示为循环球式转向器,它是目前国内外应用最广泛的转向器结构形式之一。它一般有两级传动副,第一级是螺杆螺母传动副,第二级是齿条齿扇传动副。汽车转向时,转动转向盘,转向螺杆随之转动,通过钢球将力传给转向螺母,转向螺母即沿轴向移动。同时,在转向螺杆及转向螺母与钢球间的摩擦力偶作用下,所有钢球便在螺旋管状通道内滚动,形成"球流"。钢球在管状通道内绕行两周后,流出转向螺母而进入导管的一端,再由导管另一端流回螺旋管状通道。故在转向器工作时,两列钢球只是在各自的封闭流道内循环,而不致脱出。随着螺母沿螺杆做轴向移动,其齿条便带动齿扇绕着转向摇臂轴作摆动,再通过转向传动机构使转向轮偏转。

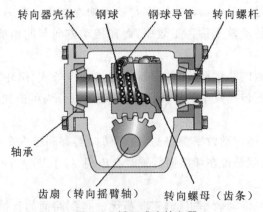

图 9-8　循环球式转向器

3. 转向传动机构

转向传动机构的功用是将转向器输出的力和运动传给转向轮,使两侧转向轮偏转角按一定关系变化,以实现汽车顺利转向。

按照悬架的分类,转向传动机构可分为与非独立悬架配用的转向传动机构和与独立悬架配用的转向传动机构两大类,如图 9-9 和图 9-10 所示。

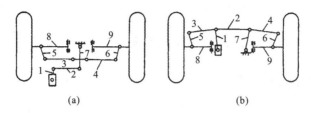

图 9-9 与独立悬架配用的转向传动机构

1—转向摇臂;2—转向直拉杆;3、4—左、右转向横拉杆;
5、6—左、右梯形臂;7—摇杆;8、9—悬架左、右摆臂

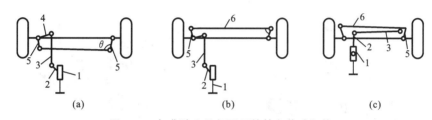

图 9-10 与非独立悬架配用的转向传动机构

1—转向器;2—转向摇臂;3—转向直拉杆;4—转向节臂;5—梯形臂;6—转向横拉杆

三、转向轴的拆装与检查

1. 转向轴的拆卸

转向轴上装有一套组合开关,包括点火开关、前风窗刮水及清洗开关、转向灯开关及远近光变光开关,因此在拆卸前必须将蓄电池电源线断开,转向指示灯开关放在中间位置,并将车轮处于直线行驶位置,然后按下列步骤进行。

取下喇叭盖,拆卸喇叭按钮及有关接线。拆下转向盘紧固螺母,取下转向盘。拆下组合开关上的三个平口螺栓,取下开关。拆下阻风门控制把手手柄上的销子,然后旋下手柄、环形螺母,取下开关。拆下转向轴套管的两个螺钉,拆下套管。将转向轴上段往下压,使上段端部法兰上的两个驱动销脱离转向轴下端,取出转向轴上段。取下转向轴橡胶圈,松开夹紧箍的紧固螺栓,拆下转向轴下端。用水泵钳旋转卸下弹簧垫圈,卸下左边的内六角螺栓,旋出右边的开口螺栓,拆下转向盘锁套。

2. 转向轴的检查

检查转向轴有无弯曲,安全联轴节有无磨损或损坏,弹簧弹性是否失效,如有则应修理或更换新件。

3. 转向轴的安装

转向轴的安装基本按拆卸的相反顺序进行,但同时应注意以下几点。

(1) 转向轴与凸缘管应一起安装,并用水泵钳连接起来。

(2) 应将凸缘管推至转向机构主动齿轮上,夹紧箍圈口应向外,注意不可用手掰开夹箍。

(3) 装配转向轴套管的断开螺栓时,将螺栓拧紧至螺栓头断开为止,然后拧紧圆柱螺栓。

(4) 车轮应处于直线行驶位置,转向灯开关应处在中间位置,才可安装转向盘;否则,当分离爪齿通过接触环上的簧片时,有可能造成损坏。

(5) 应更换所有的自锁螺母和螺栓,转向支柱如有损坏,不能焊接修理。

四、齿轮齿条式转向器的拆装与调整

1. 齿轮齿条式转向器的分解

齿轮齿条式转向器的分解图如图 9-11 所示。拆下啮合间隙补偿器,拆下主动齿轮密封环、卡簧、轴承,取出主动齿轮,检查主动齿轮端和轴承磨损情况。将齿条行程做上记号。松开齿条端盖帽,拆卸齿条杆上的防尘罩、挡圈、密封圈,抽出齿条。

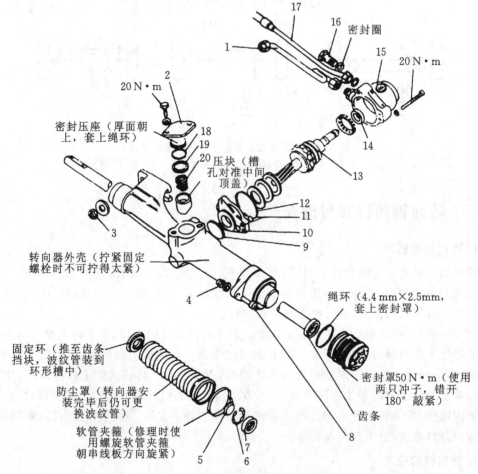

图 9-11 齿轮齿条式转向器分解图

1—油管(40 N·m);2—压盖;3—自锁螺母(35 N·m);4—自锁螺母(20 N·m);5—齿形环;
6—挡圈;7—齿条密封罩;8—圆柱内六角螺栓;9—圆绳环 42×2;10—中间盖;
11、12、18—圆绳环;13—转向机构主动齿轮;14—密封圈;15—阀门罩壳;
16—管接头螺栓(30 N·m);17—回油管;19—补偿垫片;20—压簧

2. 齿轮齿条式转向器的检查

检查转向器外壳有无破裂和破损,检查波纹管是否完好,检查各密封圈和密封环,检查齿条各部分磨损情况。

3. 齿轮齿条式转向器的装配与调整

转向器的装配顺序与拆卸顺序相反。但装配前应注意,转向器零件不允许焊接和整形作业,自锁螺母和螺栓一经拆卸,安装时必须成对更换。安装密封衬套前应在衬套内外涂上润滑液,然后用力将衬套推至驾驶室前穿线板中。转向器装配后,应检查调整齿轮齿条间隙,调整时将车轮处于直线行驶位置,松开锁紧螺母,转动调整螺栓至接触止推垫圈挡块为止。拧紧锁止螺母,最后紧固横拉杆,要注意防止齿条受压太紧。

【任务实施】

一、任务准备

(1) 实训设备:实训车辆、底盘拆装实训台或相似实训设备。
(2) 实训工具:汽车拆装手动工具。
(3) 实训资料:实训工作页、维修手册、教材。
(4) 辅助材料:翼子板布和前格栅布、三件套、抹布、白板笔。

二、任务实施

1. 车辆基本检查

(1) 实训车辆安全防护。
(2) 登记车辆基本信息。
(3) 车辆油、水、电基本检查。

2. 齿轮齿条式转向系统的拆装

(1) 齿轮齿条式转向器的拆卸步骤:

_____
_____
_____
_____

(2) 齿轮齿条式转向器拆卸时的注意事项:

_____
_____
_____
_____

(3)齿轮齿条式转向器的装配步骤：
_____
_____
_____
_____

3. 转向系统的检测
_____
_____
_____
_____

4. 现场恢复
完成实训任务后，按照要求恢复车辆、仪器、设备，做好现场 6S 管理。

5. "1+X"任务实施

汽车转向悬架与制动安全系统技术（初级）职业技能【评分细则】							
序号	评分项	得分条件	分值	评分要求	自评	互评	师评
1	安全/6S/态度	□1.能遵守日常车间安全规定和作业流程 □2.能按照安全管理条例整理工具和设备 □3.能正确使用卧式千斤顶和千斤顶支架 □4.能正确使用举升机举升车辆 □5.能检查车间的通风条件是否良好 □6.能识别安全区域标记 □7.能确认灭火器和其他消防设备的位置和类型，并能正确使用灭火器和其他消防设备 □8.能识别眼睛清洗站的标识物并确认使用方法 □9.能识别疏散路线的标识物。能使用符合要求的护目镜、耳塞、手套和车间活动工作靴 □10.能在车间内穿着符合工作要求的服装	20	未完成1项扣3分	□熟练 □不熟练	□熟练 □不熟练	□合格 □不合格

		□11.能根据车间作业要求,留符合安全性要求的发型,并且不佩戴首饰					
2	专业技能	□1.能检查转向轴万向节、伸缩关节、轴承、轴套和密封圈、阶段式万向节(包括在转向柱装备安全气囊SRS系统) □2.能检查动力转向系统的油面和状态,根据维修手册调整油面 □3.能对动力转向系统进行冲洗、加注油液和排气,按厂家规格使用适当的液体类型 □4.能检查动力转向系统油液有无泄漏 □5.能拆卸、检查、更换和调整动力转向泵传动皮带 □6.能检查及更换动力转向油管及配件 □7.能检查转向摇臂、转向条(中间连接、中间干涉)、惰轮臂、固定件、转向连杆和减振器 □8.能检查横拉杆两端(套接头)、拉杆的套管及夹钳 □9.能检查上、下控制臂衬套和轴 □10.能检查回位缓冲器 □11.能检查稳定拉杆、支杆、半臂及相关支座和衬套 □12.能检查上、下球头有无漏油、破损、松动	40	未完成1项扣4分	□熟练 □不熟练	□熟练 □不熟练	□合格 □不合格

3	工具及设备的使用	☐1.能识别上、下控制臂衬套和轴等部件 ☐2.能掌握上、下球头等部件的检查方法 ☐3.能查阅维修手册对动力转向助力泵传动皮带进行拆卸、检查、更换和调整	20	未完成1项扣3分	☐熟练 ☐不熟练	☐熟练 ☐不熟练	☐合格 ☐不合格
4	维修车辆准备事项	☐1.能确认维修工单上所要求的维修项目及信息 ☐2.能在车辆上正确使用翼子板罩、翼子板垫 ☐3.能在车辆后轮上正确安装车轮挡块 ☐4.能在车辆的排气尾管上正确安装尾气收集管,并开启设备	15	未完成1项扣3分	☐熟练 ☐不熟练	☐熟练 ☐不熟练	☐合格 ☐不合格
5	任务实施完成情况	☐1.字迹清晰 ☐2.语句通顺 ☐3.无错别字 ☐4.无涂改 ☐5.无抄袭	5	未完成1项扣3分	☐熟练 ☐不熟练	☐熟练 ☐不熟练	☐合格 ☐不合格

任务9.2 动力转向系统的检修

【任务导入】

一辆科鲁兹轿车转向沉重,入厂进行维修。维修技师检查后,发现是动力转向系统的故障,需要对车辆动力转向系统进行检修。

【任务目标】

(1) 掌握液压常流滑阀式动力转向装置的工作原理。
(2) 了解液压动力转向系统的基本结构。

【知识准备】

目前汽车上配置的动力转向系统可以分为三类:机械液压动力转向系统、电子液压动力转向系统和电控动力转向系统。这里着重介绍液压动力转向系统。

一、液压动力转向系统

机械液压动力转向系统的组成如图9-12所示，它是在传统的机械转向系统的基础上添加了转向油泵、储油罐和油管等设备。当驾驶员转动转向盘时，转向油泵、储油罐和油管中就会产生液压力施加在机械转向系统的部件（如摇臂）上，相当于在人力之外额外增加了一个帮助驾驶员使汽车转向的力，这就是所谓的转向助力。利用液压力产生转向助力的系统就是液压动力转向系统。按照转向控制阀的运动方式，液压动力转向装置可以分为滑阀式和转阀式。

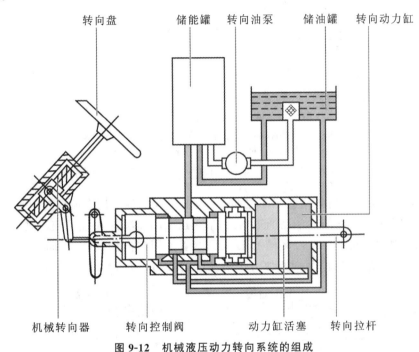

图9-12 机械液压动力转向系统的组成

1. 液压常流滑阀式动力转向装置

液压常流滑阀式动力转向装置的基本组成如图9-13所示，主要包括储油罐、转向油泵、转向控制阀、转向动力缸等。

1）当汽车直线行驶时

当汽车直线行驶时，如图9-13所示，滑阀在复位弹簧的作用下保持中间位置。转向控制阀内各环槽相通，自油泵输送出来的油液进入阀体油槽A之后，经环槽B和C分别流入转向动力缸的R腔和L腔，同时又经环槽D和E进入回油管道流回油管。这时，滑阀与阀体各环槽槽肩之间的间隙大小相等，油路畅通，转向动力缸因左、右腔油压相等而不起加力作用。

2）当汽车转弯行驶时

当汽车右转向时，驾驶员通过转向盘使转向螺杆向右转动（顺时针）。开始时，转向螺母暂时不动，具有左旋螺纹的螺杆在螺母的推动下向右轴向移动，带动滑阀压缩弹簧向右移

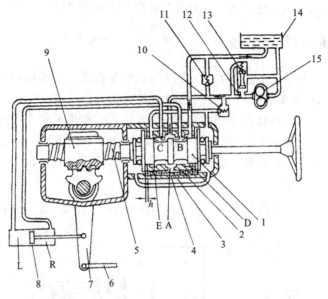

图 9-13 液压常流滑阀式动力转向装置
1—滑阀；2—反作用柱塞；3—滑阀复位弹簧；4—阀体；5—转向螺杆；
6—转向直拉杆；7—转向摇臂；8—转向动力缸；9—转向螺母；10—单向阀；
11—安全阀；12—节流孔；13—溢流阀；14—转向储油罐；15—转向油泵

动，消除左端间隙 h。此时环槽 C 与 E 之间、A 与 B 之间的油路通道被滑阀和阀体相应的槽肩封闭，而环槽 A 与 C 之间的油路通道增大，油泵送来的油液自 A 经 C 流入动力缸的 L 腔，L 腔形成高压油区。R 腔油液经环槽 B、D 及回油管流回转向储油罐，转向动力缸的活塞右移，使转向摇臂逆时针转动，从而起加力作用，如图 9-14 所示。

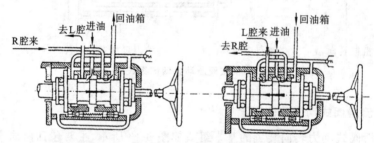

图 9-14 左右转向时转向控制阀的工作状态

只要转向盘和转向螺杆继续转动，加力作用就一直存在。当转向盘转过一定角度保持不动时，转向螺杆作用于转向螺母的力消失，但转向动力缸活塞仍继续右移，转向摇臂继续逆时针方向转动，其上端拨动转向螺母，带动转向螺杆及滑阀一起向左移动，直到滑阀恢复到中间稍偏右的位置。此时 L 腔的油压仍高于 R 腔的油压，此压力差在转向动力缸活塞上的作用力用来克服转向轮的回正力矩，使转向轮的偏转角维持不动，这就是转向的维持过程。如转向轮进一步偏转，则需要继续转动转向盘，重复上述全部过程。

3）当松开转向盘时

松开转向盘，滑阀在复位弹簧和反作用柱塞的油压作用下回到中间位置，转向动力缸停止工作。转向轮在前轮定位产生的回正力矩的作用下自动回正，通过转向螺母带动转向螺杆反向转动,使转向盘回到汽车直线行驶位置。如果滑阀不能回到中间位置,汽车将在行驶中跑偏。

在对装的反作用柱塞的内端,复位弹簧所在的空间,转向过程中总是与转向动力缸高压油腔相通。此油压与转向阻力成正比,作用在柱塞的内端。转向时,要使滑阀移动,驾驶员作用在转向盘上的力,不仅要克服转向器内的摩擦阻力和复位弹簧的张力,还要克服作用在柱塞上的油液压力。所以,转向阻力增大,油液压力也增大,驾驶员作用于转向盘上的力也必须增大,使驾驶员感觉到转向阻力的变化情况,这种作用就是"路感"。

2. 液压常流转阀式动力转向装置

汽车直线行驶时,转阀处于中间位置,如图 9-15(a)所示。来自转向油泵的油液从动力转向器壳体进油口经阀体的进油道流进阀体和转阀之间。由于转阀处于中间位置,进入的油液分别经过阀体和转阀纵槽槽肩形成的两边相等的间隙、阀体油道 L、阀体油道 R,流进转向动力缸的左、右腔室,使两腔油压相等,活塞保持在中间平衡位置,不起转向及转向加力作用。同时,流进阀体和转阀之间的油液还经转阀的四条径向回油孔汇集于转阀内腔的回油道,最后经转向器壳体回油口流回转向油罐,形成常流式油液循环。

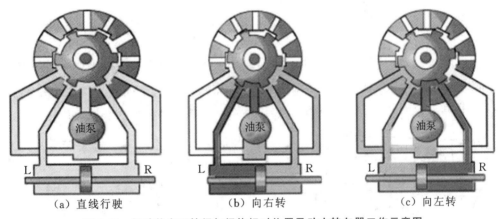

(a) 直线行驶　　　　(b) 向右转　　　　(c) 向左转

图 9-15　行驶状态下转阀与阀体相对位置及动力转向器工作示意图

汽车转向时(见图 9-15(b)(c)),阀体的转动角度小于转阀的转动角度,造成下腔的进油缝隙减小(或关闭),回油缝隙增大,油压降低;上腔正相反,油压升高,上下动力腔产生油压差,活塞在油压差的作用下移动,产生助力作用。

一旦转向盘停止转动并维持在某一转角位置不动,短轴及转阀便不再转动,但活塞在油压差的作用下仍继续左移,导致转向螺杆连同阀体沿原转动方向继续转动,使弹性扭杆的扭转变形减小,阀体与转阀的相对角位移量减小,动力缸左、右两腔油压差减小。减小的油压差仍作用在活塞上,以克服转向轮的回正力矩,转向轮的偏转角维持不动。

在转向过程中,转向盘转得越快,弹性扭杆的扭转速度就越快,转阀相对于阀体产生角位移的速度也越快,从而使动力缸左、右两腔产生压力差的速度加快,转向轮的偏转速度也相应加快。转向盘转得越慢,前轮偏转得也越慢;转向盘转到某一位置上不动,前轮也偏转到某一位置上不变。即"快转快助,大转大助,不转不助"原理。驾驶员能感觉到转向阻力的变化情况,所以这种转阀式动力转向装置具有"路感"作用。

转向需回正时,驾驶员放松转向盘,转阀在弹性扭杆的作用下回到中间位置,失去了助力作用,转向轮在回正力矩的作用下自动回位。若驾驶员同时回转转向盘时,转向助力器助力,帮助车轮回正。与滑阀动力转向器相比,转阀式动力转向器的主要优点是灵敏度高,因而适用于高速行驶的轿车。

二、动力转向器的拆卸和安装

1. 动力转向器的拆卸

(1) 举升车辆,排放转向液压油(ATF 油)。

(2) 拆卸横拉杆固定螺母,如图 9-16 所示。

(3) 拆卸左前轮罩处的转向器固定螺栓,如图 9-17 所示。

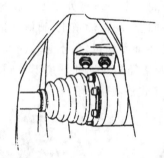

图 9-16　拆卸横拉杆固定螺母

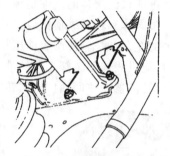

图 9-17　拆卸左前轮罩处的转向器固定螺栓

(4) 松开在转向控制阀外壳上的高压油管,如图 9-18 所示。

(5) 拆卸后横板上固定转向器的左边自锁螺母,如图 9-19 所示。

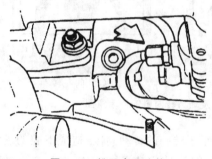

图 9-18　松开高压油管

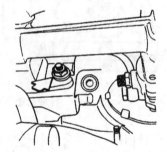

图 9-19　拆卸后横板上固定转向器的左边自锁螺母

(6) 放下车辆。拆卸紧固齿条与转向横拉杆的螺栓,如图 9-20 所示。

(7) 拆卸仪表板侧边下盖、通风管和踏板盖。

(8) 拆卸紧固转向小齿轮与下轴的螺栓,如图 9-21 所示,并使各轴分开。

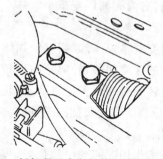

图 9-20　拆卸紧固齿条与转向横拉杆的螺栓

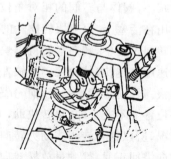

图 9-21　拆卸紧固转向小齿轮与下轴的螺栓

（9）拆卸防尘套。从汽车内部，拆卸固定转向控制阀外壳上回油软管的泄放螺栓，如图9-22所示。

（10）拆卸后横板上转向器的固定自锁螺母，如图9-23所示。拆下转向器。

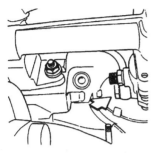

图9-22 拆卸泄放螺栓

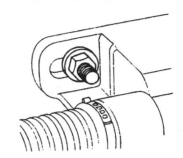

图9-23 拆卸后横板上转向器的固定自锁螺母

2. 动力转向器的安装

安装时注意，油泵上和在转向控制阀上固定泄放螺栓的密封环只要被拆卸，就要更换。

（1）安装后横板的转向器，安装自锁螺母但不必完全拧紧。

（2）举升车辆。在转向油泵上安装高压和回油软管，用40 N·m的力矩拧紧螺栓，并使用新的密封圈；安装在左前轮罩上的转向器固定螺栓，并用20 N·m的力矩拧紧螺栓，安装在后横板上转向器固定自锁螺母，并且用40 N·m的力矩拧紧螺母；把高压管固定在转向控制阀外壳上。

（3）放下车辆。用40 N·m的力矩拧紧在后横板上转向器的固定螺母；安装横拉杆支架固定螺栓，并用45 N·m的力矩拧紧；从车辆内部把回油软管安装在转向控制阀外壳上；安装保护网（防尘套）；连接下轴，安装固定螺栓并用25 N·m的力矩拧紧；安装踏板盖、通风管和仪表板盖。

（4）安装固定横拉杆支架的自锁螺母，并用45 N·m的力矩拧紧。

（5）向储油罐内注入ATF油，直到达到标有"Max"处为止。禁止使用已排出的ATF油。

（6）举升车辆。在发动机停止的情况下转动转向盘数次，以便把系统中存在的空气排出，并补充ATF油，使之达到标有"Max"处。

（7）启动发动机，完全向左和右转动转向盘，观察油面高度，一直操作到油面稳定在标有"Max"处为止。

三、转向系统的检查

1. 检查系统密封性

转向系统密封性的检查，应在热车时进行。将转向盘快速向左、右两侧转至极限位置，并保持不动，此时可产生最佳管内压力。目测检查转向控制阀、齿条密封（松开波纹管软管夹箍，再将波纹管推至一旁）、叶轮泵、油管接头是否有漏油现象，如有渗漏应更换密封件。如果发现储油罐中缺少ATF油，应检查转向系统的密封性是否完好。如果转向器主动齿轮不密封，必须更换阀体中的密封环和中间盖板上的圆形绳环。如果转向器罩壳中的齿轮齿条密封件不密封，ATF油可能流入波纹管套，此时，应拆开转向机构，更换所有密封环。如果油管接头漏油,应查找原因并重新接好。

2. 检查转向油泵压力

(1) 将压力表装到连接管阀体和弹性软管之间的压力管中。

(2) 启动发动机,如果需要,向储油罐补充 ATF 油。

(3) 快速关闭截止阀(关闭时间不超过 5 min),并读出压力数,表压额定值为 6.8～8.2 MPa。如果没有达到额定数值,应检查压力和流量限制阀是否完好。如果不正常应更换压力和流量限制阀,或更换叶轮泵。

3. 检查系统压力

当发动机怠速工作时,打开压力表节流阀,使转向盘向左、右旋转至极限位置,同时读出压力表上的压力。压力表额定值为 6.8～8.2 MPa。如果向左、右的额定值达不到要求,就要修理转向器或更换总成。

四、转向系统常见故障分析

1. 转向沉重

1) 现象

装有液压动力转向系统的汽车,在行驶中突然感到转向沉重。

2) 原因

一般是液压转向动力系统失效或助力不足所造成的,其根本原因在于油液压力不足。引起转向系统油压不足的主要原因有:

(1) 储油罐缺油或油液高度低于规定要求。

(2) 液压回路中渗入了空气。

(3) 油泵驱动皮带过松或打滑。

(4) 各油管接头处密封不良,有泄漏现象。

(5) 油路堵塞或滤清器污物太多。

(6) 油泵磨损,内部泄漏严重。

(7) 油泵安全阀、溢流阀泄漏,弹簧弹力减弱或调整不当。

(8) 动力缸或转向控制阀密封损坏。

3) 诊断与排除

(1) 检查转向油泵驱动部分的情况。

用手压下转向油泵的驱动皮带,检查皮带的松紧度,若皮带过松,应调整。

启动发动机,使发动机怠速运转,突然提高发动机的转速,检查转向油泵驱动皮带有无打滑现象,发现问题后应按规定更换性能不良的部件。

(2) 检查储油罐内的油液质量和液面高度,若油液变质则应重新更换规定油液。若只是液面低于规定高度,应加油至油面达到规定位置。

(3) 检查储油罐内的滤清器。若发现滤网脏污,说明滤清器堵塞,应清洗;若发现滤网破裂,说明滤清器损坏,应更换。

(4) 检查油路中是否渗入空气,如果发现储油罐中的油液有气泡,说明油路中有空气渗入,应检查各油管接头和接合面的螺栓是否松动、各密封件是否损坏、有无泄漏现象、油管是否破裂等。对于出现故障的部位应修整和更换,并进行排气操作,最后重新加入油液。

(5) 检查各油管接头等处有无泄漏,油路中是否有堵塞,查明故障后按规定力矩拧紧有关接头或清除污物。

(6) 检查转向油泵的输出压力,如果油泵输出压力不足,说明油泵有故障,此时应分解油泵,检查油泵是否磨损或内部泄漏严重,安全阀、溢流阀是否泄漏或卡滞,弹簧弹力是否减弱或调整不当,各轴承是否烧结或严重磨损等。叶片泵应检查转子上的密封环或油封是否损坏,齿轮泵应检查齿轮间隙是否过大等,查明故障后予以修理,必要时更换转向油泵。

2. 异响

1) 现象

汽车转向时,转向系统有明显异响,并影响汽车的转向性能。

2) 原因

(1) 储油罐中液面太低,转向油泵在工作时容易渗入空气。
(2) 液压系统中渗入空气。
(3) 储油罐滤网堵塞,或液压回路中有过多的沉积物。
(4) 油管接头松动或油管破裂。
(5) 转向油泵严重磨损或损坏。
(6) 转向控制阀性能不良。

3) 诊断与排除

(1) 当转向盘处于极限位置或原地慢慢转动转向盘时,转向器发出"嘶嘶"声,如果异响严重则可能是转向控制阀性能不良,应更换转向控制阀。

(2) 当转向油泵发出"嘶嘶"声或尖叫声时,应进行以下检查:①检查储油罐液面高度,若液面高度不够应查明渗漏部位并修理,然后按规定加足油液;②检查转向油泵驱动皮带是否打滑,若打滑应查明原因,更换皮带或调整皮带松紧度;③查看油液中有无泡沫,若有泡沫,应查找渗漏部位并予以修理,然后排除空气;若无渗漏,则说明油路堵塞或油泵严重磨损及损坏,应予以修复或更换。

3. 左右转向轻重不同

1) 现象

汽车行驶时,向左和向右的转向操纵力不相等。

2) 原因

(1) 转向控制阀(滑阀)阀芯偏离中间位置,或虽然在中间位置但与阀体槽肩的缝隙大小不一致。
(2) 转向控制阀内有污物阻滞,使左右转向操纵力不同。
(3) 液压系统中动力缸的某一油腔渗入空气。
(4) 油路渗漏或破损。

3) 诊断与排除

这种故障多是油液脏污所致,应按规定更换新油后再进行检查。

(1) 如果油质良好或更换新油后故障没有消除,应对液压系统进行排气并检查系统有无油液渗漏。若液压系统中出现渗漏,应更换渗漏部位的零部件。

(2) 如果故障仍不能排除,则可能是由于转向控制阀(滑阀)阀芯偏离中间位置造成的。

滑阀式转向控制阀的故障可在动力转向器外部进行排除,通过改变转向控制阀阀芯的位置来实现。如果滑阀位置调整后问题仍不见好转,应拆检滑阀并测量其偏离尺寸,若偏差较大,应更换滑阀。转阀式转向控制阀必须通过分解检查来排除故障。

4. 直线行驶转向盘发飘或跑偏

1) 现象

汽车直线行驶时,难以保持正前方向而总向一边跑偏。

2) 原因

(1) 油液脏污,转向控制阀复位弹簧折断或变软,使转向控制阀不能及时复位。

(2) 转向控制阀(滑阀)阀芯偏离中间位置,或虽然在中间位置但与阀体槽肩的缝隙大小不一致。

(3) 流量控制阀卡滞使转向油泵流量过大或油压管路布置不合理,造成油压系统管路节流损失过大,使转向动力缸左右腔压力差过大。

3) 诊断与排除

(1) 检查油液是否脏污。新车或大修以后的车辆,如果不按规定在磨合期换油,则会使油液脏污。

(2) 使用较久的车辆,则可能是流量控制阀或转向控制阀复位弹簧失效所致。可在不启动发动机的情况下转动转向盘,凭手感判断转向控制阀是否运动自如,否则一般应拆卸检查。

(3) 检查转向油泵流量控制阀是否卡滞和油压管路布置是否合理,发现故障应予以修理。

5. 转向时转向盘发抖

1) 现象

发动机工作时转向,尤其是在原地转向时滑阀共振,转向盘抖动。

2) 原因

(1) 储油罐液面低。

(2) 油路中渗入空气。

(3) 转向油泵驱动皮带打滑。

(4) 转向油泵输出压力不足。

(5) 转向油泵流量控制阀卡滞。

3) 诊断与排除

(1) 检查储油罐液面是否符合规定,否则按要求加注转向油液。

(2) 排放油路中渗入的空气。

(3) 检查转向油泵驱动皮带是否打滑或其他驱动形式的齿轮传动等有无损坏,发现问题后应按规定调整皮带松紧度或更换性能不良的部件。

(4) 检查转向油泵的输出压力。压力不足时应拆卸油泵,检查油泵是否磨损或内部泄漏严重、安全阀及流量控制阀是否泄漏或卡滞、弹簧弹力是否减弱或调整不当、各轴承是否烧结或严重磨损等。叶片式转向油泵应检查转子上的密封环或油封是否损坏,齿轮式油泵应检查齿轮间隙是否过大等。查明故障后予以修理,必要时更换转向油泵,如果泵轴油封泄漏也应更换转向油泵。

【任务实施】

一、任务准备

(1) 实训设备:桑塔纳轿车或相似实训设备。
(2) 实训工具:汽车拆装手动工具、万用表。
(3) 实训资料:实训工作页、维修手册、教材。
(4) 辅助材料:翼子板布和前格栅布、三件套、抹布、白板笔。

二、任务实施

1. 动力转向系统拆卸和安装步骤

2. 汽车诊断仪连接

(1) 转向液压油更换步骤:

(2) 转向油泵皮带调整步骤:

(3) 转向油泵更换步骤:

3. 现场恢复

完成实训任务后,按照要求恢复车辆、仪器、设备,做好现场6S管理。

4. "1＋X"任务实施

汽车转向悬架与制动安全系统技术（中级）职业技能【评分细则】							
序号	评分项	得分条件	分值	评分要求	自评	互评	师评
1	安全/6S/态度	□1.能遵守日常车间安全规定和作业流程 □2.能按照安全管理条例整理工具和设备 □3.能正确使用卧式千斤顶和千斤顶支架 □4.能正确使用举升机举升车辆 □5.能检查车间的通风条件是否良好 □6.能识别安全区域标记 □7.能确认灭火器和其他消防设备的位置和类型，并能正确使用灭火器和其他消防设备 □8.能识别眼睛清洗站的标识物并确认使用方法 □9.能识别疏散路线的标识物。能使用符合要求的护目镜、耳塞、手套和车间活动工作靴 □10.能在车间内穿着符合工作要求的服装 □11.能根据车间作业要求，留符合安全性要求的发型，并且不佩戴首饰	20	未完成1项扣3分	□熟练 □不熟练	□熟练 □不熟练	□合格 □不合格
2	专业技能	□1.能检查和更换转向柱、转向轴万向节、挠性联轴节、伸缩柱、转向盘（包括装有安全气囊、控制器和部件的转向盘）	40	未完成1项扣4分	□熟练 □不熟练	□熟练 □不熟练	□合格 □不合格

		□2.能拆卸和更换循环球式转向器及组件（包括装有安全气囊和控制装置的转向盘）					
		□3.能调整循环球式转向器的蜗杆轴承预加载荷和齿扇游隙					
		□4.能检查和更换循环球式转向器的密封件和垫片					
		□5.能拆卸和更换齿轮齿条式转向器及组件（包括装有安全气囊和控制装置的转向盘）					
		□6.能调整齿轮齿条式转向器齿轮与齿条间隙					
		□7.能检查和更换齿轮齿条式转向器的转向拉杆和波纹管护罩					
		□8.能检查和更换齿轮齿条式转向器的固定衬套和支架					
		□9.能检查转向柱和转向器有无噪声和机械干涉					
		□10.能检查动力转向系统的油面和状态，根据维修手册调整油面					
		□11.能检查、调整和更换动力转向泵的皮带和张紧装置					
		□12.能拆卸和更换动力转向泵，检查泵的固定情况和固定支架					
		□13.能检查和更换动力转向泵密封件、垫片、储油罐和阀					
		□14.能检查和更换动力转向泵皮带轮					
		□15.能进行动力转向系统压力和流动性测试，确定维修内容					

		□16.能检查和更换动力转向软管、管接头、O形圈和冷凝器 □17.能清洗动力转向系统，并能对系统加注油液和放气 □18.能检查、维修或更换可变动力转向系统部件 □19.能检查、维修或更换动力转向怠速补偿系统的部件					
3	工具及设备的使用	□1.能识别维修工具的名称，了解其在汽车维修中的用途，并正确使用 □2.能正确的清洁、储存及维修工具和设备 □3.能正确的使用精密量具（如千分尺、千分表、表盘卡尺），并读数	20	未完成1项扣3分	□熟练 □不熟练	□熟练 □不熟练	□合格 □不合格
4	维修车辆准备事项	□1.能确认维修工单上所要求的维修项目及信息 □2.能在车辆上正确使用翼子板罩、翼子板垫 □3.能在车辆后轮上正确安装车轮挡块 □4.能在车辆的排气尾管上正确安装尾气收集管，并开启设备	15	未完成1项扣3分	□熟练 □不熟练	□熟练 □不熟练	□合格 □不合格
5	任务实施完成情况	□1.字迹清晰 □2.语句通顺 □3.无错别字 □4.无涂改 □5.无抄袭	5	未完成1项扣3分	□熟练 □不熟练	□熟练 □不熟练	□合格 □不合格

思政案例

奇瑞汽车：从 0 到 1000 万辆的跨越

进入新时代,从"中国制造"到"中国创造",从"中国速度"到"中国质量",越来越多的中国品牌以质取胜、享誉世界,成为闪亮的国家名片。近几年自主品牌汽车正迅速崛起,在竞争中不断提升自身实力,市场占有率也是节节攀升,甚至有部分自主品牌汽车还实现了弯道超车,用实力为中国品牌正名。

汽车是个需要积累和沉淀的行业,西方国家走过了百年历程,中国不过数十年,奇瑞汽车更是从零起步,走的是一条筚路蓝缕以启山林的北坡之路。从第一根桩、第一台发动机、第一台车……到如今成为近 1500 亿元年营收的"千亿集团",累计销量突破 1000 万辆,实现这个跨越,奇瑞汽车用了 25 年。

今天的奇瑞汽车,建立了包括北美、欧洲、上海等六大研发中心在内的全球研发体系,以及 10 个海外工厂、1500 余家海外经销商和服务网点,海外总产能达到每年 20 万辆。奇瑞汽车已连续 5 年获得"最佳海外形象 20 强企业",在全球 80 多个国家和地区成为车主热爱的"中国名片",也让越来越多的海外消费者读懂了中国品牌。

从 1997 年到如今,经历了"无中生有"初创期、"野蛮生长"快速扩张期、坚定变革"凤凰涅槃"期之后,如今奇瑞汽车正向新而生,全力迈向再度腾飞期。

课后习题

一、填空题

1. 转向系统按转向动力源的不同分为_____和_____两大类。
2. 机械式转向系统由_____、_____和_____三大部分组成。
3. 齿轮齿条式转向器传动副的主动件是_____,从动件是_____。
4. 蜗杆曲柄指销式转向器传动副的主动件是_____,从动件是装在摇臂轴曲柄端部的_____。
5. 按传能介质的不同,转向传力装置分为_____和_____两种。
6. 液压转向传力装置有_____和_____两种。

二、选择题

1. 在动力转向系统中,转向所需的动力源来自(　　)
   A.驾驶员的体能　　　　　　B.发动机动力
   C.A、B 均有　　　　　　　　D.A、B 均没有
2. 转弯半径是指由转向中心到(　　)。
   A.内转向轮与地面接触点之间的距离
   B.外转向轮与地面接触点之间的距离
   C.内转向轮之间的距离
   D.外转向轮之间的距离
3. 循环球式转向器中的转向螺母可以(　　)。

A.转动 B.轴向移动 C.A、B均可 D.A、B均不可

4. 采用齿轮、齿条式转向器时,不需要( ),所以结构简单。

A.转向节臂 B.转向摇臂 C 转向直拉杆 D.转向横拉杆

5. 大型货车转向盘的最大自由转动量从中间位置向左右各不得超过( )。

A.15° B.20° C.25° D.30°

6. 在汽车横向平面内,转向节主销( )有向后有一个倾斜角,称为主销后倾角。

A.左端 B.右端 C.上端 D.下端

三、判断题

1. 动力转向系统是在机械转向系统的基础上加设一套转向加力装置而形成的。( )
2. 采用动力转向系统的汽车,当转向加力装置失效时,汽车也就无法转向了。( )
3. 汽车转向时,内转向轮的偏转角 β 应当小于外转向轮的偏转角 α。( )
4. 汽车的转弯半径越小,则转向机动性能越好。( )
5. 汽车的轴距越小,则转向机动性能越好。( )
6. 转向系统的角传动比越大,则转向越轻便、越灵敏。( )
7. 循环球式转向器中的转向螺母既是第一级传动副的主动件,又是第二级传动副的从动件。( )
8. 转向系统传动比一般是指转向盘的转角与安装在转向盘一侧的转向车轮偏转转角的比值。( )

项目 10 制动系统的构造与检修

【项目导读】

汽车制动系统是指对汽车某些部分(主要是车轮)施加一定的力,从而对其进行一定程度的强制制动的一系列专门装置。本项目通过三个任务的学习,使学生了解汽车制动系统的组成和工作原理,熟悉汽车制动器的类型和应用,能识别制动传动装置的常见故障,并能够进行故障诊断及检修。

任务 10.1 制动系统的认知

【任务导入】

王先生的车经常跑长途,为了行车安全可靠,他开车来到修理厂,对车辆的制动系统进行定期检查。技术经理对该车制动系统进行了解,并找出制动系统各部件的组成及安装位置,初步观察其外观是否良好。

【任务目标】

(1) 能说出制动系统的功用。
(2) 能对照图和实物说出常规制动系统的基本组成和工作原理。

【知识准备】

一、制动系统的功用和组成

1. 制动系统的功用

汽车制动系统的功用可以总结为三个方面。

（1）使汽车减速、停车是汽车制动系统最基本的功用。汽车在正常驾驶的过程中，由于路况等变化，如弯道行驶、会车、交通堵塞等，都需要车辆在短时间内将车速降下来，甚至停车。

（2）汽车在下长坡时，即使不踩加速踏板车速也会越来越快，为了行车安全，需要通过制动系统将车速控制在稳定范围内。

（3）对停驶的车辆应该保证能够可靠驻停，以防溜车而出现事故。

这三个功用由汽车制动系统不同的组成部分来完成。

2. 制动系统的组成

按照结构划分，制动系统包含制动操纵机构和制动器两部分，如图 10-1 所示。

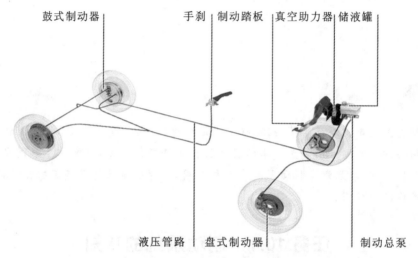

图 10-1　汽车制动系统结构示意图

1）制动操纵机构

制动操纵机构产生制动动作、控制制动效果并将制动能量传输到制动器的各个部件，包含供能装置、控制装置和传动装置三部分。

（1）供能装置：包括供给、调节制动所需能量以及改善传能介质状态的各种部件，如气压制动系统中的空气压缩机、真空助力器和液压制动系统中的制动总泵。

（2）控制装置：包括产生制动动作和控制制动效果的各种部件，如制动踏板、液压阀等。

（3）传动装置：将驾驶员或其他动力源的制动能量传输到制动器的各个部件，控制制动器的工作，从而获得所需的制动力矩，如制动主缸、制动轮缸等。

2）制动器

制动器是产生阻碍车辆的运动或运动趋势的力（制动力）的部件。汽车上常用的制动器都是利用固定元件与旋转元件工作表面的摩擦而产生制动力矩，称为摩擦制动器。它有鼓式制动器和盘式制动器两种结构形式。

随着电控技术在汽车上的应用，现代汽车均配置了防抱死制动系统（ABS），其结构如图 10-2 所示。汽车制动时，轮速传感器、ECU 等装置可实现对制动力的电子控制，使车轮不被抱死，从而获得最佳的制动性能，并使转向轮具有转向作用，减少交通事故如图 10-3 所示。

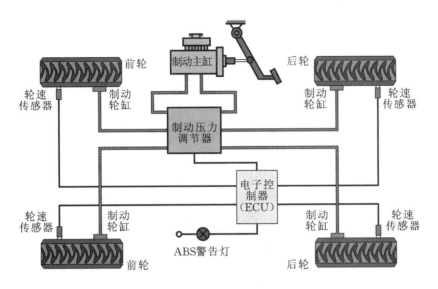

图 10-2　防抱死制动系统(ABS)的组成

图 10-3　防抱死制动系统(ABS)的效果

3. 制动系统的分类

按制动的动力源不同,汽车制动系统可分为人力制动系统、动力制动系统和伺服制动系统。

按功能的不同,汽车制动系统可分为行车动系统、驻车制动系统以及应急制动、安全制动和辅助制动系统。

下面以常见的行车制动系统来介绍制动系统的基本组成和工作原理。

二、制动系统的结构和工作原理

1. 制动系统的结构

如图 10-4 所示的汽车制动系统由车轮制动器和液压传动机构两部分组成。

1)车轮制动器

车轮制动器由旋转部分、固定部分和张开机构三部分组成。制动鼓是旋转部分,它固定于轮毂上,与车轮一起旋转。固定部分是制动蹄和制动底板等,制动蹄上铆有摩擦片,其下

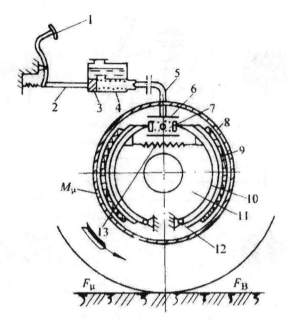

图 10-4 制动系统的结构

1—制动踏板；2—主缸推杆；3—主缸活塞；4—制动主缸；5—油管；6—制动轮缸；7—轮缸活塞；8—制动鼓；9—摩擦片；10—制动蹄；11—制动底板；12—支承销；13—制动蹄复位弹簧

端套在支承销上，上端用复位弹簧拉紧压靠在制动轮缸内的活塞上。支承销和制动轮缸都固定在制动底板上，制动底板用螺钉与转向节凸缘（前桥）或桥壳凸缘（后桥）固定在一起。张开机构是制动轮缸，制动蹄靠制动轮缸使其张开。

2）液压传动机构

液压传动机构主要包括制动踏板、主缸推杆、制动主缸、制动轮缸、油管等。

2. 制动系统的工作原理

如图 10-4 所示，不制动时，制动鼓的内圆柱面与摩擦片之间保留一定间隙，制动鼓可以随车轮一起旋转。制动时，驾驶员踩下制动踏板，主缸推杆便推动制动主缸内的活塞前移，迫使制动液经管路进入制动轮缸，推动轮缸的活塞向外移动，使制动蹄克服复位弹簧的拉力绕支承销转动而张开，消除制动蹄与制动鼓之间的间隙后压紧在制动鼓上。此时，不旋转的制动蹄摩擦片对旋转的制动鼓就产生一个摩擦力矩，其方向与车轮的旋转方向相反。制动鼓将此力矩传到车轮后，由于车轮与路面的附着作用，车轮即对路面作用一个向前的圆周力 F_μ，与此相反，路面会给车轮一个向后的反作用力，这个力就是车轮受到的地面制动力 F_B。

放松制动踏板，在复位弹簧的作用下，制动蹄与制动鼓的间隙又得以恢复，从而解除制动。

3. 对制动系统的要求

为保证汽车能在安全的条件下发挥出高速行驶的能力，制动系统必须满足下列要求。

（1）具有良好的制动效能：迅速减速直至停车的能力。

（2）操纵轻便：操纵制动系统所需的力不应过大。

（3）制动稳定性好：制动时，前、后车轮制动力分配合理，左、右车轮上的制动力矩基本相等,使汽车制动过程中不跑偏、不甩尾。

(4) 制动平顺性好:制动力矩能迅速而平稳地增加,也能迅速而彻底地解除。

(5) 散热性好:连续制动时,制动鼓和制动蹄上的摩擦片因高温引起的摩擦系数下降要慢,水湿后恢复要快。

(6) 对挂车的制动系统,还要求挂车的制动作用略早于主车,挂车自行脱挂时能自动进行应急制动。

【任务实施】

一、任务准备

(1) 实训设备:实训车辆、举升机。
(2) 实训工具:汽车底盘拆装专用工具。
(3) 实训资料:实训工作页、维修手册、教材。
(4) 辅助材料:翼子板布和前格栅布、三件套、抹布、白板笔。

二、任务实施

1. 车辆基本检查

(1) 实训车辆安全防护。
(2) 登记车辆基本信息。
(3) 车辆油、水、电基本检查。

2. 实车或台架上认识制动系统的结构原理

在实车制动系统上找到下列部件并写出其名称。

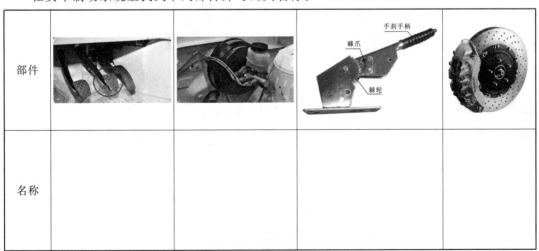

部件				
名称				

4. 现场恢复

完成实训任务后,按照要求恢复车辆、仪器、设备,做好现场6S管理。

任务 10.2　车轮制动器的维护与检修

【任务导入】

王先生听说,汽车用的制动器有盘式制动器和鼓式制动器,有的轿车用的"前盘后鼓"。王先生对这些说法比较感兴趣,想进一步了解车轮制动器的结构和原理。作为汽车技术服务人员,你如何向王先生介绍车轮制动器。

【任务目标】

(1) 能说出车轮制动器的功用。
(2) 能说出盘式制动器和鼓式制动器的结构和工作原理。
(3) 能对车轮制动器进行维护和调整。
(4) 能检测车轮制动器的故障并进行维修。

【知识准备】

旋转元件固装在车轮或半轴上,将制动力矩直接分别作用于两侧车轮上的制动器称为车轮制动器。根据车轮制动器中旋转元件的不同,车轮制动器可分为盘式制动器和鼓式制动器。盘式制动器的旋转元件为制动盘,工作表面为制动盘的端面,如图10-5(a)所示;鼓式制动器的旋转元件为制动鼓,工作表面为制动鼓的内圆柱面,如图10-5(b)所示。

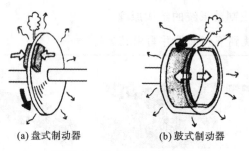

(a) 盘式制动器　　　(b) 鼓式制动器

图 10-5　盘式和鼓式制动器

一、盘式制动器

如图10-6所示为盘式制动器的结构。盘式制动器由液压控制,主要零部件有制动盘、分泵、制动钳、油管等。盘式制动器散热快、重量轻、构造简单、调整方便,特别是高负载时耐高温性能好,制动效果稳定,而且不怕泥水侵袭。

盘式制动器的旋转元件为以端面为工作面的金属圆盘,称为制动盘。很多轿车采用的盘式制动器有平面式制动盘、打孔式制动盘以及划线式制动盘,其中划线式制动盘的制动效果和通风散热能力均比较好。根据其固定元件的结构形式,盘式制动器可分为钳盘式制动器与全盘式制动器。

钳盘式制动器的固定元件为制动钳和制动衬块(由金属背板和摩擦片组成)。按制动钳

图 10-6 盘式制动器的结构

固定在支架上的结构形式,钳盘式制动器又可分为定钳盘式和浮钳盘式两种,如图 10-7 所示。全盘式制动器的固定元件的金属背板和摩擦片都做成圆盘形,因而其制动盘的全部工作面可同时与摩擦片接触。

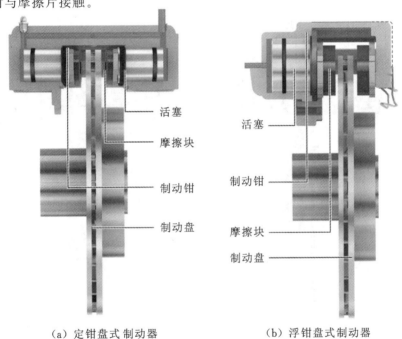

(a)定钳盘式制动器　　(b)浮钳盘式制动器

图 10-7 钳盘式制动器的类型图

钳盘式制动器目前被各级轿车和轻型货车用作车轮制动器,全盘式制动器只有少数汽车(主要是重型汽车)采用为车轮制动器,本部分只介绍钳盘式制动器。

1. 定钳盘式制动器

如图 10-8 所示为定钳盘式制动器的结构,跨置在制动盘上的制动钳体固定安装在车桥上,它既不能旋转也不能沿制动盘轴线方向移动。制动钳内的两个活塞分别位于制动盘的两侧,活塞后面有充满制动液的制动轮缸。

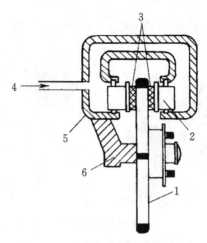

图 10-8 定钳盘式制动器的结构
1—制动盘；2—活塞；3—制动衬块；4—进油口；5—制动钳体；6—车桥

制动时，制动液由制动主缸经进油口进入钳体中两个相通的液压腔中（制动轮缸），使两侧的制动衬块夹紧制动盘，从而产生制动力，如图 10-9 所示。

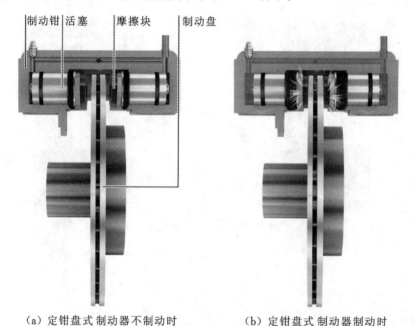

（a）定钳盘式制动器不制动时　　　　（b）定钳盘式制动器制动时

图 10-9 定钳盘式制动器的工作原理

定钳盘式制动器的制动钳结构复杂，油缸分置于制动盘两侧，需另设跨接油道或油管，使得制动钳的尺寸过大；热负荷大时，制动液容易受热汽化。定钳盘式制动器目前已很少应用。

2. 浮钳盘式制动器

1）结构原理

如图 10-10 所示为浮钳盘式制动器的结构，制动钳体通过导向销与车桥相连，可以相对于制动盘做轴向移动。制动钳体只在制动盘的内侧设置油缸，而外侧的制动衬块则附装在钳体上。

如图 10-11 所示,制动时,来自制动主缸的制动液通过进油口进入制动轮缸,推动活塞及其上的制动衬块向左移动,并压在制动盘上,于是制动盘给活塞一个向右的反作用力,使得活塞连同制动钳体整体沿导向销向右移动,直到制动盘左侧的制动衬块也压紧在制动盘上。此时,两侧的制动衬块都压在制动盘上,夹住制动盘使其制动。

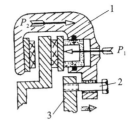

图 10-10 浮钳盘式制动器工作原理

1—制动钳体;2—导向销;3—制动盘

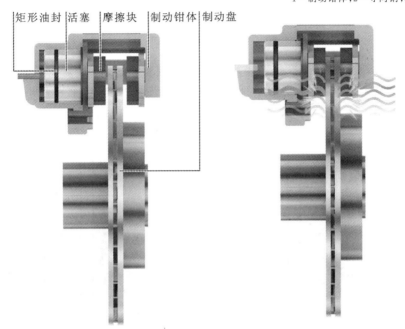

(a) 浮钳盘式制动器不制动时　　(b) 浮钳盘式制动器制动时

图 10-11 浮钳盘式制动器的工作原理

2) 制动间隙自动调节装置

钳盘式制动器经过一段时间的工作,制动盘和制动衬块都会磨损,使得在未制动时制动盘和制动衬块之间的间隙(制动间隙)变大,从而制动踏板的自由行程加大。钳盘式制动器制动间隙一般都是自动调节的,其原理如图 10-12 所示。制动钳体中的活塞上都装有橡胶密封圈,在活塞移动过程中,橡胶密封圈的刃边在摩擦力的作用下随活塞移动,使密封圈产生弹性变形。相应地,其极限变形量 a 应等于制动间隙为设定值时的完全制动所需的活塞行程,如图 10-12(a) 所示。解除制动时,活塞在密封圈的弹力作用下返回,直到密封圈变形完全消失为止,如图 10-12(b) 所示。若制动器存在过量间隙,则制动时活塞密封圈变形量达到极限值后,活塞仍可能在液压力作用下,克服密封圈的摩擦力而继续移动,直到实现完全制动为止。但解除制动后,活塞密封圈将活塞拉回的距离仍然是 a,因此制动间隙又恢复到设定值。这种利用密封圈的弹性和定量变形使活塞回位和自动调整间隙的方法,可使制动器结构简单,并且成本低。

3) 制动衬块磨损报警装置

许多盘式制动器上装有制动衬块摩擦片磨损报警装置,用来提醒驾驶员制动衬块上的

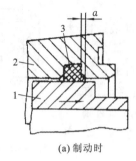 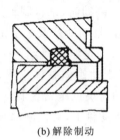

(a) 制动时　　　　　　　　(b) 解除制动

图 10-12　活塞密封圈的工作情况

1—活塞；2—制动钳体；3—密封圈

摩擦片需要更换，常见的有声音报警装置、电子报警装置和触觉报警装置三种。

声音报警装置如图 10-13 所示，这种系统在制动摩擦块的背板上装有一小弹簧片，其端部到制动盘的距离刚好为摩擦片的磨损极限。当摩擦片磨损到需要更换时，弹簧片与制动盘接触发出刺耳的尖叫声，警告驾驶员需要维修制动系统。

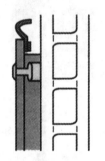 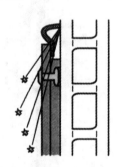

(a) 制动衬块摩擦片厚度正常时　　　(b) 制动衬块摩擦片超过磨损极限时

图 10-13　声音报警装置

电子报警装置在摩擦片内预埋了电路触点，当衬片磨损到触点外露接触制动盘时，形成电流回路，接通仪表板上的警告灯，告知驾驶员需要更换摩擦片。

触觉报警装置在制动盘表面装有一传感器，摩擦片也装有一传感器。当摩擦片磨损到两个传感器接触时，踏板产生脉动，提醒驾驶员需要更换摩擦片。

4) 桑塔纳 2000 浮钳盘式制动器

如图 10-14 所示为桑塔纳 2000 前轮浮钳盘式制动器。制动钳支架固定在转向节上。制动钳体用紧固螺栓与制动钳导向销连接，导向销插入制动钳支架的孔中作动配合，制动钳体可沿导向销做轴向滑动。制动盘的内侧悬装有活动制动衬块，而外侧的固定制动衬块通过弹片安装在制动钳支架的内端面上。制动时，制动盘内侧的活动制动衬块在制动液的作用下由活塞推靠到制动盘上，同时制动钳上的反作用力将附装在制动钳支架中的固定制动衬块也推靠到制动盘上。当活动制动衬块磨损到允许极限厚度时，报警开关便接通电路而对驾驶员发出报警信号。

5) 吉利 EV450 浮钳盘式制动器

如图 10-15 所示为吉利 EV450 前轮浮钳盘式制动器，它由制动衬块、制动衬块导向片、制动盘、制动钳等部件组成。

项目 10　制动系统的构造与检修

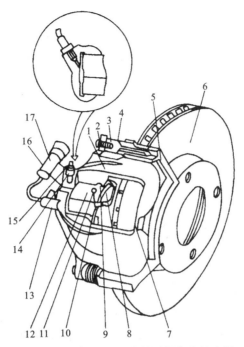

图 10-14　桑塔纳 2000 前轮浮钳盘式制动器

1—制动钳体；2—紧固螺栓；3—导向销；4—防护套；5—制动钳支架；6—制动盘；
7—固定制动块；8—消声片；9—防尘套；10—活动制动块；11—密封圈；12—活塞；
13—电线导向夹；14—放气螺钉；15—放气螺钉帽；16—报警开关；17—电线夹

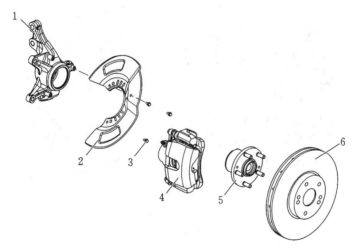

图 10-15　吉利 EV450 前轮浮钳盘式制动器

1—前转向节；2—前防尘罩；3—前防尘罩安装螺栓；
4—前制动钳总成；5—前轮毂总成；6—前制动盘

前轮浮钳盘式制动系统的操作：来自液压制动钳活塞的机械输出力作用在内制动衬块上，当活塞向外推压内制动衬块时，制动钳壳体同时向内拉动外制动衬块，从而使输出力均匀分配，制动衬块将输出力作用到制动盘两面的摩擦面上，从而减慢轮胎和车轮总成的转速，制动衬块导向片和制动钳浮动销的功能是否正常对均匀分配制动力非常重要。

219

3. 盘式制动器的特点

（1）摩擦表面为平面，不易发生较大变形，制动力矩较稳定。

（2）热稳定性好，受热后制动盘只在径向膨胀，不影响制动间隙。

（3）受水浸渍后，在离心力的作用下水很快被甩干，摩擦片上的剩水也由于压力高而较容易被挤出。

（4）制动力矩与汽车行驶方向无关。

（5）制动间隙小，便于自动调节间隙。

（6）摩擦片容易检查、维护和更换。

盘式制动器已广泛应用于轿车，现在大部分轿车用于全部车轮，少数轿车只用作前轮制动器，与后轮的鼓式制动器配合，使汽车制动时有较好的方向稳定性。在商用车中，目前盘式制动器在新车型及高端车型中逐渐被采用。

二、鼓式制动器

如图 10-16 所示为鼓式制动器的结构，鼓式制动器以制动鼓的内圆柱面作为工作表面。按照张开机构的不同，鼓式制动器可以分为轮缸式、凸轮式和楔式制动器。轿车普遍都采用轮缸式制动器。按照制动时两制动蹄产生制动力矩的不同，鼓式制动器又可分为领从蹄式、双领蹄式、双向双领蹄式、双从蹄式、单向自增力式和双向自增力式制动器。

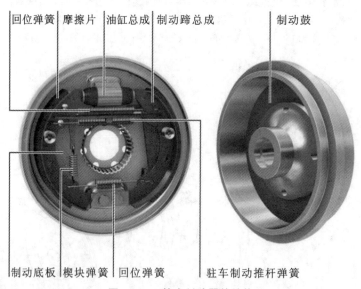

图 10-16　鼓式制动器的结构

1. 基本结构和工作原理

1）领从蹄式制动器

领从蹄式制动器的示意图如图 10-17 所示，两制动蹄的支承点都位于蹄的下端，而促动机构的作用点在蹄的上端，共用一个轮缸张开，且轮缸活塞直径是相等的。领从蹄式制动器具有左右对称的结构特点。

其性能特点是：汽车前进或倒车制动时，各有一个"领蹄"和"从蹄"。汽车前进时制动鼓的旋转方向如图 10-17 箭头所示。在制动过程中,两制动蹄在相等的促动力 F_S 作用下,分别绕各自的支承点向外偏转紧压在制动鼓上。同时旋转的制动鼓对两蹄分别作用法向反力 N_1 和 N_2,以及相应的切向反力 T_1 和 T_2,T_1 作用的结果使得制动蹄 1 在制动鼓上压得更紧,则 N_1 变得更大,这种情况称为"助势"作用,相应的制动蹄被称为"领蹄";与此相反,T_2 作用的结果则使得制动蹄 2 有放松制动鼓的趋势,即 N_2 和 T_2 有减小的趋势。这种情况称为"减势"作用,相应的制动蹄被称为"从蹄"。

领从蹄式制动器由于领蹄和从蹄对制动鼓的法向作用力不相等,领蹄摩擦片所受压力较大,因而磨损严重,两蹄寿命不等;另外这个不平衡的法向作用力只能由车轮的轮毂轴承来承担,使轮毂轴承寿命降低。凡是制动鼓受来自两制动蹄的法向力不能互相平衡的制动器称为非平衡式制动器。

制动器在不工作时,制动蹄和制动鼓之间应有合适的间隙,称为制动间隙。在使用过程中制动间隙将发生变化,为确保制动器的正常工作,需对制动间隙进行调整。一般领蹄、从蹄在制动底板上的支承是偏心支承销。转动偏心支承销即可调整蹄鼓之间的间隙。

北京 BJ2020 和奥迪 100 轿车的后轮制动器即为领从蹄式制动器。

2) 双领蹄式制动器

双领蹄式制动器的示意图如图 10-18 所示,其结构特点是:两制动蹄各用一个单向活塞制动轮缸,且前后制动蹄与其轮缸、调整凸轮零件在制动底板上的布置是中心对称的,两轮缸用油管连接。其性能特点是:前进制动时两蹄均为"领蹄",有较强的增力;倒车制动时两蹄均为"从蹄",制动力较小。

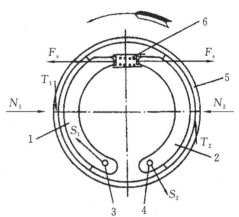

图 10-17 领从蹄式制动器的示意图
1—领蹄;2—从蹄;3、4—支承销;
5—制动鼓;6—制动轮缸

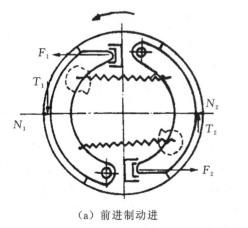

(a) 前进制动进

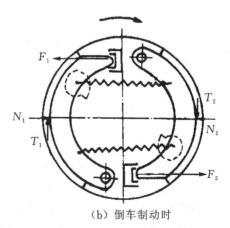

(b) 倒车制动时

图 10-18 双领蹄式制动器的示意图

为了调整制动蹄与制动鼓之间的制动间隙,除了采用偏心支承销,还可以采用调整凸轮来调整。转动调整凸轮即可改变制动蹄与制动鼓之间的制动间隙。

这种制动器由于制动鼓受来自两个制动蹄的法向力互相平衡,又称为平衡式制动器。

北京 BJ2020 汽车的前轮制动器即为双领蹄式制动器。

3) 双向双领蹄式制动器

双向双领蹄式制动器的示意图如图 10-19 所示,其结构特点是:制动蹄、制动轮缸、复位弹簧的布置既为左右对称又是中心对称,两制动蹄的两端采用浮式支承,且支点在周向位置浮动,用复位弹簧拉紧。其性能特点是:汽车前进或倒车中制动时,两个制动蹄均为"领蹄",均有较强的增力,制动效果好,蹄片磨损均匀。这种制动器也是平衡式制动器。

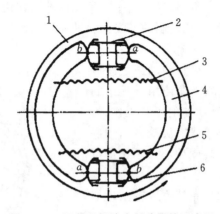

图 10-19 双向双领蹄式制动器的示意图

1—制动底板;2、6—制动轮缸;3、5—回位弹簧;4—制动蹄

4) 单向自增力式制动器

单向自增力式制动器的示意图如图 10-20 所示。两个制动蹄的下端分别支承在浮动的顶杆两端。制动器只在上方有一个支承销。不制动时,两个制动蹄上端均靠各自的复位弹簧拉靠在支承销上。

汽车前进制动时,单活塞式轮缸只将促动力 F_{S1} 加于制动蹄 1,使其上端离开支承销,整个制动蹄绕顶杆左端支承点旋转,并压靠在制动鼓上。显然,制动蹄 1 是领蹄,并且在促动力 F_{S1}、法向合力 N_1、切向(摩擦)合力 T_1 和沿顶杆轴线方向的 S_1 作用下处于平衡状态。由于顶杆是浮动的,自然成为制动蹄 2 的促动装置,而将与力 S_1 大小相等、方向相反的促动力 F_{S2} 施于制动蹄 2 的下端,故制动蹄 2 也是领蹄。

单向自增力式制动器只在前进方向起增力作用,而在倒车制动时制动效能很差,已很少采用。

5) 双向自增力式制动器

双向自增力式制动器的示意图如图 10-21 所示。前进制动时,两个制动蹄在促动力 F_S 的作用下张开压力制动鼓,此时两个制动蹄的上端均离开支承销,沿图中箭头方向旋转的制动鼓对两个制动蹄产生摩擦力矩,带动两个制动蹄沿旋转方向转过一个不大的角度,直到后制动蹄又顶靠到支承销上为止。此时,前制动蹄为"领蹄",但其支承为浮动的顶杆。制动鼓作用在前制动蹄的摩擦力和法向力的一部分对推杆形成一个推力 S,推杆又将此推力完全传到后制动蹄的下端。后制动蹄在推力 S 的作用下也形成"领蹄",并在轮缸液压促动力 F_S 的共同作用下进一步压紧制动鼓。推力 S 比促动力 F_S 大得多,从而使后制动蹄产生的制动力矩比前制动蹄的更大。

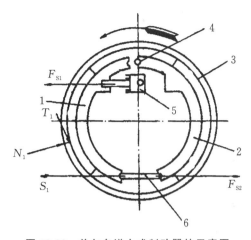 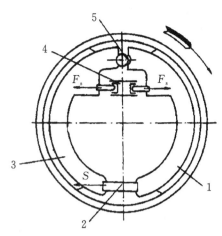

图 10-20　单向自增力式制动器的示意图
1—制动蹄 1；2—制动蹄 2；3—制动鼓；
4—支承销；5—轮缸；6—浮动顶杆

图 10-21　双向自增力式制动器的示意图
1—前制动蹄；2—浮动顶杆；3—后制动蹄；
4—轮缸；5—支承销

倒车制动时，作用过程与此相反，与前进制动时具有同等的自增力作用。

北京切诺基越野汽车的后轮制动器即为双向自增力式制动器。

2. 典型鼓式制动器

1）制动器的结构

桑塔纳 2000 后轮制动器为带有驻车制动器的领从蹄式制动器，并具有制动间隙自调装置，其结构如图 10-22 所示。

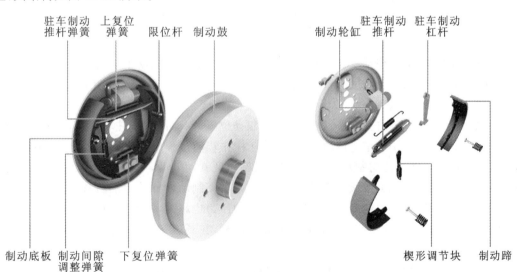

图 10-22　桑塔纳 2000 后轮制动器的结构

制动器的制动鼓通过轴承支承在后桥支承短轴上，与车轮一起旋转。制动底板用螺栓固定在后桥轴端支承座上，制动轮缸用螺钉固定在制动底板上方，其形式为双活塞内张型液压轮缸。支架、止挡板用螺钉紧固在底板的下方。下复位弹簧使制动蹄的下端嵌入固定板的切槽中。复位弹簧使两个制动蹄的上端压靠到推杆上，楔形调整板在其拉簧作用下，向下拉紧在制动蹄与推杆之间。定位销、定位弹簧及定位弹簧座用以限制制动蹄的轴向移动,并保持蹄面与制动底板的垂直。

制动时,轮缸活塞在制动液压力的作用下向外推动制动蹄,制动力克服复位弹簧的弹力使制动蹄向外张开,压向制动鼓,产生制动力矩使汽车制动。解除制动时,制动液压力消失,在复位弹簧的作用下制动蹄复位。

2) 驻车制动的原理

桑塔纳2000后轮制动器兼起驻车制动器的作用,其原理如图10-23所示。

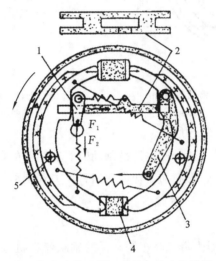

图10-23 在推力板上装楔杆的自调装置
1—楔杆;2—推力板;3—驻车制动杠杆;4—浮式支承座;5—定位件;
F_1—水平拉簧的摩擦力;F_2—楔形杆的垂直拉簧力

驻车制动杠杆上端用平头销与后制动蹄相连,其上部卡入制动推杆右端的切槽中,作为中间支点,下端做成钩形,与驻车制动钢索相连。前、后制动蹄的腹板卡在制动推杆两端的切槽中。

驻车制动时,将车厢内的驻车制动杆拉到制动位置,制动钢索将驻车制动杠杆下端向前拉,使之绕上端支点(平头销)转动,驻车制动杠杆在转动过程中,其中间支点推动制动推杆向左移动,将前制动蹄压向制动鼓,直到前制动蹄压到制动鼓后,制动推杆停止移动,则驻车制动杠杆的中间支点成为继续转动的新支点,于是驻车制动杠杆的上端右移,使后制动蹄压靠到制动鼓上。钢索拉得越紧,摩擦片对制动鼓的压力也越大,制动鼓与摩擦片之间产生的摩擦力矩也越大。解除驻车制动时,松开驻车制动杆,在复位弹簧的作用下,制动推杆、制动蹄均回复原位。

桑塔纳2000后轮制动器的制动间隙是自动调整的,只需在装配后经过一次完全制动,即可将制间隙调整到设定值。

三、驻车制动器

驻车制动器通常是指机动车辆安装的手动刹车,简称手刹,如图10-24所示。驻车制动器在车辆停稳后用于稳定车辆,避免车辆在斜坡路面停车时由于溜车造成事故。常见的驻车制动器一般置于驾驶员右手下垂位置,便于使用。部分自动挡车型在驾驶员左脚外侧设计了功能与手刹相同的脚刹。目前,绝大部分轿车车型采用电子驻车制动系统。

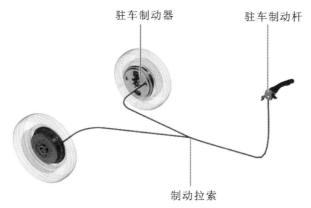

图 10-24　驻车制动器示意图

1. 驻车制动器的功用

驻车制动器的功用:①车辆停驶后防止滑溜;②车辆在坡道上能顺利起步;③行车制动效能失效后临时使用或配合行车制动器进行紧急制动。

2. 驻车制动器的类型

驻车制动器按其安装位置可分为中央制动式驻车制动器和车轮制动式驻车制动器两种。中央制动式驻车制动器通常安装在变速器的后面,其制动力矩作用在传动轴上;车轮制动式驻车制动器通常与车轮制动器共用一个制动器总成,只是传动机构是相互独立的。

驻车制动器按其结构形式可分为鼓式驻车制动器、盘式驻车制动器、带式驻车制动器和弹簧作用式驻车制动器。

驻车制动器按其操控方式可分为机械式驻车制动器和电子式驻车制动器。

3. 典型驻车制动器

一般驻车制动器多采用鼓式制动器,如轿车一般是前轮为盘式制动器,后轮为鼓式制动器,后轮鼓式制动器兼起驻车制动器作用。为了提高制动效能,越来越多的轿车采用前后车轮皆为盘式制动器,但为了进行驻车制动,将后轮的盘式制动器又制出一个鼓式制动器,即所谓的"盘中鼓"。对于中型以上的客货车多采用中央制动式驻车制动器,下面以东风EQ1090E 型汽车的驻车制动器为例进行介绍。

1) 驻车制动器的结构

如图 10-25 所示为东风 EQ1090E 型汽车驻车制动器的结构,该制动器为中央制动式、领从蹄式、凸轮张开式的驻车制动器。

制动鼓通过螺栓与变速器输出轴的凸缘盘紧固在一起,制动底板固定在变速器输出轴轴承盖上,两个制动蹄通过偏心支承销支承在制动底板上,其上端装有滚轮,在复位弹簧的作用下滚轮紧靠在凸轮的两侧,凸轮轴支承在制动底板的上部,轴外端与摆臂连接,摆臂的另一端与穿过压紧弹簧的拉杆相连,拉杆再通过摇臂、传动杆与驻车制动杆相连。驻车制动杆上连有棘爪,驻车制动器工作时,棘爪嵌入齿扇上的棘齿内,起锁止作用。解除制动时,需按下驻车制动杆上的按钮使棘爪脱离棘齿,才能搬动驻车制动杆。

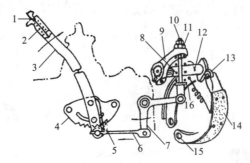

图 10-25　东风 EQ1090E 型汽车驻车制动器

1—按钮；2—拉杆弹簧；3—驻车制动杆；4—齿扇；5—锁止棘爪；6—传动杆；7—摇臂；8—压紧弹簧；
9—摆臂；10—拉杆；11—调整螺母；12—凸轮轴；13—滚轮；14—制动蹄；15—偏心支承销孔；16—复位弹簧

2）驻车制动器的工作原理

进行驻车制动时，将驻车制动杆上端向后拉动，则驻车制动杆的下端向前摆动，传动杆带动摇臂顺时针转动，拉杆则带动摆臂顺时针转动，凸轮轴亦顺时针转动，凸轮则使两个制动蹄以支承销为支点向外张开，压靠到制动鼓上，产生制动作用。当驻车制动杆拉到制动位置时，棘爪嵌入齿扇上的棘齿内，起锁止作用。

解除驻车制动时，按下驻车制动杆上的按钮使棘爪脱离棘齿，向前推动制动杆，则传动杆、拉杆、凸轮轴按逆时针方向转动，制动蹄在复位弹簧的作用下复位，制动蹄与制动鼓之间恢复制动间隙，制动解除。

目前的轿车车型普遍使用电子驻车制动系统（EPB），其功能同机械式驻车制动。车辆起步时可不用手动关闭 EPB，踩油门起步时 EPB 会自动关闭。

EPB 比传统的机械式驻车制动更安全，不会因驾驶者的力度而改变制动效果，它把传统的驻车制动杆改变成了一个触手可及的按钮，如图 10-26 所示。

图 10-26　电子驻车制动器的按钮

3）驻车制动器的调整

驻车制动器的调整如图 10-27 所示，其调整方法有如下。

（1）拉杆长度调整。

当驻车制动器制动蹄与制动鼓间隙过大时，可以将拉杆上的锁紧螺母松开，将驻车制动

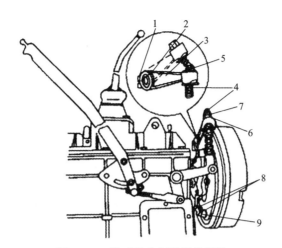

图 10-27 鼓式驻车制动器的调整
1—夹紧螺栓；2—凸轮轴；3—摇臂；4—拉杆；5—调整垫；6—调整螺母；
7—锁紧螺母；8—驻车制动蹄支承；9—锁紧螺母

杆放松到最前端，然后拧动拉杆上的调整螺母，即可实现制动间隙调整。将调整螺母拧紧，制动蹄与制动鼓间隙减小；反之，则间隙增大。调整完毕后，将锁紧螺母锁紧。

(2) 摇臂与凸轮相互位置的调整。

拉杆长度调整后，若驻车制动杆自由行程仍然偏大，则应调整摇臂与凸轮的相互位置。

将驻车制动杆向前放松至极限位置；将摇臂从凸轮轴上取下，反时针方向错开一个或数个齿后，再将摇臂装于凸轮轴上，并将夹紧螺栓紧固；重新调整拉杆上的调整螺母，直到有合适的驻车制动杆自由行程为止。

驻车制动器调整后，完全放松驻车制动杆，制动蹄与制动鼓间隙为 0.2～0.4 mm。向后拉驻车制动杆时，应有两"响"的自由行程，从第三"响"时应开始产生制动，第五"响"时汽车应能在规定的坡道上停住。

(3) 驻车制动器的全面调整。

当更换新的制动蹄后，需要进行全面调整。除了调整摇臂与凸轮相互位置，还可以转动偏心支承销。方法是：先拧松偏心支承销的锁紧螺母，用扳手转动偏心支承销。当在摆臂末端用力转动摆臂张开凸轮时，两个制动蹄的中部同时与制动鼓接触。然后用扳手固定偏心支承销，同时拧紧偏心支承销的锁紧螺母。在拧紧锁紧螺母时，偏心支承销不得转动。

四、车轮制动器的维护

1. 盘式制动器的维护

1) 制动盘的检查

(1) 目视检查制动盘是否有严重锈蚀或点蚀、轻微的表面锈蚀、开裂或灼斑、严重变色发蓝、制动盘摩擦面的深度划痕等。如果制动盘摩擦面出现上述一种或几种情况，则制动盘需要表面修整或更换。

注意：对制动盘进行表面修整或更换后，制动衬块也要进行更换。

(2) 检查制动盘的厚度。制动盘使用磨损后会使其厚度减小，厚度过小会引起制动踏板振动、制动噪声及颤动。

检查制动盘厚度时,先用工业酒精或类似的制动器清洗剂清洗制动盘摩擦面,可用千分尺直接测量,并记录沿制动盘圆周均匀分布的 4 个或 4 个以上位置点的最小厚度,务必确保仅在制动衬块衬面接触区域内进行测量,且每次测量时千分尺与制动盘外边缘的距离必须相等。

用千分尺直接测量时,测量位置应在制动衬片与制动盘接触面的中心部位,如图 10-28 所示。桑塔纳 2000 轿车前制动盘标准厚度为 10 mm,使用极限为 8 mm;吉利帝豪 EV450 前制动盘的厚度应大于 22.5 mm,后制动盘的厚度应大于 10 mm,超过极限尺寸时应予更换。

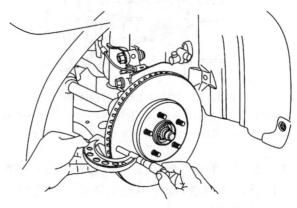

图 10-28 制动盘厚度的检查

(3) 检查制动盘端面圆跳动。制动盘过度的端面圆跳动会使制动踏板抖动或使制动衬片磨损不均匀。

① 从车上拆卸制动盘,用工业酒精或类似的制动器清洗剂清洗制动盘摩擦面,将制动盘安装至轮毂或车桥法兰上,用手安装螺母并用扳手紧固螺母。

② 将百分表底座安装至转向节并安置好百分表测量头,使其与制动盘摩擦面接触成 90°,且距离制动盘外边缘 13 mm,如图 10-29 所示。

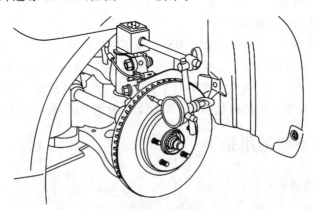

图 10-29 制动盘端面圆跳动的检查

③ 转动制动盘,直到百分表读数达到最小,然后将百分表归零。

④ 转动制动盘,直到百分表读数达到最大,标记并记录端面跳动量。

⑤ 将制动盘装配后端面跳动量与标准值相比较,吉利帝豪 EV450 的标准值为 0.005 mm。

⑥ 如果制动盘装配后端面跳动量超过标准值,应检查轴承轴向间隙和车桥轮毂的跳动;若轴承轴向间隙和车桥轮毂跳动正常,制动盘厚度在规定的范围内,则对制动盘进行表面修整以确保正确的平整度。

2）制动衬块摩擦片厚度的检查

如图10-30所示,若制动衬块已拆下,可直接用游标卡尺测量。吉利帝豪EV450的制动衬块摩擦片的标准厚度为11.2 mm,使用极限为2.5 mm。若车轮未拆下,外侧的摩擦片可通过轮辐上的检视孔,用手电筒目测检查;内侧的摩擦片可利用反光镜进行目测。

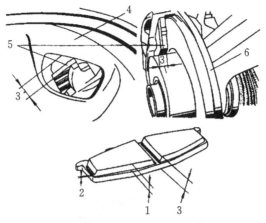

图10-30　制动衬块厚度的检查

1—制动衬块摩擦片厚度；2—制动衬块摩擦片磨损极限厚度；
3—制动衬块的总厚度；4—轮辐；5—外制动衬片；6—制动盘

3）制动钳的检查

（1）检查制动钳壳体是否开裂、严重磨损和损坏,如果出现上述状况,则需要更换制动钳。

（2）检查制动钳活塞防尘罩密封圈是否开裂、破裂、有缺口、老化和未在制动钳体内正确安装,如果出现上述状况,则更换制动钳。

（3）检查制动钳活塞防尘罩密封圈周围和盘式制动衬块上是否有制动液泄漏,如果出现制动液泄漏迹象,则更换制动钳。

（4）检查制动钳活塞是否能顺畅进入制动钳缸内且行程完整,制动钳缸内制动钳活塞的运动应顺畅且均匀,如果制动钳活塞卡滞或者难以到达底部,则需要更换制动钳。

4）制动衬块导向片的检查

检查制动衬块导向片是否存在缺失、严重腐蚀、安装凸舌弯曲等状况。如果出现上述状况,则需要更换盘式制动衬块导向片。确保制动衬块在盘式制动衬块导向片上滑动顺畅,没有阻滞现象。

5）制动钳浮动销的检查

检查制动钳浮动销,如果存在卡滞、卡死、护套开裂或破损、护套缺失的情况,则需要更换制动钳和防尘罩密封圈。

6）制动间隙的调整

一般的盘式制动器都具有间隙自调装置,即装配完制动器只需连续踩几脚制动踏板即可。

2. 鼓式制动器的维护

1）制动鼓的检查

检查制动鼓是否有裂纹及变形，内表面是否起槽，必要时应更换。

如图 10-31 所示，用游标卡尺测量制动鼓的内径。其值不应超过标准值，且同一车桥左右内径差不大于 2 mm（EQ1092、CA1092 型汽车）。

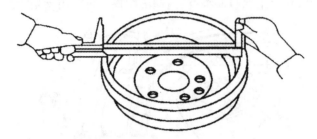

图 10-31 制动鼓内径的测量

如图 10-32 所示，用弓形内径规测量制动鼓的圆度和圆柱度，其值不大于 0.125 mm。

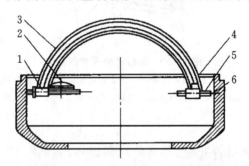

图 10-32 制动鼓圆度和圆柱度的测量
1—锁紧装置；2—百分表；3—弓形架；4—锁紧螺母；5—测量调整杆；6—制动鼓

制动鼓外边缘不应高出工作表面，制动鼓检视孔应完整。

2）制动蹄及支承销的检查

制动蹄应无裂纹及明显变形，摩擦片不应破裂，铆接应可靠。

铆钉头离弧面距离不小于 0.80 mm，摩擦片厚度不小于 9 mm（EQ1092、CA1092 型汽车）。

支承销应无过量磨损，螺纹、扁方（四方）应完好，制动蹄支承孔与支承轴的配合间隙不大于 0.40 mm，且转动灵活无卡滞。

制动蹄摩擦片与制动鼓的接触面积应在 75% 以上，并保证两端先接触。

3）制动底板、凸轮轴的检查

制动底板不应有变形，连接螺栓紧固力矩为 70～80 N·m，铆钉应无松动。

凸轮轴转动灵活无卡滞，轴向间隙不大于 0.70 mm，径向间隙不大于 0.60 mm。

凸轮轴支座固定螺栓保险钢丝齐全有效。

4）鼓式制动器的调整

鼓式制动器的调整分局部调整和全面调整。局部调整只需调整制动蹄的张开端，通常用于在车辆运行过程中蹄鼓间隙变大而进行的调整。全面调整需同时调整制动蹄两端的位置，通常用于更换新制动蹄之后的调整。

【任务实施】

一、任务准备

(1) 实训设备：实训车辆、举升机。
(2) 实训工具：汽车底盘拆装专用工具。
(3) 实训资料：实训工作页、维修手册、教材。
(4) 辅助材料：翼子板布和前格栅布、三件套、抹布、白板笔。

二、任务实施

1. 车辆基本检查

(1) 实训车辆安全防护。
(2) 登记车辆基本信息。
(3) 车辆油、水、电基本检查。

2. 维修计划

经检查，王先生的汽车制动衬块长时间未更换，磨损严重，并且制动盘也有较深的划痕，应进行维修，请列出维修计划。

_____
_____
_____
_____

3. 实施

(1) 举升车辆（支撑点如图 10-33 所示）。
操作过程记录：_____
_____
注意事项：_____

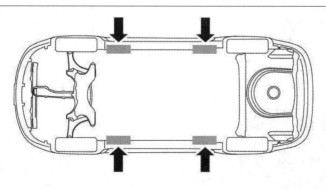

图 10-33　举升车辆支撑点

（2）查阅维修手册，根据图片的提示进行实操，补全操作步骤和注意事项，并记录操作数据。

序号	提示	步骤	注意事项	记录
1				
2				
3				
4				
5				
6				

续表

序号	提示	步骤	注意事项	记录
7	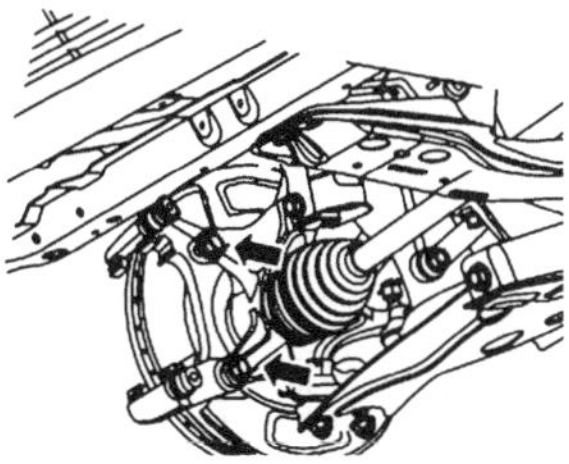			
8	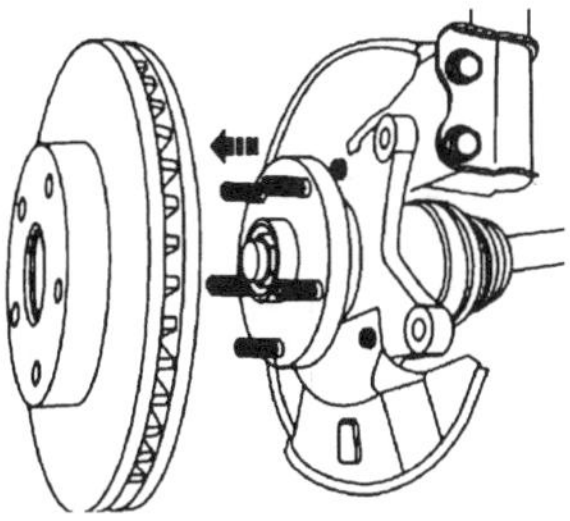			
9	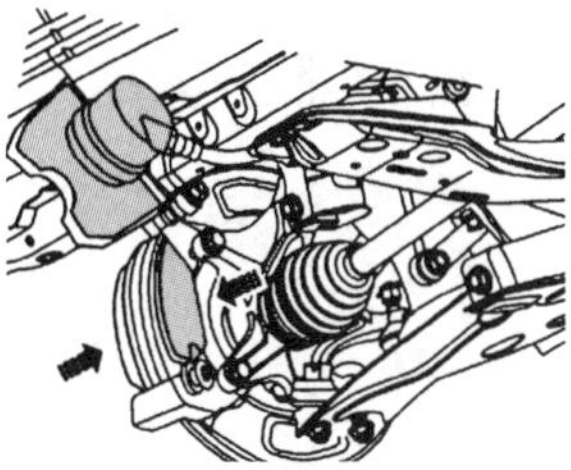			
10	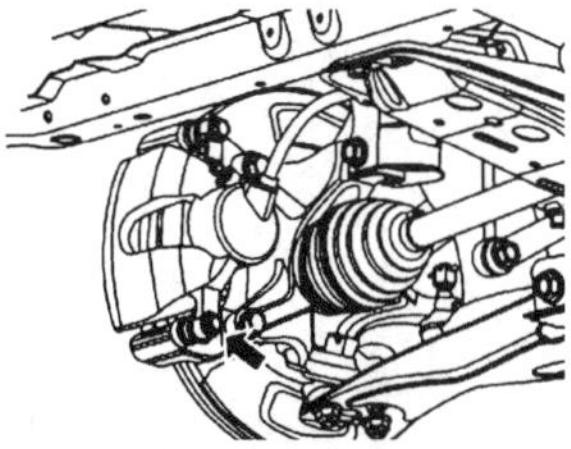			
11	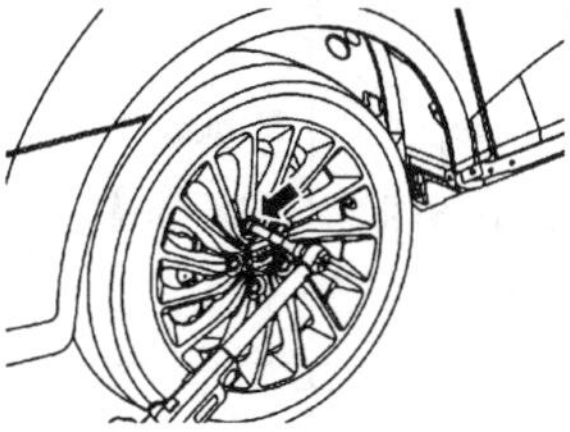			

4. 现场恢复

完成实训任务后,按照要求恢复车辆、仪器、设备,做好现场 6S 管理。

5. "1＋X"任务实施

汽车制动系统诊断分析【评分细则】							
序号	评分项	得分条件	分值	评分要求	自评	互评	师评
1	安全/6S/态度	□1.能遵守日常车间安全规定和作业流程 □2.能按照安全管理条例整理工具和设备 □3.能正确使用卧式千斤顶和千斤顶支架 □4.能正确使用举升机举升车辆 □5.能检查车间的通风条件是否良好 □6.能识别安全区域标记 □7.能确认灭火器和其他消防设备的位置和类型，并能正确使用灭火器和其他消防设备 □8.能识别眼睛清洗站的标识物并确认使用方法 □9.能识别疏散路线的标识物。能使用符合要求的护目镜、耳塞、手套和车间活动工作靴 □10.能在车间内穿着符合工作要求的服装 □11.能根据车间作业要求，留符合安全性要求的发型，并且不佩戴首饰	20	未完成1项扣3分	□熟练 □不熟练	□熟练 □不熟练	□合格 □不合格
2	盘式制动器的检测维修	□1.制动盘测量及修整 □2.制动盘拆装 □3.制动钳拆装	15	未完成1项扣4分	□熟练 □不熟练	□熟练 □不熟练	□合格 □不合格
3	鼓式制动器的检测维修	□1.制动鼓、制动蹄及组件拆装、测量及间隙调整 □2.驻车拉索拆装、调整	15	未完成1项扣4分	□熟练 □不熟练	□熟练 □不熟练	□合格 □不合格

4	驻车制动系统的检测维修	☐1.电子驻车电动机拆装、检测 ☐2.电子驻车开关拆装、检测 ☐3.紧急电子驻车制动器释放 ☐4.电子驻车故障码、数据读取与清除 ☐5.电子驻车控制模块检测	15	未完成1项扣4分	☐熟练 ☐不熟练	☐熟练 ☐不熟练	☐合格 ☐不合格
5	工具及设备的使用	☐1.能识别维修工具的名称,了解其在汽车维修中的用途,并正确使用 ☐2.能正确的清洁、储存及维修工具和设备 ☐3.能正确的使用精密量具(如千分尺、千分表、表盘卡尺),并读数	15	未完成1项扣3分	☐熟练 ☐不熟练	☐熟练 ☐不熟练	☐合格 ☐不合格
6	维修车辆准备事项	☐1.能确认维修工单上所要求的维修项目及信息 ☐2.能在车辆上正确使用翼子板罩、翼子板垫 ☐3.能在车辆后轮上正确安装车轮挡块 ☐4.能在车辆的排气尾管上正确安装尾气收集管,并开启设备	15	未完成1项扣3分	☐熟练 ☐不熟练	☐熟练 ☐不熟练	☐合格 ☐不合格
7	任务实施完成情况	☐1.字迹清晰 ☐2.语句通顺 ☐3.无错别字 ☐4.无涂改 ☐5.无抄袭	5	未完成1项扣3分	☐熟练 ☐不熟练	☐熟练 ☐不熟练	☐合格 ☐不合格

任务 10.3　制动传动装置的维护与检修

【任务导入】

王先生最近经常感觉到其车辆制动踏板过"软"且制动力不足。王先生担心影响行车安全，便入厂进行检修。维修技师对该车辆的制动系统进行检查、维修，并排除故障。

【任务目标】

（1）能说出制动传动装置的功用和分类。
（2）能对照图和实物说出制动传动装置的结构和工作原理。
（3）能对制动传动装置进行维护。
（4）能检测制动传动装置的故障并进行维修。

【知识准备】

一、制动传动装置的功用和类型

1. 制动传动装置的功用

制动传动装置的作用是将驾驶员或其他动动力源的作用传到制动器，同时控制制动器的工作，从而获得所需要的制动力矩。

2. 制动传动装置的类型

制动传动装置按传力介质的不同，可分为液压式、气压式和气-液综合式制动传动装置；按制动管路的数目，可分为单管路和双管路制动传动装置。现代汽车的制动系统均采用双管路制动传动装置，单管路制动传动装置已被淘汰。对于轿车，常见的制动传动装置为双管路液压制动传动装置，而中型以上的客货车多采用双管路气压制动传动装置。

二、液压制动传动装置

液压制动传动装置是利用制动液，将制动踏板力转换为液压力，通过管路传至车轮制动器，再将液压力转变为制动器工作的机械力。

液压制动的特点是：制动柔和灵敏，结构简单，使用方便，不消耗发动机功率；但操纵较费力，制动力不很大，制动液流动性差，高温易产生气阻，如有空气侵入或漏油会降低制动效能甚至失效。

1. 制动传动装置的基本组成

目前汽车都是采用双管路液压制动传动装置。双管路是指利用彼此独立的双腔制动主缸，通过两套独立管路，分别控制两桥或三桥的车轮制动器。其特点是若其中一套管路发生故障而失效，另一套管路仍能继续起制动作用。

双管路液压制动传动装置的布置方案在各类型的汽车上各有不同，常见的有前后独立式和交叉式两种形式。

1）前后独立式

如图 10-34 所示,前后独立式双管路液压制动传动装置由双腔制动主缸通过两套独立的管路分别控制前桥和后桥的车轮制动器。这种布置方式结构简单,如果其中一套管路损坏漏油,另一套仍能起作用,但会破坏前后桥制动力分配的比例,主要用于发动机前置后轮驱动的汽车。

2）交叉式（也称为对角线式）

如图 10-35 所示,交叉式双管路液压制动传动装置由双腔制动主缸通过两套独立的管路分别控制前后桥对角线方向的两个车轮制动器。这种布置方式在任一管路失效时,仍能保持一半的制动力,且前后桥制动力分配比例保持不变,有利于提高制动方向稳定性,主要用于发动机前置前轮驱动的轿车。

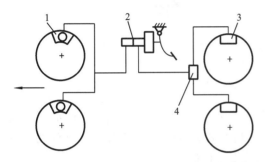

图 10-34 前后独立式的双管路液压制动传动装置
1—盘式制动器;2—双腔制动主缸;
3—鼓式制动器;4—制动力调节器

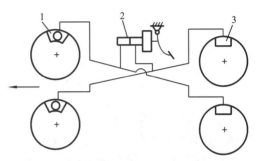

图 10-35 交叉式的双管路液压制动传动装置
1—盘式制动器;2—双腔制动主缸;
3—鼓式制动器

2. 制动传动装置的主要部件

1）制动主缸

制动主缸又称为制动总泵,它处于制动踏板与管路之间,其功用是将制动踏板输入的机械力转换成液压力。

如图 10-36、图 10-37 所示,串联式双腔制动主缸主要由储液罐、制动主缸外壳、前活塞、后活塞及前后活塞弹簧、推杆、皮碗等组成。

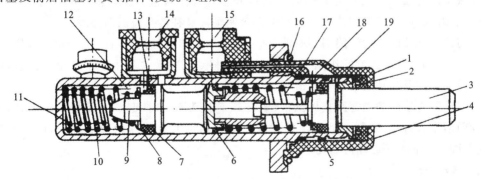

图 10-36 串联式双腔制动主缸
1—隔套;2—密封圈;3—后活塞（带推杆）;4—防尘罩;5—防动圈;
6、13—密封圈;7—垫圈;8—皮碗护圈;9—前活塞;10—前活塞弹簧;11—缸体;
12—前腔;14、15—进油孔;16—定位圈;17—后腔;18—补偿孔;19—回油孔

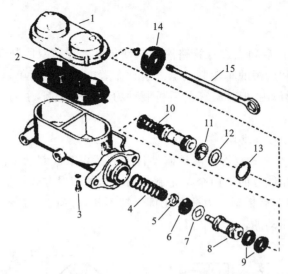

图 10-37 串联式双腔制动主缸的分解图

1—储液罐盖;2—膜片;3—限位螺钉;4—弹簧;5—皮碗护圈;6—前皮碗;7—垫圈;8—前活塞;
9—后皮碗;10—后活塞;11—推杆座;12—垫圈;13—锁圈;14—防尘套;15—推杆

主缸的壳体内装有前活塞、后活塞及复位弹簧,前后活塞分别用皮碗密封,前活塞用限位螺钉保证其正确位置。储油罐分别与主缸的前、后腔相通,前出油口、后出油口分别与轮缸相通,前活塞靠后活塞的液力推动,而后活塞直接由推杆推动。

不制动时,两活塞前部皮碗均遮盖不住其旁通孔,制动液由储液罐进入主缸。

正常状态下制动时,踩下制动踏板,经推杆推动后活塞左移,在其皮碗遮盖住旁通孔之后,后腔制动液压力升高,制动液一方面经出油阀流入制动管路,另一方面推动前活塞左移。在后腔液压和弹簧弹力的作用下,前活塞向左移动,前腔制动液压力也随之升高,制动液推开出油阀流入管路。于是两个制动管路在等压下对汽车制动。

解除制动时,抬起制动踏板,活塞在弹簧作用下复位,高压制动液自制动管路流回制动主缸。若活塞复位过快,工作腔容积迅速增大,而制动管路中的制动液由于管路阻力的影响,来不及充分流回工作腔,使工作腔内液压快速下降,便形成一定的真空度,于是储液罐中的制动液便经补偿孔和活塞上的轴向小孔推开垫片及皮碗进入工作腔。当活塞完全复位时,旁通孔开放,制动管路中流回工作腔的多余制动液经补偿孔流回储液罐。

若与前腔连接的制动管路损坏漏油,则在踩下制动踏板时只有后腔中能建立液压,前腔中无压力。此时,在压力差的作用下,前活塞迅速移到其前端顶到主缸缸体上。此后,后工作腔中液压方能升高到制动所需的值。

若与后腔连接的制动管路损坏漏油,则在踩下制动踏板时,起先只是后活塞前移,而不能推动前活塞,因而后腔制动液压不能建立。但在后活塞直接顶触前活塞时,前活塞便前移,使前腔建立必要的制动液压而制动。

2) 制动轮缸

制动轮缸又称制动分泵,其功用是将制动主缸传来的液压力转变为使制动器工作的机械力。

根据制动器结构的不同,制动轮缸有双活塞式和单活塞式两种类型。

双活塞式制动轮缸的结构如图10-38所示,其缸体通常用螺钉固装在制动底板上,内装铝合金活塞,密封皮碗的刃口方向朝内,并由弹簧压靠在活塞上与其同步运动。活塞外端压有顶块并与制动蹄的上端相抵紧。在缸体的两端装有防护罩,可防止尘土及泥土的侵入。缸体上方装有放气螺栓,以便放出液压系统中的空气。

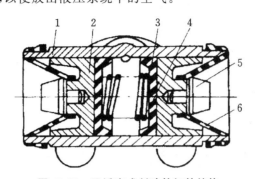

图 10-38 双活塞式制动轮缸的结构
1—缸体；2—活塞；3—皮碗；4—弹簧；5—顶块；6—防护罩

单活塞式制动轮缸的结构如图10-39所示,多用于单向自增力式制动器,如北京BJ2020型汽车的前轮制动器。

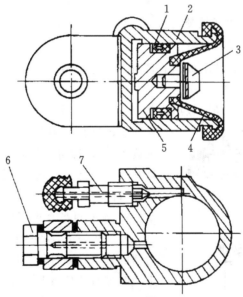

图 10-39 单活塞式制动轮缸的结构
1—密封圈；2—缸体；3—顶块；4—防护罩；5—活塞；6—进油管接头；7—放气螺钉

三、制动传动装置的维护

1. 管路检查

检查整个制动系统的管路、接头等,应无凹瘪、裂纹、漏油等现象,金属管路的管夹固定应牢靠,不得与车身等部件相擦碰,制动软管应无弯折、老化等缺陷；否则,应进行相应的维修。

2. 排放气

液压制动系统中渗入空气后,车辆制动时系统中的空气将被压缩,造成制动踏板自由行程增加,制动踏板发"软",影响制动效果。在维修过程中,由于拆检液压制动系统造成接头松动或制动液不足等原因,导致空气进入管路,应及时将系统中的空气排出。

液压制动传动装置的排放气一般采用以下通用的方法。

(1) 启动发动机,使其怠速运转。

(2) 将胶管一头接在放气螺塞上,另一头插在一个盛有部分制动液的容器中。

(3) 一人坐于驾驶室内,连续踩下制动踏板,直到踩不下去为止,并且保持不动。

(4) 另一人将放气螺塞拧松一下,此时,制动液连同空气一起从胶管喷入瓶中,然后,尽快将放气螺塞拧紧。

(5) 在排出制动液的同时,踏板高度会逐渐降低,在未拧紧放气螺塞之前,切不可将踏板抬起,以免空气再次侵入。

(6) 每个轮缸应反复放气几次,直至将空气完全放出(制动液中无气泡)为止,按照右后轮—左后轮—右前轮—左前轮的顺序逐个放气完毕。

(7) 在放气过程中,应及时向储液罐内添加制动液,保持液面的规定高度。

(8) 放气结束后应再次检查制动液面高度,不足则补足。

3. 制动踏板高度的检查和调整

1) 制动踏板高度的检查

用直尺测量从地面到制动踏板的上表面的距离,如果超出规定应调整踏板高度。

2) 制动踏板高度的调整

制动踏板高度是通过制动踏板后面的制动灯开关进行调整的。首先拆下制动灯导线,松开制动灯开关锁紧螺母,视调整要求将制动灯开关旋入、旋出即可。然后紧固锁紧螺母,并确保制动灯开关工作良好。制动踏板高度调整后应再次检查踏板自由行程。

3) 制动踏板自由行程的检查和调整

发动机熄火,踩下制动踏板几次,以消除真空助力器的真空,然后用手指轻轻按压制动踏板,感觉有阻力时测量此位置与制动踏板高度之差即为制动踏板的自由行程。

制动踏板自由行程的调整方法:松开锁紧螺母,转动踏板推杆直到踏板高度正确,紧固锁紧螺母。

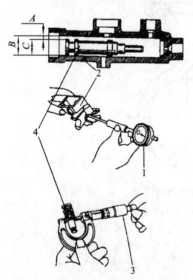

图 10-40 制动主缸缸体与活塞的检查
1—内径表;2—制动主缸缸体;
3—千分尺;4—主缸活塞;
A—缸体与活塞的间隙;
B—缸体内孔的直径;C—活塞的外径

四、制动传动装置主要部件的检修

1. 制动主缸的检修

检查储液罐是否破损,出现破损应更换。

如图 10-40 所示,检查制动主缸缸体内孔和活塞表面,其表面不得有划伤和腐蚀;用内径表检查缸

体内孔的直径 B，用千分尺检查活塞的外径 C，并计算出内孔与活塞之间的间隙值 A，若间隙超过极限应更换。

检查制动主缸皮碗、密封圈是否老化、损坏与磨损，否则应更换之。

2. 制动轮缸的检修

分解轮缸后，用清洗液清洗轮缸零件。清洗后，检查制动轮缸内孔与活塞外圆表面的烧蚀、刮伤和磨损情况。如果轮缸内孔有轻微刮伤或腐蚀，可用细砂布磨光。磨光后的缸内孔应用清洗液清洗，再用无润滑油的压缩空气吹干。然后测出制动轮缸缸体内孔的直径、活塞的外径，并计算出内孔与活塞的间隙值，若间隙超过极限应更换，如图10-41所示。

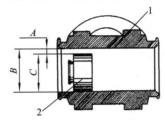

图 10-41　制动轮缸缸体与活塞的检查
1—制动轮缸缸体；2—制动轮缸活塞；
A—缸体与活塞的间隙；B—缸体内孔的直径；C—活塞的外径

【任务实施】

一、任务准备

(1) 实训设备：实训车辆、举升机。
(2) 实训工具：汽车底盘拆装专用工具。
(3) 实训资料：实训工作页、维修手册、教材。
(4) 辅助材料：翼子板布和前格栅布、三件套、抹布、白板笔。

二、任务实施

1. 车辆基本检查

(1) 实训车辆安全防护。
(2) 登记车辆基本信息。
(3) 车辆油、水、电基本检查。

2. 维修计划

经检查，王先生的汽车最近出现制动踏板过"软"且制动力不足的现象，应进行检修，请列出维修计划。

_____
_____
_____
_____

3. 任务实施

(1) 找出图 10-42 所示车辆部件位置并填写部件名称。

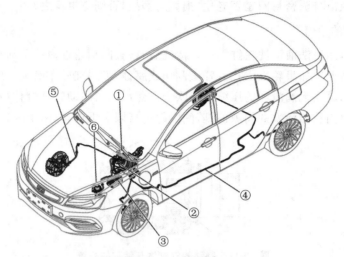

图 10-42 实训车辆

① _____ ；
② _____ ；
③ _____ ；
④ _____ ；
⑤ _____ ；
⑥ _____ 。

(2) 查阅维修手册，根据图 10-43～图 10-46 的提示进行液压制动系统排气操作，补全操作步骤和注意事项，并记录操作数据。

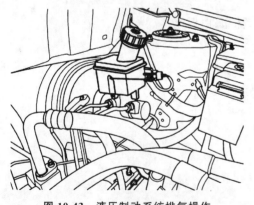

图 10-43 液压制动系统排气操作

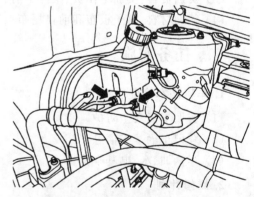

图 10-44 液压制动系统排气操作

① 保持电源 _____ 状态，踩下 _____ 数次，直到完全消除助力器中的压力；
② 加注制动液至储液罐中，在排气操作中储液罐液面要保持在至少 _____ ；
③ 缓缓踩下制动踏板到底，并 _____ ；
④ 松开制动主缸上的一根制动油管，待制动液从端口流出紧固制动油管接头，力矩：_____ ；

⑤ 松开制动主缸上的另一根制动油管,待制动液从端口流出紧固制动油管接头,力矩:_____;
⑥ 反复操作步骤②至步骤⑤3 至 4 遍;
⑦ 拆下放气螺钉防尘罩,将一根透明管连接到右后制动钳上的后_____上,使管子_____透明容器中的制动液内。

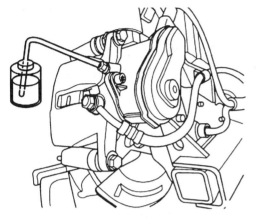

图 10-45　液压制动系统排气操作

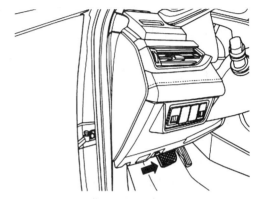

图 10-46　液压制动系统排气操作

按下述步骤排出右后制动钳中的空气。
⑧ 缓慢踩住制动踏板,不可_____。
⑨ 在_____制动踏板的同时,_____放气螺钉,排出制动钳中的空气;
⑩ 在气泡逸出到制动液容器中后,稍微_____后放气螺钉;
⑪ _____开制动踏板;
⑫ 等候_____s 后,重复步骤⑥～⑨,直到排出所有空气;
⑬ _____放气螺钉时,如果容器中不再出现气泡,则表明空气已全部排出。
注意:在排气过程中,总泵储液罐液面要保持在_____。
⑭ 紧固放气螺钉,力矩:_____;
⑮ 按左前、左后、右前顺序排放其余制动钳中的空气,按步骤⑤～⑫中的程序操作;
⑯ 在排出所有制动钳中的空气后,检查制动踏板是否绵软,如果踏板仍然绵软,重复整个排气程序,直至正常为止。

4. 现场恢复

完成实训任务后,按照要求恢复车辆、仪器、设备,做好现场 6S 管理。

思政案例

吉利汽车制动系统的创新之路

吉利汽车一直致力于提升产品的质量和性能,以满足消费者对安全、可靠和高性能汽车的需求。在与沃尔沃汽车的合作过程中,双方共享了技术和资源,使得吉利汽车在制动系统领域取得了突破性进展。

在研发过程中,吉利与沃尔沃的专家团队共同攻关,采用先进的仿真技术和实车试验,不断优化制动系统的设计和性能。双方针对不同车型和使用场景推出了多种适应性制动系统,其中一种高性能制动系统被称为 Geely performance brake system(GPBS),它专为高速驾驶和山区行驶需求而设计,能够在高速行驶和陡坡道路上提供卓越的制动性能;另一种为城市交通和道路拥堵而设计的低能耗制动系统被命名为 Geely efficient brake system(GEBS),在频繁的启停过程中能实现更高的燃油经济性。

这些制动系统的研发和应用,离不开吉利和沃尔沃工程师们的辛勤付出和创新精神。吉利汽车的成功案例表明,通过与国际先进企业的合作和自主创新,中国汽车制造商完全有能力在全球竞争中崭露头角。这不仅为中国汽车工业的发展树立了榜样,也为其他汽车制造商提供了借鉴和启示。通过不断提高技术水平和产品质量,中国制造业有望在世界舞台上取得更多的荣誉和认可。

课后习题

一、填空题

1. 操纵制动器的传动机构有_____、_____和_____三种。
2. 制动器按其安装位置不同,可以分为_____和_____两种。
3. 制动器按其结构不同,可以分为_____和_____两种。
4. 常用的汽车制动效能评价指标是指_____、_____和_____。
5. 制动效能的恒定性,也称为制动器的_____。
6. 制动时汽车方向稳定性是指汽车制动过程中保持_____的能力。

二、选择题

1. 下列几种形式的制动传动机构当中,( )仅用在手制动上。
   A.机械式　　　　B.液压式　　　　C.气动式　　　　D.以上均不是
2. 甲说,制动踏板的行程过大可能是由于制动液液面过低造成的。乙说,制动踏板的行程过大可能是由于液压系统内混入空气造成的。谁正确?( )。
   A.甲正确　　　　　　　　　　　B.乙正确
   C.两人均正确　　　　　　　　　D.两人均不正确
3. 制动器缓慢拖滞转动的原因可能是下列哪一项?( )
   A.系统内空气过量　　　　　　　B.制动轮缸或制动钳活塞被卡住
   C.制动踏板回位弹簧拉力过大　　D.制动蹄片磨损量过大
4. 制动液压系统进行必需的修理后,以下哪种情况不要求对制动液压系统进行冲洗?( )
   A.制动液含有水分　　　　　　　B.系统内渗有空气
   C.制动液内有细小脏微粒　　　　D.制动液用错型号
5. 在讨论主液压系统泄漏造成的影响时,甲说,制动主缸内的主压力腔内将不会产生压力。乙说,由主压力腔伺服的制动器将不能制动。谁正确?( )。
   A.甲正确　　　　　　　　　　　B.乙正确
   C.两人均正确　　　　　　　　　D.两人均不正确
6. 制动时,制动踏板的自由行程过大,其中的原因可能是下列哪一项?( )

A.制动轮缸的活塞被卡住　　　　　　B.制动蹄与制动鼓间隙过大

C.制动蹄片磨损量过大　　　　　　　D.驻车制动器调整有误

7. 在调整后轮驱动汽车的前轮轴承时,甲说,将调整螺母拧紧到轮胎不晃动为止。乙说,将调整螺母拧紧到适当的力矩为止,然后再稍稍拧紧些,直到螺母锁紧的沟槽与开口销孔正好对齐。谁正确?(　　)

A.甲正确　　　　　　　　　　　　　B.乙正确

C.两人均正确　　　　　　　　　　　D.两人均不正确

8. 甲说,制动蹄的中间部分磨损量过大是正常的。技术员说,如果制动蹄片高出铆钉头不到0.794 mm,就得更换制动蹄片。谁正确?(　　)

A.甲正确　　　　　　　　　　　　　B.乙正确

C.两人均正确　　　　　　　　　　　D.两人均不正确

三、判断题

1. 制动时,不旋转的制动蹄对旋转着的制动鼓作用一个摩擦力矩,其方向与车轮旋转方向相反,所以车辆能减速甚至停止。（　　）

2. 简单非平衡式制动器的优点是左右蹄片单位压力相等,缺点是制动效能低。（　　）

3. 简单非平衡式制动器在车辆前进、后退时制动效能不一样,所以通过增大助势蹄片的周向尺寸来达到平衡。（　　）

4. 车辆在前进、后退制动时,如果两个制动蹄都是助势蹄,则该制动器是双向平衡式制动器。（　　）

5. 两个制动蹄通过机械杠杆连接,使两个蹄片在制动时张力自增,称为自增力式制动器。（　　）

6. 鼓式驻车制动器既可以安装在变速器后边,也可以安装在主减速器输入轴的前端。（　　）

7. 盘式制动器制动效能比鼓式制动器的好,是因为盘式制动器有自增力作用。（　　）

8. 蹄式制动器中,一个蹄是增势蹄时,另一个蹄就必然是减势蹄。（　　）

参考文献

[1] 王立夫,温福军.汽车底盘构造与检修[M].广州:华南理工大学出版社,2019.

[2] 张宏坤.汽车底盘检修[M].北京:北京理工大学出版社,2015.

[3] 张明,杨定峰.汽车底盘机械系统检修[M].北京:人民邮电出版社,2016.

[4] 王青云,涂志军,李国富.汽车底盘机械系统检修[M].杭州:浙江大学出版社,2016.

[5] 谢计红,郑荻.汽车底盘机械系统检修[M].武汉:华中科技大学出版社,2017.

[6] 彭德豹,张树峰.汽车底盘原理与检修[M].武汉:华中科技大学出版社,2013.

[7] 陶松,张维维.汽车转向系统的关键技术与发展探析[J].时代汽车,2019(04).

[8] 郭微,段伟,陈阳.汽车电控系统构造与维修[M].武汉:华中科技大学出版社,2023.